留贵华章

——贵州大学国际教育学院发展历程回顾（2013—2022）

张成霞　晋克俭　梁　雪　甘孝琴　◇　编著

贵州大学出版社
Guizhou University Press

图书在版编目（CIP）数据

留贵华章 : 贵州大学国际教育学院发展历程回顾 :
2013-2022 / 张成霞等编著. -- 贵阳 : 贵州大学出版社,
2023.6

ISBN 978-7-5691-0727-2

Ⅰ．①留… Ⅱ．①张… Ⅲ．①贵州大学国际教育学院
—校史—2013-2022 Ⅳ．①G649.287.31

中国国家版本馆CIP数据核字(2023)第091119号

LIU GUI HUAZHANG

留贵华章
——贵州大学国际教育学院发展历程回顾（2013—2022）

编　　著：张成霞　晋克俭　梁　雪　甘孝琴

· ·

出 版 人：闵　军
责任编辑：赵广示　杨小娟
装帧设计：陈　艺　方国进

· ·

出版发行：贵州大学出版社有限责任公司
　　　　　地址：贵阳市花溪区贵州大学北校区出版大楼
　　　　　邮编：550025　电话：0851-88291180
印　　刷：贵州思捷华彩印刷有限公司
开　　本：787 毫米×1092 毫米　1/16
印　　张：24.75
字　　数：455 千字
版　　次：2023 年 6 月第 1 版
印　　次：2023 年 6 月第 1 次印刷

· ·

书　　号：ISBN 978-7-5691-0727-2
定　　价：76.50 元

2013 年，我们从这里启航

——贵州大学国际教育学院发展之路

2009 年贵州大学国际教育学院成立，挂靠贵州大学国际交流与合作处。随着贵州大学留学生招生规模的扩大，急需成立专门的机构来提升来华留学生招生、管理和汉语教学工作的规范化、专业化、制度化。2013 年，贵州大学国际教育学院正式成为独立的教学单位，主要负责全校外国留学生的招生和管理工作，承担外国留学生的汉语和中国文化教学工作。学院设有综合办公室、招生科、教学科研科和留学生管理科。

十载寒暑磨砺，十年辛勤耕耘。秉承"明德至善，博学笃行"的校训，国际教育学院不忘初心，砥砺前行。起步时虽筚路蓝缕，到今时终也算硕果累累。

1. 紧抓机遇、阔步前进

回溯学院的成长历程，难忘而深刻。10 年中，我们的脚步坚实稳妥，不断创新探索。国际教育学院坚持以扩大留学生规模为要务，以提高教育教学质量、管理水平为己任，以开展多形式、多层次的国际教育活动为抓手，以"一带一路"倡议、"部省合建"及"双一流"高校建设和国发 2 号文件为契机，"立足东盟，放眼'一带一路'，加强欧美"，致力于与国外友好院校、国际组织及留学派遣机构建立长期、密切的交流合作关系，努力助推学校的对外开放和国际化水平的提升；积极为中外学生搭建文化融合、交流互鉴的平台，促进了校园国际化氛围的形成；积极促进国际中文教育的推广和中华文化的传播；竭力为服务"一带一路"倡议、服务国家外交大局、服务贵州的社会和经济建设、服务学校"双一流"建设和高质量发展拼搏奋进。

目前，贵州大学是中国政府奖学金、国际中文教师奖学金和贵州省外国留学生奖学金来华留学生培养资格院校，贵州大学还设立了"贵州大学外国留学生奖学金"。贵州大学被教育部批准为"来华留学示范基地"，被中国 - 东盟教育交流周（简称"交流周"）组委会秘书处批准建设中国贵州省东盟留学生服务中心。贵州大学湄潭校区茶文化体验基地被国家留学基金委员会批准成为中国政府奖学金来华留学社会实践与文化体验基地。贵州大学国际教育学院还与泰国、老挝、柬埔寨、印度尼西亚、韩国等国家的高校和机构共同建立了境外教育合作基地、中国语言文化中心等。这些双向交流活动不仅提高了贵州大学、国际教育学院的国际影响力，还让我们赢得了良好的国际声誉。贵州大学国际教育学院与国内的知名高校，如北京语言大学、北京师范大学、华东师范大学、上海政法学院、云南师范大学、江苏大学的汉语学院和国际教育学院建立了良好的合作关系，在留学生交流、汉语教师培训、留学生实习基地建设等方面积极开展合作，助力提升贵州大学国际教育学院的办学水平和内涵式发展。

贵州大学来华留学教育始于 20 世纪 80 年代后期，是贵州省最早获得接受外国留学生资格的院校，长短期留学生招生数量从 20 世纪 80 年代末期不足 10 人，到 90 年代中期的 10 余人，再到 2021 年的近 2000 人；生源国从最初的美国、日本、韩国等几个国家扩展到老挝、泰国、柬埔寨、越南、哈萨克斯坦、俄罗斯、意大利、韩国、印度尼西亚、美国、蒙古国、孟加拉国、墨西哥等近 80 个国家；教育层次从单一的语言进修扩展到高级进修、各类短期游学项目，以及本科生、硕士研究生、博士研究生培养项目。除此，国际教育学院还与泰国斯巴顿大学开展了"1+2+1"联合培养商务汉语、与泰国北方清迈大学开展"2+2"交流汉语本科生项目。

2. 发挥优势、服务社会

由外交部、教育部和贵州省人民政府共同主办的中国 - 东盟教育交流周已在贵州省成功举办了十五届，是中国 - 东盟人文交流的重要平台。国际教育学院每年都积极参与、承办和协办中国 - 东盟教育交流周活动，积极组织在校东盟留学生参加中国 - 东盟教育交流周开幕式、庆典晚会、文艺表演，承办中国 - 哈萨克斯坦大学校长对话、中国 - 东盟青年经贸发展论坛、东盟留学生足球友谊赛、"知行贵州"丝绸之路青年交流计划等活动。

国际教育学院充分利用贵州深厚的文化底蕴、良好的气候条件、优越的生态环境、丰富的旅游资源、日新月异的社会经济发展和变化，以及贵州大学多学科、综合性优势，开展面向来华留学生的短期文化体验项目，旨在提高留学生的汉语实践水平，促进留学生对中国、对贵州文化的了解和认知，同时也更好地宣传和推介贵州风情，展示贵大魅力。学院特色活动主要包括中国文化体验营、"感知中国·体验贵州"、"多彩贵州之旅"、"知行贵州"等各类短期进修班，每年有数百名短期留学生来校学习和交流。2017 年至 2019 年，学院还连续 3 年成功举办由教育部中外语言交流合作中心主办的东盟国家本土汉语教师来华研修项目。2020 年初，新冠疫情在全球爆发后，国际教育学院积极创新，探索线上教育和培训新模式。2020—2022 年，借助互联网平台，国际教育学院为泰国本土汉语教师 / 大中学生提供了汉语教学技能、课堂管理、中国文化和汉语水平考试技巧等各类培训，受益师生近 2000 人，为推动东盟国家国际中文教育的发展做出了积极贡献。

近年来，贵州省接受来华留学生的院校不断增多，在来华留学生管理和教学等方面也积累了一些经验、取得了一些成绩，省内各高校也纷纷到贵州大学国际教育学院交流学习。国际教育学院不仅重视自身的发展，还为贵州民族大学、贵州理工学院、贵阳学院、铜仁学院、黔南师范学院、六盘水师范学院、贵阳职业技术学院、铜仁职业技术学院、贵州职业技术学院、贵州轻工职业技术学院、贵州水利水电职业技术学院等提供留学生机构设置、日常管理、教学管理体系、课程设置、文化活动、教学指导等咨询服务及帮助，助力贵州省来华留学教育事业的发展。此外，国际教育学院还充分利用自身优势，组织留学生参与脱贫攻坚和乡村振兴相关教育实践活动，通过国际文化交流互动，为乡村中小学生打开一扇了解世界之窗。

3. 创新发展、成绩斐然

历经 10 年建设，国际教育学院已初步形成颇具教育特色、管理规范、教学质量优良的留学生培养模式，积累了较丰富的留学生教学和管理经验。学校积极为留学生提供优质的教育资源、良好的学习和生活环境。目前，贵州大学是贵州省外国留学生招生和培养历史最悠久、留学生规模最大、生源国别最丰富、培养层次最全的学校，是贵州省来华留学教育的典范。

为帮助留学生更好地了解中国、感知中国、展示贵州，讲好"中国故事""贵州故事"，国际教育学院每年为他们组织丰富多彩的教学实习和课外活动。组织外国留学生去茶园农场、工矿企业、中小学访问学习；安排外国留学生赴贵州风景名胜区、文化名城、民族地区，如黄果树瀑布、天河潭、遵义会议会址、西江苗寨、青岩古镇等地参观体验；鼓励外国留学生参加学校举办的各类文化体育活动，如参加体育节的比赛项目、迎新晚会等；组织留学生举办泼水节、端午节、中秋节等中外传统文化节日庆典；在校内举办国际美食节、留学生之夜、国际文化节等。

10 年来，国际教育学院以文化人，以文育人，积极参与校园文化建设，展示国际教育的风采。在日常教学中，国际教育学院多角度多渠道设计丰富多样的教学活动贯穿于语言教学过程，适度融入文化内容，营造浓厚的文化氛围，寓教于乐，让留学生切身体会汉语的无限魅力和中华文化的博大精深。国际教育学院积极创新教学，把 5000 多年文明发展中孕育的中华优秀传统文化，以丰富多彩、喜闻乐见的方式融入课程、融入活动，面向留学生开设"中国词汇文化""贵州美食简介""鸟瞰中国——中国风景介绍""妙手回春话中医""听歌学汉语""中国影视作品概览""中国书法赏析与练习""中国剪纸""中国动画""中国民间舞"等中华特色课程，把语言教学和文化引领有效结合，让留学生直观深刻地感受中国文化深厚底蕴的魅力，为留学生体验中国文化提供多元化平台，教育和引导留学生以积极开放的心态去认识、对待和适应不同的文化，培养留学生对中华民族优秀文化的新奇感、认同感、参与感和欣赏感。

10 年来，贵州大学为世界各国，特别是"一带一路"中的东盟国家，培养了一大批通晓中文、熟悉中国文化，知华友华的高素质、高层次青年人才。国际教育学院的留学生校友遍布世界各地，他们是贵州大学宝贵的人脉资源和无价财富，是联系生源国与贵州大学的纽带和桥梁，更是传播中国与各国人民之间友谊和文化的使者。留学生学成回国后，多供职于所在国的政府机关、事业单位、公司企业、教育机构等。例如，贵州大学的多位老挝校友在老挝最高人民法院、老挝总理府办公室、老挝能源部、老挝交通部、老挝中国工商银行、老挝国立大学、老挝苏州大学、老挝琅勃拉邦外事办公室等重要单位供职，从事管理、技术、金融、教学等工作。贵州大学培养的留学生校友们为自己国家政治、经济、文化、教育、科技事业发展做出了积极的贡献，其中不乏杰出人物。如贵州大学越南校友黎文军因其在农机推广方面的贡献，在 2020 年 12 月 21 日由中国国际文化交流中心主办、人民日报《环球人物》杂志社承办的 2020 首届"丝路友好使者"盛典中，被授予"丝路友好使者"称号。

国际教育学院将这些年走过的发展历程集结成了《留贵华章——贵州大学国际教育学院发展历程回顾（2013—2022）》，将国际教育学院教职工默默奉献的精神风貌、留学生们健康向上的青春风采呈现在读者面前。

十年的发展，细碎而温馨，本书收集的资料或许不够全面、不够完整，疏漏在所难免，敬请各位读者谅解。

留学生教育任重而道远，未来我们必将更加积极创造条件，扎实稳步高质量地推进学院建设，提质增效，不断提升贵州大学国际教育学院的知名度和影响力。

10年来，国际教育学院蓬勃发展，成绩突出，未来也将以更加昂扬的姿态，走出具有贵州大学特色的国际教育之路，以饱满的热情迎接国际化发展的美好明天！

目　　录

第一篇　重要时刻

一、开创时刻

1.《贵州大学国际教育学院院刊（2013—2014）》创刊

2014年金秋时节，在贵州大学国际教育学院成立一周年之际，《贵州大学国际教育学院院刊（2013—2014）》正式创刊。《贵州大学国际教育学院院刊（2013—2014）》回顾并记载过去一年学院的发展，以此奉献给一直关爱学院的领导、专家和广大学子。

《贵州大学国际教育学院院刊（2013—2014）》封面[①]

贵州大学国际教育学院起步的一年，我们的脚步坚实而稳妥，我们致力于与国外友好院校、国际组织及留学派遣机构建立长期、密切的交流合作关系，不断扩大留学生规模，努力助推学校的对外开放和国际化水平的提升；我们以提升教学质量和为留学生提供优质服务为己任，不断改进和完善教学方法和管理制度；我们为外国留学生组织各类丰富多彩的教学实习和课外活动，为中外学生交流搭建了平台，促进校园国际化的氛围形成。

留学生教育任重而道远，未来的岁月，我们必将积极创造条件，扎实稳步有质量地推进学院建设，不断提升贵州大学国际教育学院的知名度和影响力。

---

① 本书因时间跨度较大，有些图片有点模糊，但其有一定价值，所以保留。

　　五千年华夏文明之厚重，可为世界人民之共享。贵州大学国际教育学院的大门始终为全球各地学子敞开。《贵州大学国际教育学院院刊（2013—2014）》是一扇蓝色的窗，见证学院发展的足迹。

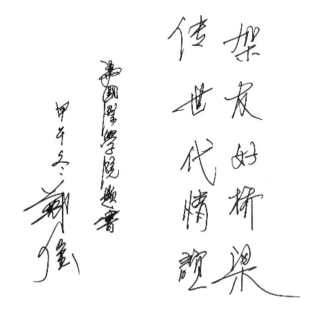

姚小泉书记题词

郑强校长为贵州大学国际教育学院题词

2. 贵州大学不断深化拓展国际化办学空间

贵州大学以中国-东盟教育交流周为契机，积极探索与东盟国家在双边、多边框架下的教育合作交流模式，目前已与东盟十国的70多所高校、教育机构和研究单位签订了合作交流协议，学校国际化办学空间得以不断深化拓展。

自2008年以来，贵州大学独立承办了第一、二、三届中国-东盟教育交流周，独立举办了中国-东盟大学校长论坛、中国-东盟环境教育研修班、中国-东盟环境教育论坛、中国-东盟高校国际交流论坛、中国-东盟少数民族非物质文化遗产保护与传承研讨会、中国-东盟文化共生与包容性发展研讨会、东盟留学生看中国摄影展等内容丰富、形式多样的活动。2014年，贵州大学又承办了中国-东盟青少年趣味运动会和"2014年中外合作办学国际学术研讨会"。在过去的6年中，贵州大学在交流周的

贵州大学教育援外基地揭牌仪式

发起、创办、组织、发展中发挥了重要作用，是"东盟与中日韩大学联盟"成员学校中5所中国高校之一。

2008年以来，贵州大学先后被教育部批准成为"教育援外基地""中国政府奖学金"和"孔子学院奖学金"留学生培养院校。2013年被列入贵州省政府"来黔留学奖学金"留学生培养院校。2014年初又获教育部批准成为贵州省唯一的"来华留学示范基地"。

随着中国与东盟事务与日俱增，对熟悉中国-东盟语言和事务的人才的需求日益增加，贵州大学积极拓展东盟国家教育市场，培养具有国际视野的外向型人才。据统计，2008年至今，贵州大学共招收东盟国家留学生765人，仅2014年就招收东盟留学生199人。留学生由过去的汉语学习为主，逐渐转向法律、经济、土建等其他专业，为今后中国与东盟经贸合作及交流奠定了人才基础。

二、基地建设

1. 贵州大学获批"教育部来华留学生示范基地"

　　2014 年 3 月，教育部国际合作与交流司下发《关于启动第二批来华留学示范基地建设工作的通知》，公布了入选第二批来华留学示范基地建设高校名单，贵州省仅有贵州大学入选。贵州大学自获批"来华留学示范基地"以来，贵州大学国际教育学院积极探索，建立健全管理服务体制，制定完善各项规章制度，完善课程体系以及课外活动体系，努力提升来华留学生培养质量和水平。贵州大学来华留学生的招生宣传及录取、教学和管理各个培养环节，严格把关、严格要求，既有趋同管理，又能区别对待，贵州大学形成了一套较完整的培养体系和宣传策略。

　　作为贵州省培养来华留学生历史最悠久、人数最多、国别最丰富、项目最齐全的高校，贵州大学不仅注重自身发展，同时为兄弟院校的来华留学生教育建言献策、提供咨询指导服务，为贵州省的来华留学教育发挥了示范和引领作用。

留学生活动现场

2. 贵州大学成立"中国贵州省东盟留学生服务中心"

2014年9月1日，在贵阳举行的第七届中国 - 东盟教育交流周开幕式上，贵州省委副书记、省长陈敏尔，中国教育国际交流协会会长、生态文明贵阳国际论坛秘书长张新胜为"中国贵州省东盟留学生服务中心"授牌。

"中国贵州省东盟留学生服务中心"的建设筹备工作从2014年8月正式开始启动，由贵州省教育厅牵头并提供必要的资金支持，贵州大学国际教育学院具体落实承办，旨在为在黔的东盟留学生提供教育、交流、日常生活一站式服务，实现服务工作和学生需求的有效对接，全面提升留学生服务工作的整体水平，为双方进一步的合作发展创造良好背景和平台。

"中国贵州省东盟留学生服务中心"是认真落实中国 - 东盟教育交流周精神的体现，有助于夯实合作基础，有效推进贵州省与东盟国家在教育领域的务实合作，推进中国 - 东盟"双十万"学生交流的进程，实现东盟留学生服务工作常态化、专业化。根据工作实际，贵州省教育厅决定在贵州大学建立"中国贵州省东盟留学生服务中心"。该中心的成立肯定了贵州大学在东盟留学生服务方面取得的成绩，预示着贵州大学国际教育学院即将开启留学生服务的崭新篇章。

陈敏尔（左）、张永胜（右）为"中国贵州省东盟留学生服务中心"授牌

3. 贵州大学国际教育学院荣获"贵州省三八红旗集体"荣誉称号

2015 年 3 月 8 日，贵州大学国际教育学院女职工们收到一份沉甸甸的精神大礼——由贵州省妇女联合会授予的"贵州省三八红旗集体"荣誉称号。

贵州省妇女联合会为表彰在各条战线上为社会主义物质文明和精神文明建设作出显著贡献的妇女先进集体，鼓励全省妇女在贵州省全面建设小康社会中再创新功，树立榜样，特设此奖项。在经过层层推选考核后，贵州大学国际教育学院荣获了此殊荣。

荣誉的背后，凝聚了贵州大学国际教育学院全体教职工，尤其是女性教职工的勤劳与智慧。在这个女职工占 79% 的集体中，贵州大学国际教育学院的女领导、女教师、女职工们吃苦耐劳，尽量周全地处理好事业与家庭、工作与生活的关系，立足岗位，锐意进取，通力合作，取得了一系列傲人的成绩，为培养知华、友华、爱华的国际人士，传播和推广中华文化作出了积极贡献。

贵州省妇女联合会授予贵州大学国际教育学院"贵州省三八红旗集体"荣誉称号

贵州大学国际教育学院获此殊荣，不仅是贵州省妇女联合会对贵州省来黔留学生教育管理工作的认可，亦是对为留学教育事业辛勤付出的女性教职工的鼓励和鞭策。我们将珍惜这份荣誉，再接再厉，争创佳绩，谱写新篇章，为推动贵州教育的对外开放，进一步提升贵州教育对外影响力，传播中国文化，促进中外文化交流而努力奋斗！

4. "中国贵州大学与越南河静中专职业学校汉语培训基地"揭牌

2015 年 11 月 22 日至 26 日，应贵州大学邀请，越南河静中专职业学校阮文坛校长、越南河静省劳动局副局长阮氏红梅一行 4 人对贵州大学进行友好访问。

2015 年 11 月 23 日上午，贵州大学国际教育学院组织了交流座谈会。座谈会上，宋宝安副校长与阮文坛校长签署了"贵州大学与越南河静中专职业学校合作备忘录"，并为"中国贵州大学与越南河静中专职业学校汉语培训基地"揭牌。贵州大学国际教育学院与访问团就留学生招生、汉语教师派遣、举办汉语培训班等事宜进行了深入交谈，并达成多项共识。

"中国贵州大学与越南河静中专职业学校汉语培训基地"标牌

越南河静中专职业学校代表团访问贵州大学期间，还与在读的越南学生进行交流，了解他们在贵州大学的学习和生活情况。

越南河静中专职业学校阮文坛校长一行的来访，开启了贵州大学与越南教育机构交流合作的新篇章，促进了贵州大学与越南学校实质性的交流合作，加深了双方的了解，深化了中越教育文化交流与友谊。

5. "中国贵州大学与老挝琅南塔省教育、科技合作基地"揭牌

2015年12月7日，应贵州大学国际教育学院邀请，老挝教育代表团宋逢先生一行开启2015年"中老交流之窗——多彩贵州行"。参加本次活动的有琅南塔省教育厅副厅长，琅南塔省教育厅3个科室负责人，琅南塔省5个县教育局局长及15所中学的校长。

贵州大学代表与老挝教育代表团在揭牌仪式现场合影留念

2015年12月8日上午，贵州大学国际教育学院组织安排了开团典礼和交流讨论会。副校长宋宝安院士出席典礼并致欢迎辞。贵州省教育厅国际合作与交流处处长糜丹女士出席了开团仪式，并介绍贵州与老挝教育交流情况。贵州大学国际交流与合作处处长洪云，贵州大学国际教育学院党委书记凌琦、院长张成霞、副院长梁雪等参加典礼。

开团仪式上，宋宝安与宋逢签署了"贵州大学与老挝琅南塔省教育厅合作备忘录"，并为"中国贵州大学与老挝琅南塔省教育、科技合作基地"揭牌。

6. "中国贵州大学 - 柬埔寨智慧大学汉语培训中心" 揭牌

2016 年 3 月 3 日至 10 日，应柬埔寨智慧大学、泰国斯巴顿大学、泰国西那瓦大学、泰国东方大学邀请，贵州大学国际教育学院党委书记凌琦、科技学院副院长梁蓓、科技学院对外合作部主任董颖、国际教育学院招生负责人贾海波、科技学院对外合作部工作人员陈墨 5 位同志组成工作团赴柬埔寨、泰国执行访问交流及留学生项目开拓任务。

2016 年 3 月 4 日至 6 日，贵州大学代表团访问柬埔寨智慧大学，双方就续签两校校际框架合作协议达成共识，并为两校共设的"中国贵州大学 - 柬埔寨智慧大学汉语培训中心"揭牌。

此外，双方就汉语培训中心建设及学生、教工交流等事项进行了洽谈。贵州大学代表团还拜访参观了智慧国际学校及智慧大学暹粒校区，进一步推介贵州大学的学生交换项目及留学生奖学金信息。

贵州大学代表团访问柬埔寨、泰国高校

7. "贵州大学 - 印尼纳若塔玛大学汉语（中文角）"揭牌

2016年11月22日至23日，贵州大学国际教育学院工作团一行访问了印度尼西亚Padjadjaran大学，与该校国际事务办负责人及相关人员商谈学生交流、教师互访事宜，并进行座谈，加强两校间对口院系的学术交流与合作，达成互派学生交流事宜。

2016年11月24日，贵州大学国际教育学院工作团访问印度尼西亚Narotama大学，与该校国际关系办公室负责人商谈学生交流、共建"汉语角"等事宜。贵州大学国际教育学院党委书记凌琦与该校副校长Budhivaya一起为两校共建的"汉语角"揭牌。双方就如何建设好"汉语角"进行了深入交流。贵州大学国际教育学院工作团参观了学校，并针对该校学生进行了贵州省情、贵州大学校情及招生专业、政策的宣讲。

参观和宣讲结束后，双方举行了座谈，希望在今后的合作中扩大交流领域，拓展交流项目，并就两校开展暑期学生项目的信息及合作事宜进行了详细沟通。

贵州大学国际教育学院工作团在3个国家开展了招生宣传、学习、交流和调研，争取新生源，开拓新项目，加强了多方友好联系和深入合作，更好地促进了双边教师、学生的流动和中国文化的传播。

双方代表合影留念

8. "贵州大学湄潭校区茶文化体验基地"建设

中国茶文化是物质文明和精神文明的凝结，是中国传统文化的重要组成部分。为进一步普及茶知识、推广茶文化、扩大茶影响，让世人重新认识古老的中国，重新认识中国的传统文化，茶学院应一马当先，践行"国之交在于民之亲"的外交理念，将茶作为国际民间交流的载体，国际公共关系的桥梁，显现茶文化无穷的魅力，增强青年的民族认同感和民族自信感。

茶和世界　共品共享——国际茶日活动现场

2019年，"贵州大学湄潭校区茶文化体验基地"被国家留学基金委员会批准成为"中国政府奖学金来华留学生社会实践与文化体验基地"，2019年以来，贵州大学国际教育学院积极努力推动基地建设，不仅为本校留学生组织丰富多彩的茶文化体验活动，还采取不同形式向来华留学生和国际友人介绍中国茶文化、贵州茶文化。

多名贵州大学留学生在关于中国茶的演讲比赛和征文大赛中取得优异成绩。

贵州大学留学生参见湄潭茶文化体验活动

9. "中国贵州大学国际教育学院 - 泰国万里通语言学校中国语言文化中心"揭牌

　　2019 年 10 月 24 日上午，贵州大学国际教育学院党委书记晋克俭、院长张成霞，泰国万里通语言学校中方校长吴振文和清迈学校教师代表共同为"中国贵州大学国际教育学院 - 泰国万里通语言学校中国语言文化中心"揭牌。

　　揭牌仪式后，晋克俭书记、张成霞院长分别为参与此次项目的教师和同学颁发纪念品。

"中国贵州大学国际教育学院 - 泰国万里通语言学校中国语言文化中心"揭牌现场

10. "中国贵州大学 - 泰国万里通语言学校中国语言文化中心" 揭牌

2022 年 6 月 21 日，贵州大学与泰国清迈教育厅、万里通语言学校举行线上交流会。泰国清迈教育厅厅长 Yupin Buacom，万里通语言学校泰方校长 Nongnuch Cheewasrirungruang、中方校长吴振文，以及贵州大学副校长周少奇、国际交流与合作处处长洪云、国际教育学院院长张成霞、国际教育学院副院长梁雪在线上进行交流并签署合作备忘录。

会上，贵州大学与泰国清迈教育厅、万里通语言学校分别签署"中国贵州大学与泰国清迈教育厅合作备忘录"和"贵州大学与泰国万里通语言学校共建'中国语言文化中心'备忘录"，并进行"中国语言文化中心"揭牌仪式。

在过去的几年中，贵州大学国际教育学院与泰国清迈教育厅、万里通语言学校在线上联合举办了多场面向泰国本土中文教师教学技能技巧培训会、泰国青少年夏令营、汉语水平考试应试技巧培训活动，取得良好的效果。

"中国贵州大学 - 泰国万里通语言学校中国语言文化中心"揭牌现场及签约仪式

第二篇　重要活动

一、学生活动

1. 贵州大学国际教育学院举行 2013—2014 学年留学生新生开学典礼

2013 年 9 月 4 日，贵州大学国际教育学院为 2013—2014 学年留学生新生举行开学典礼。贵州大学副校长宋宝安教授，国际交流与合作处、保卫处、国际教育学院相关负责人以及对外汉语教师出席典礼。

宋宝安代表贵州大学全体师生向来自世界各国的同学们表示热烈欢迎，他鼓励大家多了解中国历史、文化，同时鼓励学生传播自己本国的文化，共同打造国际化校园。宋宝安为 15 位孔子学院奖学金新生颁发了奖学金证书。

来自瑞士的汉娜同学代表留学生发言。汉娜自幼在贵州长大，能说一口流利的中文。5 年前她随父母回爱尔兰，高中毕业后再次回到贵州。汉娜向留学生们讲述她对中国、对贵州大学的热爱，希望留学生们能体会宋宝安校长在发言中所说的"贵大是一个来了就不想离开的校园"。教师代表盘晓愚老师表达了对留学生的问候及期望，希望留学生在贵大学习顺利、生活愉快。

贵州大学保卫处领导、贵州大学国际教育学院老师分别给留学生们传达了学校安全注意事项及留学生管理条例。

本次典礼有 68 名留学生新生参加，人数达到历史最多。

留学生合影

2. 贵州大学国际教育学院主办"贵州大学首届留学生之夜"文艺晚会

2013 年 12 月 20 日晚，"贵州大学首届留学生之夜"文艺晚会在北校区大礼堂精彩上演。晚会以"百年学府汇英才，五洲友朋展风采"为主题，旨在展示贵州大学来自五大洲 28 个国家的外国学子们的青春风采和各国风情。副校长宋宝安教授在晚会上发表热情洋溢的讲话，祝愿外籍师生新年快乐。贵州大学国际教育学院全体领导以及各职能部门莅临晚会现场，与各国学子一起喜迎新年。

"贵州大学首届留学生之夜"文艺晚会活动现场

热情似火的拉丁美洲歌舞拉开了晚会的序幕。晚会节目形式多样、内容丰富，包括歌曲、舞蹈、配乐诗朗诵、器乐串烧、中华武术等共 15 个节目。现场气氛热烈，台下座无虚席，掌声雷动。其中，美国学生的一曲《对不起，我的中文不好》滑稽幽默，使在场学生感同身受，忆起初始的来华时光；外籍专家的一曲乐器弹唱 *Angles we have heard from high*，天籁之音悠扬婉转，仿佛把现场观众带到了遥远的苏格兰牧场；一曲《中国话》让我们感受到"孔夫子的话，越来越国际化"；留学生的《刀舞》表演，把中华文明的精气神表现得淋漓尽致；来自泰国、老挝、越南、柬埔寨的同学们也都用他们自己的艺术表现力彰显出东南亚各国的民族风情和文化瑰宝；欢乐祥和的《铃儿响叮当》带来了圣诞的礼物和新年的祝福，将晚会推入高潮，在歌舞的海洋中晚会圆满落幕。

晚会期间，柬埔寨王国驻中国昆明总领馆、美国长老会学院孔子学院，以及贵州大学各学院发来贺信，送上新年的祝福。

"贵州大学首届留学生之夜"文艺晚会是贵州大学国际教育学院成立以来的第一次大型盛会，让留学生们感受到快乐的同时，促进了各国文化的交流与融合，丰富了多彩的校园文化生活。

3. 贵州大学国际教育学院主办"贵州大学第四届国际美食嘉年华"活动

2014 年 5 月 16 日，作为贵州大学国际教育学院首届国际文化节系列活动之一，由贵州大学国际教育学院主办的"贵州大学第四届国际美食嘉年华"活动在北校区中山园广场举行。

贵州大学国际教育学院师生在活动现场合影留念

来自美国、柬埔寨、捷克、德国、意大利、韩国、老挝、墨西哥、俄罗斯、泰国、越南等 11 个国家的留学生在广场上搭建富有本国特色的展台，身着本国民族服装，现场为大家精心烹制本国最地道的美食。各国展台还为大家展示富有浓郁特色的风土人情照片，让中国学生不用走出国门，也能品尝到世界美食，同时领略各国风情。

"贵州大学第四届国际美食嘉年华"活动现场

活动吸引了众多中外学生的关注，约有 700 余人参与品尝美食。活动开始不到两个小时，所有食品均已售罄。通过各国的缤纷美食和异域文化，中外师生在视觉和味觉的盛宴中开辟沟通和相互学习的新途径，促进了校园多元文化的沟通与交融。

4. 贵州大学国际教育学院举行 2014—2015 学年留学生新生开学典礼

2014 年 9 月 23 日，贵州大学国际教育学院为 2014—2015 学年留学生新生举行开学典礼。贵州大学副校长宋宝安出席典礼，教务处、研究生院、国际交流与合作处、保卫处、国际教育学院等单位负责人以及对外汉语教师、本学期 96 名留学生新生参加典礼。

贵州大学 2014—2015 学年留学生新生开学典礼现场

宋宝安校长代表贵州大学全体师生向来自世界各国的同学们表示热烈欢迎，鼓励留学生学习知识，提高自身综合素质，学会与他人交往、沟通、合作，包容多元文化，在新的人生扉页中书写灿烂的一笔；同时，还为 20 位孔子学院奖学金新生颁发了录取证书。

贵州大学 2014—2015 学年留学生新生合影留念

此次留学生新生数比上年增长 41.18%，留学生教育获得校领导及老师们的深切关心，让留学生们体会到贵州大学是一个温暖大家庭。

5. 贵州大学国际教育学院主办"贵州大学第五届国际美食嘉年华"活动

2015 年 5 月 15 日，由贵州大学国际教育学院举办的"贵州大学第五届国际美食嘉年华"活动在贵州大学北校区中山园举行。

贵州大学国际教育学院师生在活动现场合影留念

俄罗斯、摩尔多瓦、乌克兰、韩国、柬埔寨、捷克、蒙古国、越南、老挝、泰国、美国、墨西哥等国家留学生在广场上搭建了极具异域风情的美食展台，他们身着本国的民族服饰，为前来品尝美食的师生们烹饪佳肴。圆形的中山园广场在各国展台的包围下，俨然成了一个"小地球村"。留学生们不仅提供了特色美食，还为前去一饱口福的师生们准备了种类丰富的小纪念品，更有留学生进行面部彩绘和演奏传统乐器，展现本国文化，以此来吸引食客。

第五届美食嘉年华——墨西哥馆

据悉，各国学生为了能将最地道的美食带给大家，所用的食材很多都是从自己的家乡空运过来的。丰富的各国菜式吸引了众多师生前来品尝，活动现场热闹非凡，人潮涌动。

6. 贵州大学国际教育学院举行 2015 届留学生毕业（结业）典礼暨表彰大会

2015 年 6 月 25 日，贵州大学国际教育学院 2015 届留学生毕业（结业）典礼暨表彰大会在北校区双馨园五楼会议室隆重举行。校党委书记姚小泉、副校长宋宝安、副校长赵德刚、美国普莱斯比孔子学院院长刘子华、各相关职能部门、毕业生学院领导等出席典礼。

贵州大学 2015 届留学生毕业（结业）典礼合影留念

贵州大学党委书记姚小泉在典礼上致辞。他代表贵州大学对 50 位来自 13 个国家的留学生们顺利完成学业表示祝贺，鼓励他们继续加强对中国语言文化的学习，为中外文化交流做沟通的桥梁。

留学生亲友用自己国家的语言感谢贵州大学对留学生的培养，并表达了对所有的老师、学生的祝福。典礼结束后举行了"2014—2015 年度国际教育学院表彰大会"。11 名留学生获得了"十佳留学生"或"优秀本科生毕业论文"奖项，会议同时还颁发了"优秀班主任奖""优秀兼职教师奖""优秀助管奖"。

7. 贵州大学国际教育学院承办生态文明国际大学联盟——2015 年学生暑期项目

　　2015 年 7 月 11 日，由北京大学和贵州大学联合清华大学、浙江大学、以色列希伯来大学、柏林自由大学等 12 所国内外知名高校主办，贵州大学国际教育学院承办的生态文明国际大学联盟——2015 年学生暑期项目在贵州大学中国文化书院开营。贵州大学校长郑强、北京大学副校长李岩松出席仪式并致辞。

生态文明国际大学联盟——2015 年学生暑期项目开营现场

　　本次暑期项目的主题为"走向可持续人类世纪的地方智慧"。来自生态文明国际大学联盟的 12 所成员学校和 50 余名师生代表，通过 12 场全英文生态学讲座和对贵州当地生态环境的考察，旨在了解并发现中国贵州的生态现状与地方智慧，践行生态文明国际大学联盟的宗旨和理念。

8. 贵州大学国际教育学院举行 2015—2016 学年留学生开学典礼

2015 年 9 月 17 日，贵州大学国际教育学院举行 2015—2016 学年留学生新生开学典礼。副校长宋宝安，研究生院、国际交流与合作处、保卫处等相关职能部门领导、国际教育学院领导及全体教师、对外汉语教师及留学生新生参加典礼。

宋宝安代表贵州大学全体师生向来自世界各国的同学们表示热烈欢迎，鼓励留学生学习知识，提高自身综合素质，互敬互爱，互帮互助，学会与他人交往、沟通、合作，包容多元文化。

贵州大学 2015—2016 学年开学典礼合影留念

来自墨西哥的留学生罗若彤作为新生代表发言，她曾经在贵州大学学习过一年，回国后申请到了中国政府奖学金，便再次来到贵州大学继续学习。她向留学生新生们诉说了自己在贵州大学的生活和学习情况，取得的进步，分享了对学校的眷恋，对老师的感恩和学习中文的乐趣。

青年教师代表舒越老师代表全体教师表达了对留学生的问候及期望。他通过给留学生教学感悟到老师和学生是朋友、伙伴的关系，教与学是互相的馈赠关系。他希望留学生在贵州大学能乐学奋进，能品味汉语之美！

9. 贵州大学国际教育学院承办"2015 年贵州省外国留学生管理工作会议"

2015 年 10 月 19 日，由贵州省教育厅国际合作与交流处主办，贵州大学国际教育学院承办的"2015 年贵州省外国留学生管理工作会议"在贵州大学召开。

贵州省教育厅副厅长级督学杨勇，贵州省教育厅国际合作与交流处领导，省内 26 所高校领导，中山大学、广西大学、云南大学的特邀专家，留学生一线工作人员等 70 余人参加会议。

本次会议是贵州省留学生管理工作领域的第一次全省经验分享与交流会，为贵州省各高校学习省外兄弟院校先进管理经验和理念提供了机会，为贵州省建立健全管理机制、广纳建议、完善制度提供了通道，为贵州省内各高校沟通和联系搭建了平台，为进一步提高贵州省留学生教学质量和管理水平奠定了基础。

2015 年贵州省外国留学生管理工作会议合影留念

10. 贵州大学国际教育学院主办"贵州大学第三届留学生之夜"文艺晚会

2015 年 12 月 10 日晚，由贵州大学国际教育学院主办的以"同台献艺展风采、百花齐放乐游学"为主题的"贵州大学第三届留学生之夜"文艺晚会在北校区大礼堂隆重举行。贵州大学党委副书记骆长江、副校长赵德刚，老挝琅南塔省教育厅代表团，贵州大学各职能部门、专业学院领导出席了本次晚会，与会师生代表共计 800 余人。

火辣热情的拉丁舞拉开了晚会的序幕。整台晚会由三个篇章组成，分别是"引领时尚的潮流""绽放特色的百花""回忆经典的时光"。

"贵州大学第三届留学生之夜"文艺晚会现场合影

越南的小鼓之歌《米桐》、斯洛伐克悠扬空灵的《蓝》、韩国现代乱打秀《阿里郎》、蒙古国独舞《巴牙惕》、老挝的合唱、意大利的歌舞剧、德国的格林童话、柬埔寨的祝福舞蹈、秘鲁和墨西哥的民族服饰表演、多国留学生表演的布依族舞蹈《好花红》……一个个精彩的节目让人目不暇接，留学生们展示了青春靓丽的风采，展现了积极向上的面貌，书写着丰富多彩的"中国故事"。

11. 贵州大学国际教育学院举办"贵州大学第六届国际美食嘉年华"活动

2016 年 5 月 20 日，由贵州大学国际教育学院举办的"贵州大学第六届国际美食嘉年华"活动在北校区中山园广场举行。

参加本次嘉年华的留学生来自捷克、柬埔寨、老挝、越南、泰国、美国、意大利、马来西亚、阿根廷、蒙古国、韩国、墨西哥、俄罗斯、摩尔多瓦等国家。各国学生在广场上搭建了极具异域风情的美食展台，他们身着本国的民族服饰，为前来品尝美食的师生们烹饪佳肴。留学生们不仅提供了特色美食，还为前去一饱口福的师生们准备了种类丰富的具有本国特色的纪念品。

"贵州大学第六届国际美食嘉年华"活动现场师生合影留念

"国际美食嘉年华"主题活动旨在"搭建美食桥梁，丰富校园文化，共建中外友谊"。圆形的中山园广场在各国展台的包围下，俨然是一个小"地球村"。

"贵州大学第六届国际美食嘉年华"活动现场

据悉，"国际美食嘉年华"主题活动已成为贵州大学国际教育学院每年的经典活动节目。2016 年是第 6 次举办，每年都会吸引 1000 多名中国学生参与。

12. 贵州大学国际教育学院举行 2016 届留学生毕业（结业）典礼暨表彰大会

2016 年 6 月 30 日，贵州大学国际教育学院 2016 届留学生毕业（结业）典礼暨表彰大会在贵州大学北校区双馨园五楼会议室隆重举行。典礼由贵州大学国际教育学院党委书记凌琦主持。校领导陈坚、宋宝安、赵德刚，各相关职能部门、毕业生学院领导及留学生家长代表等出席典礼。

贵州大学党委书记陈坚作典礼致辞。他代表贵州大学对来自 18 个国家的 50 多位留学生顺利完成学业表示祝贺，并感谢他们为贵州大学校园带来的多元文化。陈坚鼓励他们继续加强对中国语言文化的学习，传播贵州大学的文化；以增进友谊为己任，成为宣传中国、宣传中国文化的友好使者，成为中国人民的国际友人，做中外文化交流与沟通的桥梁。

贵州大学国际教育学院 2016 届留学生毕业（结业）典礼合影留念

毕业典礼上，留学生的亲友代表用自己国家的语言感谢贵州大学对留学生的培养，并表达了对所有老师、学生的祝福。毕（结）业生还合唱了贵州大学校歌，歌声代表青春，年轻铸就活力，悠扬的歌声是离别的祝福，也是未来的展望。

表彰大会上，10 名优秀留学生获得了"十佳留学生"荣誉称号，大会还表彰了参加"留动中国""汉语桥"等活动的优秀选手，颁发了"优秀班主任""优秀兼职教师""优秀实习生"奖。

13. 贵州大学国际教育学院承办首届贵州省对外汉语教师培训班

2016 年 7 月 9 日至 10 日，由贵州省教育厅主办、贵州大学国际教育学院和贵阳孔学堂共同承办的"首届贵州省对外汉语教师培训班"在贵阳市孔学堂举办。为期两天的培训吸引了来自贵州省 21 所高校的近百名老师参加。

本次培训采取专家讲座、互动研讨、小组合作等多种形式，围绕对外汉语教学这一主题进行。北京大学张英教授为大家作了"汉语综合课教学及方法"和"如何教好一堂课"专题讲座，武汉大学谢贵安教授作了"传统文化的发生与发展"专题讲座，教授了大量实用教学技巧和教学方法。现场气氛融洽，互动积极、反响热烈。

精彩的学术讲座内容和两位教授丰富的宝贵经验分享，使参训老师感触深刻、受益匪浅。

本次培训班的成功举办，为贵州省对外汉语教学工作的全面开展奠定了良好的基础，也为广大对外汉语教师提供了交流学习的平台。

北京大学张英教授作专题讲座

首届贵州省对外汉语教师培训班开班仪式现场

首届贵州省对外汉语教师培训班合影留念

14. 贵州大学国际教育学院主办"贵州大学第四届留学生之夜"文艺晚会

同台献艺展风采，百花齐放乐游学。2016年12月15日晚上，由贵州大学国际教育学院主办的"贵州大学第四届留学生之夜"文艺晚会在北校区大礼堂举行。副校长宋宝安出席晚会，部分职能部门及学院领导、老师、学生和花溪明珠社区部分居民参加晚会。来自加拿大的林友朋、哥伦比亚的罗杜安、立陶宛的达莉娅、美国的康大为、蒙古国的贺兰、老挝的陈凯6名留学生是晚会的主持人。

宋宝安致辞。他说道："留学生有着不同的肤色，说着不同的语言，来自不同的国家，承载不同的文化，不远千里齐聚贵州大学，在贵州大学传播多元浪漫、自由豪迈、古老神奇的不同文化。希望有更多的留学生选择贵大，和我们一起见证贵大的发展与腾飞。"

文艺晚会活动现场师生合影留念

观众挥舞着荧光棒，拍打着拍手器，伴随着Palaver乐队带来的《中、老、泰文歌曲串烧》和柬埔寨舞蹈《柬埔寨欢迎你》，晚会拉开序幕。留学生们通过不同的节目内容，用自己的方式展现了精彩的本国文化。晚会在中外合唱《山水贵客》中落下帷幕。

15. 贵州大学国际教育学院举行 2017 届留学生毕业（结业）典礼暨表彰大会

2017 年 6 月 30 日，贵州大学国际教育学院 2017 届留学生毕业（结业）典礼暨表彰大会在贵州大学北校区双馨园五楼会议室隆重举行。校党委书记、校长陈坚，中国工程院院士、副校长宋宝安，校党委副书记杨未、副校长向淑文，各相关职能部门、毕业生学院领导以及近 100 名毕业（结业）留学生参加了本次典礼。

宋宝安、杨未为毕业、结业的留学生颁发毕业贺信，对他们顺利毕业、结业表达满满的祝福。

毕业（结业）典礼暨表彰大会现场

随后，向淑文为"十佳留学生"颁发了证书，在欢快的颁奖音乐中，10 名学生上台领奖，展现了留学生积极向上的风采。

毕（结）业生合唱贵州大学校歌，把典礼推向了高潮。贵州大学国际教育学院 2017 届留学生毕业（结业）典礼暨表彰大会在同学们的笑声、歌声、祝福声中圆满结束。

宋宝安校长为毕业（结业）生颁发贺信

16. 贵州大学国际教育学院主办"贵州大学第五届留学生之夜"文艺晚会

2017年12月23日，由贵州大学国际教育学院主办的"贵州大学第五届留学生之夜"文艺晚会在北校区大礼堂隆重举行，学校师生800余人参加晚会。

气势磅礴的刀术表演和充满异域风情的各国传统服装秀拉开了晚会的序幕。晚会的上篇——海上丝绸之路篇一开场，来自韩国的留学生就用一曲劲爆的 *NEW FACE* 嗨翻全场，彻底引爆现场的气氛。来自越南的留学生齐心协力向大家展示了《我心中的越南》，将众人带入对越南的遐思中。来自老挝的留学生带给大家双份惊喜，含有传统元素和现代元素的两个节目轮番上演，为观众献上了一场视听盛宴。

来自泰国的留学生带来了一段神奇泰国舞蹈，用青春和活力征服了所有人。来自柬埔寨的留学生用一曲《幸福相随》将祝福从遥远的柬埔寨带到了中国。来自斯里兰卡和苏丹的小伙伴深情合唱了一曲 *TUM HI HO*。来自印度尼西亚的留学生展现了自己国家的别样风情，将印尼风吹遍整个舞台。

"贵州大学第五届留学生之夜"活动现场

晚会的下篇——陆上丝绸之路篇。贵州大学国际教育学院的老师和学生一起用《留学中国》情景剧展现了留学生们的日常生活和学习情况；来自哈萨克斯坦的留学生用歌舞交融的 *ALGA KAZAKHSTAN* 展示了向前冲的豪情；来自捷克的留学生用舞蹈串烧让观众领略到了不一样的欧洲文化，小伙子们俏皮的表演更让众人忍俊不禁；来自墨西哥的四位朋友用热情奔放的拉丁舞步讲述了《人生是嘉年华》；意大利的美女们带来了一曲《疯狂的乐趣》，整齐而快节奏的身影让众人为之喝彩。

17. 贵州大学国际教育学院举行 2018 届留学生毕业（结业）典礼暨表彰大会

2018 年 7 月 4 日，贵州大学国际教育学院 2018 届留学生毕业（结业）典礼暨表彰大会在贵州大学西校区明正楼 212 会议室隆重举行。校长宋宝安院士、副校长张覃教授、各相关职能部门及学院领导、毕业（结业）留学生、师生代表参加了典礼。典礼由贵州大学国际教育学院党委书记凌琦主持。

典礼上，来自俄罗斯、意大利、老挝、泰国、柬埔寨、蒙古国、哈萨克斯坦、越南、斯里兰卡、墨西哥等 16 个国家的毕业、结业生一同献上了节目《贵大，我们永远的家》。同学们用朴实的语言、真挚的感情表达了对母校的不舍和眷恋，让所有在座的师生为之动容。留学生代表向校领导献花，并感谢学校和老师对他们的悉心培养。校长宋宝安院士、副校长张覃教授分别为毕业、结业的留学生颁发贺信，祝贺他们顺利毕业、结业。

大会的第二个环节，举行了 2017—2018 年度贵州大学国际教育学院表彰大会。凌琦、张成霞为"十佳留学生""优秀班主任""优秀兼职教师""优秀实习生"及贵州大学国际教育学院第二届国际汉语文化节的获奖同学颁奖。

贵州大学国际教育学院 2018 届学生毕业（结业）典礼暨表彰大会合影留念

18. 贵州大学国际教育学院参与承办"中国 - 哈萨克斯坦大学校长合作对话"活动

2018 年 7 月 25 日至 28 日，由中国 - 东盟教育交流周组委会秘书处主办，贵州大学承办，中国驻阿拉木图总领事馆和留学中国预科教育联盟协办的"中国 - 哈萨克斯坦大学校长合作对话"（简称"对话"）活动在中国 - 东盟交流周永久会址成功举行，贵州大学国际教育学院主要负责本次会议的相关会务工作。

贵州大学副校长张覃做主旨报告

活动期间，贵州大学分别与哈萨克斯坦 KIMEP 大学、阿拉木图管理大学、南哈萨克斯坦国立大学、东哈萨克斯坦国立技术大学签订 4 个校际合作协议。

"对话"结合第十一届中国 - 东盟交流周"教育合作新起点、人文交流新未来"的主题，以"增进相互了解·促进

"中国 - 哈萨克斯坦大学校长合作对话"活动合影留念

务实合作"为宗旨，采取主题演讲、面对面交流与讨论等形式进行。

此次活动的成功举办，体现了贵州大学国际教育学院举办国际会议的良好能力、水平和团队素质，精心的会务准备和良好的服务质量，得到与会嘉宾的高度赞扬和贵州省领导的认可。

19. 贵州大学国际教育学院主办"贵州大学第六届留学生之夜"文艺晚会

2018 年 12 月 19 日晚，由贵州大学国际教育学院主办的"贵州大学第六届留学生之夜"文艺晚会在北校区大礼堂隆重举行。校长宋宝安院士，各职能部门及专业学院领导出席本次晚会，与会师生代表 800 余人。

第六届留学生之夜活动现场

晚会由家乡的味道、中国的味道、世界的味道三大主题组成，充满异域风情的各国传统服装秀拉开了晚会的序幕。

晚会的上篇——家乡的味道。来自越南的留学生们用一曲《越南姑娘》将众人带入对越南的遐思中；泰国的传统舞蹈遇到中国的油纸伞，碰撞出了精彩的 *Alyssa of Thailand*。

晚会的中篇——中国的味道。贵州大学国际教育学院的"巨星乐队"自弹自唱引爆全场，来自老挝的留学生带来了《青春味道》，由多国留学生演绎的芦笙舞《欢庆的日子》展现了原汁原味的贵州苗族特色。

"贵州大学第六届留学生之夜"文艺晚会师生合影留念

晚会的下篇——世界的味道。富有民族特色的《傣老民族舞蹈》让我们领略了老挝文化的魅力，意大利舞蹈 *Made in Italy* 俏皮而轻快，神秘狂野的 *This is Africa* 带观众走进了神奇的非洲大陆。最后，贵州大学国际教育学院的老师们合唱《相亲相爱》，将整场晚会推向了高潮，晚会在欢声笑语中圆满落幕。

20. 贵州大学国际教育学院承办第 64 届丝路工程科技发展专项培训

2019 年 11 月 9 日上午，由联合国教科文组织国际工程科技知识中心（IKCEST）、西安交通大学、贵州大学联合举办的第 64 届丝路工程科技发展专项培训暨贵州大学首届"丝路纵横"国际学生专题培训正式开班。西安交通大学继续教育学院院长邸德海，贵州大学国际教育学院党委书记晋克俭、院长张成霞等参加开班仪式。

贵州大学国际教育学院院长张成霞主持开班仪式

晋克俭致辞。她表示，基于"一带一路"倡议的起点，贵州大学将继续努力，让"一带一路"国家更多的学生走入贵大，让全世界更多国家的学生走入贵大。她相信，通过培训，中国高校可持续培养一大批通晓国际规则、承载各自国家使命的高素质人才，为"一带一路"建设和国际友好往来奠定稳定的基础。

邸德海对 IKCEST 思路培训基地历史和本次培训内容作了简要介绍。他表示，贵州是连接丝绸之路经济带和 21 世纪海上丝绸之路的重要门户，是"一带一路"倡议中的重地。将丝路工程科技发展专项培训项目落户贵州大学，主要是为了推进"一带一路"沿线国家和城市的连接，促进中国与丝路沿线国家的交流合作，为文明共融发展贡献力量。

本次培训会，有 200 余名在黔留学生参加，培训为期 2 天，总共 8 门课程，最后以线上在线评估、在线考试的方式结束。

21. 贵州大学国际教育学院主办第七届留学生之夜文艺晚会

2019 年 12 月 27 日晚，由贵州大学国际教育学院主办的第七届留学生之夜文艺晚会在东校区大礼堂隆重举行。贵州大学副校长向淑文出席晚会，与会师生代表 800 余人参加。8 位来自不同国家的留学生主持人陆续登台，带大家走进视听盛宴。晚会由 20 个节目组成，极具各国文化特色的节目轮番上演，耀眼夺目的各国特色服饰秀带领全场观众开启多彩的文化之旅。

第七届留学生之夜活动现场

向淑文在致辞中表示，学校高度重视留学生的学习和生活，力求为大家营造一个良好的学习生活平台。学校今后还将不断提升教学和管理水平，加大对外开放合作的力度，让更多的外国学生来贵州大学学习。他希望留学生们热情地载歌载舞，舞出活力，歌唱青春，唱出中国与留学生们的情谊与深情。

非洲传统舞蹈《非洲人民之间的文化交流》以激情奔放的舞姿，鲜活明快的节奏，将观众带入传统的非洲大地；来自柬埔寨的留学生表演舞蹈《欢聚一堂》，魅力四射的欢歌热舞给大家送上了浓浓的春意，献上了新年祝福；美丽的乌克兰姑娘献上了家乡的《乌克兰桥》，表达对家乡故土的思念；众多留学生齐诵中国国学经典，展现中国文化兼容并包、博采众长的生命力与强大自信，精彩的表演让观众们喝彩不断，晚会现场气氛不断被推向高潮。晚会在教师合唱《星辰大海》的歌声里圆满落幕。

22. 贵州大学国际教育学院承办 2020 年贵州省对外汉语教师培训

　　2020 年 11 月 27 日至 29 日，为做好新时期教育对外开放工作，进一步提升贵州省教育对外开放水平，提高对外汉语教学质量，促进来华留学生项目院校间经验交流，由贵州省教育厅主办、贵州大学承办的 2020 年贵州省对外汉语教师培训在贵州大学顺利举行。贵州省教育厅党组成员、省教育工会主席王慧，贵州大学副校长陈祥盛出席开班仪式，全体学员参加。

2020 年贵州省对外汉语教师培训合影

　　本次培训围绕留学生汉语课程设置、汉语教学的基本理论与课堂实践、中高级汉语教学兼谈文化传播、HSK 教材编写与教学应用、跨文化背景下的教育文化冲击及应对策略、对外汉语课堂管理与教学案例分析、国际汉语教学课程大纲的分级目标等主题，以主题讲座、交流互动、问题研讨、专家答疑等形式开展，邀请来自北京语言大学、北京第二外国语学院、四川大学、四川外国语学院、重庆大学、云南师范大学等院校共 8 位资深专家和教师进行现场授课。

　　来自贵州全省 32 所高校的 70 余人参加本次培训学习，培训内容设置、授课专家、讲座质量、会务组织服务等得到学员的一致好评。学员们纷纷表示，此次培训学有所获、受益匪浅，为在新形势下推进贵州省对外汉语教学工作起到了积极的作用。

23. 贵州大学国际教育学院举行柬埔寨、老挝、泰国新年（线上）庆祝会

2021 年 4 月 14 日至 16 日，是柬埔寨、老挝、泰国的新年。贵州大学国际教育学院为表达对境外留学生的关爱，更好地了解他们的学习、生活情况，4 月 15 日，贵州大学国际教育学院开展柬埔寨、老挝、泰国新年庆祝会暨线上交流座谈会。院长张成霞、院党委副书记甘孝琴、在校教师和境外留学生参加会议。

参会者合影留念

张成霞代表贵州大学国际教育学院对三国的留学生送去新年祝福，祝愿他们和家人平安幸福，希望留学生能克服线上学习的各种困难，圆满完成学业。

随后，各国留学生代表纷纷发言，讲述目前本国的疫情情况，汇报自己的学习、生活情况，并表示非常感谢学院和老师的关心和祝福，期待疫情早日结束，早日能回到贵州大学。留学生们也提出了目前学习中存在的问题，老师们积极予以解答。

座谈会最后，张成霞代表贵州大学国际教育学院表达对境外留学生的想念，并表示待政策允许返校，学院将张开怀抱，迎接大家的到来。

24. 贵州大学国际教育学院举行贵州大学 2021 届留学生毕业（结业）典礼

2021 年 7 月 6 日，贵州大学国际教育学院 2021 届留学生毕业（结业）典礼在贵州大学明正楼 401 教室举行。贵州大学国际教育学院党委书记晋克俭、院长张成霞、院党委副书记甘孝琴、副院长梁雪出席活动，学院全体老师、8 名留学毕业生代表、25 名留学结业生代表及韩国籍留学生安大贤的父母作为家长代表参加活动。

留学毕业（结业）生代表发言

会议伊始，院长张成霞致辞，她希望留学毕业（结业）生秉持贵州大学"明德至善 博学笃行"的校训，坚守初心、努力奋进、关心母校，为两国的建设和发展做出贡献。

随后，留学毕业（结业）生代表发言，他们分享了在贵州大学从一句汉语都不会说到用汉语书写论文的成长故事，并表达了对学校、老师的感谢之情。同时，境外的同学通过视频，向母校表达了浓浓的思念之情。

院党委书记晋克俭寄语留学毕业（结业）生，提出三点希望：一是希望留学生毕业（结业）生敬畏生命、共克时艰；二是坚定信心、迎难而上；

活动现场掠影

三是诚实守信、无愧我心。晋克俭书记还代表学院，祝留学毕业（结业）生工作顺利，前程似锦！

25. 贵州大学国际教育学院举办中国政府奖学金高校研究生项目招生评审会

2022 年 4 月 21 日，贵州大学国际教育学院在贵州大学明正楼 401 会议室召开 2022—2023 学年中国政府奖学金高校研究生项目招生评审会。此次招生评审会有贵州大学国际学生招生工作领导小组各职能部门单位代表，涉及招生工作的专业学院负责人及相关导师 20 余人参加。会议由贵州大学国际教育学院院长张成霞主持。

评审会上，张成霞首先解读了本年度中国政府奖学金高校研究生项目的文件精神及相关要求，并从计划招生名额、材料提交情况、录取工作流程、导师推荐情况、项目评审与结果等多方面进行详细说明。

2022 年中国政府奖学金高校研究生项目招生评审会现场

贵州大学国际教育学院党委书记晋克俭就奖学金项目招生录取规范及当前的外国留学生来华留学情况等进行介绍，同时对各部门及专业学院的专家们较为关心的问题进行解答。

贵州大学国际交流与合作处副处长周斌进一步介绍了当前外国留学生申请中国政府奖学金以及来华留学的最新要求，贵州大学研究生院副院长杨瑞东从学生培养、留学生教学方面对在座的专家及导师进行了具体指导。

会议审核通过了 2022 年拟上报录取学生名单。张成霞对来参加评审会的各部门、专业学院的专家及导师表示感谢，希望今后与各部门、专业学院进一步加强联系，共同为贵州大学招收高质量、高水平的留学生做出努力。

26. 贵州大学国际教育学院参加"知行贵州"线上开营仪式

2022 年 6 月 16 日，2022"知行贵州"丝绸之路青年交流计划开营仪式以线上方式举办。贵州省教育厅党组成员、省教育工会主席、中国 - 东盟教育交流周组委会副秘书长王慧在线上致辞并宣布开营。

王慧致辞并宣布开营

王慧指出，启动"知行贵州"青年交流计划，是希望来自各方参与项目的青年朋友们，通过交流学习，更加深入地了解贵州、认识贵州，增进相互理解和友谊，从而达到"知"与"行"相统一。王慧简要介绍了贵州省情，表示欢迎中外青少年朋友来贵州交流学习、旅游观光、就业创业。

开营仪式回顾了"知行贵州"青年交流计划在 2021 年的开展情况，各项目院校分别介绍了本年度所承办的"知行贵州"项目。贵州大学国际教育学院院长张成霞从 2021 年举办的线上"知行贵州"活动谈起，介绍了贵州大学 2022 年线上"知行贵州"的创新和亮点，并表示将持续打磨本项目的核心精品线上课程。

贵州大学国际教育学院院长张成霞做主旨报告

27. 贵州大学建校 120 周年系列活动——全球留学生校友接力祝福

　　教育百廿风，赖济济时贤，桃李芬芳溢四海；建千秋伟业，有殷殷学子，群星灿烂遍九州。为迎接贵州大学 120 周年校庆活动，大家共襄盛举，齐唱百廿弦歌。为此，贵州大学国际教育学院组织了建校 120 周年系列活动——全球校友接力祝福。

校旗传递在泰国

校旗传递在泰国和柬埔寨

　　自贵州大学全球校友接力祝福活动开始以来，贵州大学国际教育学院已经收到了来自印度尼西亚、苏丹、美国、缅甸、新加坡、也门、埃及、韩国、孟加拉国、刚果（布）、日本、埃塞俄比亚、尼日利亚、德国、意大利、斯里兰卡、柬埔寨、泰国、蒙古国、哈萨克斯坦、越南等国家留学生校友的祝福。

祝福贵州大学建校 120 周年

尼日利亚校友桃子发来祝福

日本校友坂本优夏发来祝福

孟加拉国校友艾莎发来祝福

德国校友特蕾莎发来祝福

印度校友张德江发来祝福

斯里兰卡校友邓幸发来祝福

意大利校友爱娃发来祝福

埃塞俄比亚校友莫斯曼发来祝福

埃塞俄比亚校友林格发来祝福

刚果（布）校友达石发来祝福

韩国校友权惠愿发来祝福

埃及校友穆达希发来祝福　　　　　　孟加拉国校友阿民发来祝福

　　校友们把对贵州大学的思念和对中国文化的热爱化作"接力棒"在他们的手中传递。无论是手持横幅挥舞校旗，还是简单随性地站在镜头前，大家脸上都挂着幸福的笑容，并真挚地说道："祝母校 120 周年生日快乐！贵州大学我爱你！"

28. 贵州大学国际教育学院组织留学生开展"花好月更圆"中秋节活动庆贺贵州大学建校120周年

　　溪山脚下阅湖畔,丹桂飘香,正是一年花好月圆时。2022年9月10日,恰逢教师节和中秋传统佳节,贵州大学国际教育学院组织在校留学生开展送祝福视频拍摄活动。贵州大学党委副书记令狐彩桃出席活动,国际交流与合作处处长洪云,国际教育学院党委副书记甘孝琴、辅导员和教学科工作人员参加。

"花好月更圆"中秋节活动合影留念

　　活动现场,留学生们身着各自喜爱的汉服,大声向贵州大学全体老师送上祝福,并深情表白贵大:"我们是贵州大学的留学生,祝老师们教师节、中秋节快乐!祝贵州大学120岁生日快乐!我爱您,贵大!"

　　疫情当前,贵州大学国际教育学院结合实际,将原本的线下活动改为"花好月更圆"线下+线上汉服文化活动。后期,留学生将以贵大美景和汉服为元素进行拍摄,在线上提交汉服照和视频,学院将根据留学生提交的作品,评选出"最美汉服照""最有魅力气质汉服照"等系列奖项。

29. 贵州大学国际教育学院举办"中 - 泰国际中文教育研讨会"

　　2022 年 9 月 17 日，贵州大学国际教育学院与泰国万里通语言学校、泰国合艾威他耶莱中学共同举办 2022 中国 - 东盟教育交流周全年期活动暨庆祝贵州大学建校 120 周年国际学术交流活动"中 - 泰国际中文教育研讨会"。泰国清迈教育厅厅长尤萍·博空博士，泰国万里通语言学校泰方校长徐思梅、中方校长吴振文，贵州大学国际教育学院党委书记晋克俭、院长张成霞、副院长梁雪出席会议。来自贵州大学、泰国万里通语言学校、丽缇雅婉纳莱二中学、合艾威他耶莱中学、达鲁纳职业学院、清迈兰纳理工大学和清迈王子学校等 40 余名师生参加活动。徐思梅、吴振文和梁雪共同主持活动。

中 - 泰国际中文教育研讨会（线上）

　　本次活动主要围绕国际中文教学创新研讨、教学技能培训和教学技能竞赛作品点评三部分开展。旨在为中泰教师提供良好的教研平台，促进双方教师共同探索国际中文教育创新之路，加深中泰国际中文教师在教学领域的经验交流、学习和分享；为泰国中文教师提供教学技能展示平台与指导性建议，优化泰国本土中文教师的教学技能，助力国际中文教育事业发展。

　　徐思梅代表泰方祝贵州大学 120 周岁生日快乐。张成霞致辞，对参加本次活动的全体师生表示感谢，希望双方教师多交流、多互动，在国际中文教学技能方面有所收获。

尤萍·博空博士在致辞中对贵州大学主办系列活动表示感谢。梁雪向泰方师生介绍了贵州大学的发展历程，分享了贵州大学建校 120 周年系列活动的相关情况。

在上午的研讨会中，泰方四位老师介绍了当前泰国各学段汉语教学现状，分享了教学过程中的技巧与心得。中方教师刘薇、李影、梁玉豪分别分享了国际中文教育的创新思路。在自由交流环节，双方就中文教学中存在的问题进行了探讨。下午，中方教师舒越围绕国际中文教学听、说、读、写四个方面为泰国本土中文教师进行了教学技能培训；中方教师徐凯琳对泰国本土中文教师提供的中文教学竞赛作品进行点评，并提出指导建议。

师生云端合影

二、交流周活动

1. 贵州大学国际教育学院参加第八届中国 - 东盟教育交流周系列活动

2015年8月3日至10日，第八届中国 - 东盟教育交流周在贵阳隆重举行，来自东盟十国、澳大利亚、新西兰等国家的高校、教育机关代表参加了此次交流周。贵州大学国际教育学院积极参与相关活动，努力推进与东盟的教育交流与合作。

交流周组委会特别邀请了北京外国语大学的13名马来西亚籍学生参加开幕式文艺表演。贵州大学国际教育学院受贵州省教育厅委托，承担了接待北京外国语大学13名学生和2名带队老师的任务。

第八届中国 - 东盟教育交流周活动师生合影留念

演出结束后，全团师生到贵州大学参观、赴青岩古镇考察、赴贵州著名风景区黄果树游览。

国内外高校和机构利用到贵州参加交流周之机，提出到贵州大学交流访问的想法。贵州大学国际教育学院积极组织和参与了多个访问团的来访交流活动。

2. 贵州大学国际教育学院参加第九届中国 - 东盟教育交流周系列活动

2016 年 8 月 1 日至 7 日，第九届中国 - 东盟教育交流周在贵阳举行，贵州大学主办、承办、协办多项活动，贵州大学国际教育学院圆满完成各项相关任务，在其中发挥了重要作用。

贵州大学国际教育学院组织人员参加第九届中国 - 东盟教育交流周留学中国（贵州）教育展，还举办"多彩贵州行——马来西亚教育代表团访黔活动"，承办预热期活动，为交流周活动做好准备，与贵州大学外国语学院共同举办"中国 - 东盟青年教育论坛暨演讲比赛"，负责东盟嘉宾邀请工作。

2016 年 8 月 1 日，第九届中国 - 东盟教育交流周开幕式在贵阳国际生态会议中心举行，贵州大学国际教育学院组织教师积极参与开幕式活动，参加相关论坛和宣讲会，积极与中国高校预科联盟展开合作，学习国内其他院校在来华学生招生、管理方面的先进经验，与国内外高校建立了更广泛的友好合作关系。

贵州大学国际教育学院领导参加第九届中国 - 东盟教育交流周活动

3. 贵州大学国际教育学院留学生参加 2022 中国 - 东盟教育交流周系列活动

2022 年 8 月 23 日，以"共建友好家园　共创多彩未来"为主题的 2022 中国 - 东盟教育交流周在贵安新区开幕。

为深化人文交流、提升教育互联互通，贵州大学国际教育学院积极组织 22 名在校留学生参与中国 - 东盟教育周国系列活动，包括录制交流周主题曲、交流周开幕式主题曲现场演唱、中国 - 东盟"《习近平谈治国理政》与中国智慧"高级研修班、中国 - 东盟溪山论坛、第二届山地农业与绿色植保国际会议等。

贵州大学留学生参加 2022 中国 - 东盟交流周开幕式

通过参与活动，留学生们全方位、多角度、深层次地了解不同国家的教育与文化，充分感受到中国 - 东盟教育交流周"推动构建中国 - 东盟命运共同体"的重要意义。留学生赞娜雅说，因为父亲特别喜欢中国，但是没有来过中国，所以她选择来到中国留学帮父亲实现心愿。赞娜雅还表示，中国 - 东盟教育交流周是一个很好的平台，希望中国和其他国家一直保持这种交流，让更多的留学生追逐梦想、实现梦想。

贵州大学留学生参与中国 - 东盟交流周

"《习近平谈治国理政》与中国智慧"高级研修班

第三篇　交流合作

一、交流出访

1. 2014 年贵州大学国际教育学院代表团赴老挝、泰国高校交流访问

2014 年 2 月 17 日至 24 日，应老挝国立大学、泰国朱拉隆功大学孔子学院邀请，贵州大学国际教育学院副院长魏琴、国际教育学院留学生管理科副科长杨晓椿前往老挝国立大学、泰国朱拉隆功大学进行交流访问。

代表团实地考察了老挝国立大学的孔子学院、教学管理区及生活服务区，与老挝国立大学国际交流与合作处处长 Sengdeuane WAYAKONE 博士，中越事务负责人李建民先生进行了长时间会谈和磋商，共同商定由贵州大学国际教育学院和老挝国立大学国际交流与合作处签订的《两校部门间合作细则》。老挝国立大学在 2014 年 9 月派出第一批"留学贵大项目"的学生。

2014 年贵州大学国际教育学院代表团赴老挝、泰国高校交流访问

在泰国期间，代表团建立了与泰国朱拉隆功大学孔子学院的合作关系，拜会了泰国教育部基础教育委员会中文教育项目官员 Uthaiwan 女士，访问了泰国邦高皇家圣谕中学和大城中学。会谈中，贵州大学国际教育学院与泰国邦高皇家圣谕中学、大城中学达成先开展短期合作项目的意向，并邀请这两所学校校长参加第七届中国 - 东盟教育交流周。

代表团在清迈北方大学推动两校联合培养项目顺利进行，举办了一场贵州大学招生宣讲会，介绍了贵州大学的留学情况、招生条件和软硬件设施，让该校学生更直观地了解和认识贵州大学。

此外，代表团还与当时正在清迈北方大学访问的缅甸维多利亚大学学院（Victoria University College）院长 Theresa Thomas 博士作了简短会谈，介绍了双方的学校情况和留学生学习汉语的情况；顺访了清迈大学孔子学院，与其中方院长俞勤伟交流如何提高贵州大学的知名度，开拓招生市场。

2. 2014年贵州大学国际教育学院领导赴东盟国家学习考察

2014年4月21日至30日，以贵州省教育厅党组成员、机关党委书记赵廷昌为团长的工作团一行6人赴缅甸、新加坡、马来西亚3国开展了为期10天的交流和访问，贵州大学国际教育学院院长张成霞作为团队主要成员参加了本次考察活动。

工作团访问了缅甸仰光大学、内比都高中和缅甸教育部，访问了新加坡管理大学、新加坡莱福士初级学院、新加坡科技设计大学，访问了马来西亚理工大学、拉曼大学、泰莱大学和马来西亚教育部。

工作团着重了解了东盟国家对2014年下半年举办的第七届中国 - 东盟教育交流周的议题、内容形式等方面的期望、建议、需求，努力找准并夯实双方合作的支点，以增强中国 - 东盟教育交流周的针对性、时效性、持续性，充分调动东盟国家参与的积极性。

贵州大学国际教育学院院长张成霞（右二）访问缅甸仰光大学

考察期间，工作团在与到访国有关高校广泛交流的基础上，就双方高校间开展务实合作的有关事宜进行了深入探讨，并达成了广泛合作意向，签署了多份合作协议，取得了丰硕成果。贵州大学与马来西亚拉曼大学学院和马来西亚泰莱大学签署了合作协议。

3. 2014 年贵州大学国际教育学院代表团赴韩国高校交流访问

2014 年贵州大学国际教育学院代表团赴韩国高校交流访问

2014 年 11 月 11 日至 15 日，应韩国又松大学、韩国全北大学邀请，贵州大学国际教育学院副院长梁雪、国际教育学院教学科研科副科长陈文捷赴韩国又松大学、全北大学、大田市女子高中、又松高中交流访问。

贵州大学与又松大学首次交流，又松大学国际处处长李达远、又松孔子学院院长金孝真接待了代表团一行。双方高校经过细致交流，初步达成合作意向，以短期文化学习考察团作为合作切入点，重点打造短期合作项目，以短期带长期，逐步扩大合作领域。

代表团访问大田女子高中和大田又松高中，并在这两所学校举办了学生宣讲会。与两校的会谈中，贵州大学分别向这两所高中详细介绍了校情并表达了合作意愿，希望借此机会搭建合作平台，扩大招生渠道，将高中作为留学生招生的全新突破点。

全北大学是韩国 10 所国立旗帜大学之一。贵州大学于 2011 年 10 月 18 日与全北大学签订了《关于中国贵州大学与韩国全北大学合作培养本科生的协议书》，开启了两校合作历史。至 2014 年，贵州大学赴全北大学交换学习的学生多达 77 名，全北大学赴贵州大学交换学习的学生为 5 名。2014 年 3 月 13 日，代表团访问了韩国全北大学，全北大学国际交流处处长林友阳接待了代表团并座谈交流。座谈会上，两校都就以往合作给予肯定，并希望在此基础上扩大交流范围，创新交流模式，推进双方联合培养项目。

4. 2015 年贵州大学国际教育学院赴越南、老挝高校交流访问

代表团访问越南高校

2015 年 3 月 11 日至 19 日，贵州大学国际教育学院副院长梁雪、党政办公室主任向通国、院教学科研科副科长陈文捷 3 人到越南军事科学院、越南太原大学外国语学院、老挝万象中学、老挝琅南塔省体育教育厅交流访问，并邀请各学校、单位出席第八届中国 - 东盟教育交流周。

2015 年 3 月 11 日，代表团访问了越南军事科学院。2010 年该院院长吴铁刚访问贵州大学，双方签署谅解合作备忘录，初步达成合作意向。

2015 年 3 月 13 日，代表团访问了越南太原大学外国语学院。双方就合作协议的具体细节进行了深入务实交流，针对合作模式和越南学生关心事宜交换了意见，就"汉语中心"建设、中文实习基地建设、教师互访等问题进行了深入讨论，为下一步落实合作意向奠定了良好基础。

2015 年 3 月 17 日，代表团访问了老挝琅南塔省体育教育厅。厅长本江先生及教育厅经济合作处、中国项目处、职教科等相关负责人接待代表团并举行座谈会，双方就招收本科生、派送汉语教师等问题达成一致，为下一步深入合作奠定了良好的基础。

5. 2015 年贵州大学国际教育学院参加印度尼西亚"第十二届留学中国教育展"

2015 年是中国和印度尼西亚建交 65 周年。2015 年 5 月 25 日至 29 日,教育部国际司委托教育部留学服务中心组织国内 35 所高校赴印度尼西亚举办"第十二届留学中国教育展"。贵州大学应邀参加此次活动,贵州大学副校长赵德刚率国际教育学院院长张成霞和留学生招生项目教师舒越组团赴印度尼西亚参加教育展及相关活动。

5 月 27 日上午,"第十二届留学中国教育展"在印度尼西亚大学隆重举行。贵州大学在教育展上布置了颇有特色的展台,精心制作了留学生招生资料、海报和视频,并在教育展上发送资料、展出海报和播放视频。贵州大学展台吸引了大量观众,不少印度尼西亚教师、家长、学生纷纷上前咨询留学贵大情况。贵州大学代表团还参加了"2015 中印尼大学校长论坛",贵州大学副校长赵德刚参加了中国 - 印尼副总理级人文交流机制首次会议等活动。

贵州大学代表团参加印度尼西亚"第十二届留学中国教育展"

6. 2015 年贵州大学国际教育学院代表团赴老挝交流访问

2015 年 5 月 26 日至 30 日，贵州大学国际教育学院应老挝国立大学、万象中学及扁瓦（音译）高中的邀请，负责招生和项目推介的教师周斌和贾海波赴老挝万象开展招生宣传及交流访问活动。

5 月 26 日，代表团访问了老挝国立大学，与该校国际处中国事务部的夏迪拉老师进行会谈，就两校间各层次学生的招生、管理和培养方面的工作进行交流和磋商，对如何深入实施两校部门间的招生合作细则进行了探讨。

5 月 27、28 日，代表团先后访问了老挝万象中学和扁瓦高中，向 400 多名即将高中毕业的老挝学生开展宣讲活动，发放贵州大学介绍材料，通过媒体展示贵州大学的留学生活、留学办法、费用和奖学金项目等信息，并针对学生提出的问题进行答疑。会后，代表团同老挝校方领导进行了座谈，就如何建立长效共赢的合作机制，协助贵州大学推介留学项目，毕业生来贵州大学攻读本科等问题进行了交流。

2015 年贵州大学国际教育学院代表团赴老挝交流访问

访问期间，代表团还受到贵州大学老挝留学生父母邀请前去其家中拜访，与学生父母分享学生在贵州大学的学习和生活情况，让父母们为子女的留学生活感到放心、开心和骄傲，并进一步拉近贵大与学生家长之间的距离。借此访问之机，代表团还看望了贵州大学老挝校友，了解他们的工作和生活近况，共同讨论贵州大学留学生校友会老挝分会的发展及工作安排。

7. 2016 年贵州大学参加留学中国（贵州）教育展

2016 年 4 月 20 日 至 29 日，为深化贵州省与韩国、柬埔寨、越南的人文交流，使这些国家更好地了解中国贵州高等教育、职业教育及国际学生教育的相关情况，贵州省教育厅组织贵州 22 所高校赴上述 3 国举办留学中国（贵州）教育展。贵州大学校长郑强率领由国际交流与合作处处长洪云、国际交流与合作处国际交流科科长周斌和国际教育学院院长张成霞组成的代表团参加了本次教育展及相关活动。

洪云（左）、张成霞（右）与签约高校代表合影

中国贵州高等教育展及高校人才招聘会在韩国首尔富拉泽酒店举行启动仪式。代表团积极与前来参展的韩国高校进行广泛沟通和交流，与韩国汉阳大学、庆熙大学、仁川大学、圆光大学、

贵州大学志愿者为咨询学生介绍贵州大学

又松大学、关东大学、全州大学、培才大学、国立交通大学和韩国汝矣岛领导论坛等高校和机构签署和达成合作协议。郑强校长作专题招生推介宣讲，并与越南南定工业学院签订了合作协议。

8. 2016 年贵州大学国际教育学院院长张成霞赴塞尔维亚、黑山等国高校交流访问

2016 年 9 月 25 日至 10 月 4 日，为推动贵州省与"一带一路"沿线国家的人文交流，促进双边经贸往来，拓展与中欧国家的合作渠道，贵州省对外友好协会、省外事办、省旅发委、省体育局、贵州大学相关人员组成联合工作组赴塞尔维亚、黑山和克罗地亚进行工作访问。贵州大学国际教育学院院长张成霞随团出访，开展留学生招生宣传及校际交流工作。

工作组专访了黑山唯一的大学——黑山大学国际处负责人 Ana Draguliwvic 和黑山大学孔子学院中方院长邓嵘及黑山大学尼克希奇校区语言学院院长 Dragan Bogojevic，

贵州联合工作组访问黑山共和国掠影

就贵州大学与黑山大学在师生交流方面进行商谈，张成霞向黑山大学相关人员作了贵州大学校情介绍和留学生项目推介。黑山大学十分愿意与贵州大学建立合作关系，两校签订框架性合作备忘录，开展学生交流活动。

此外，张成霞还利用访问之机，和黑山大学的老师交流，与塞尔维亚贝尔格莱德孔子学院院长 Radosav Pusic、诺维萨德大学孔子学院中方院长赵有华进行了联络，推介宣传贵州大学的留学生奖学金项目，希望与对方达成学生交流意向。

9. 2016 年贵州大学国际教育学院组团赴马来西亚、新加坡和印度尼西亚高校交流访问

2016 年 11 月 16 日至 25 日，应新加坡南洋理工大学、马来西亚留华同学会、印度尼西亚 Padjadjaran 大学、印度尼西亚 Narotama 大学等高校及教育机构的邀请，贵州大学国际教育学院党委书记凌琦、教学科研科负责人舒越组成工作团赴 3 国执行访问交流、留学生招生及项目开拓任务。

2016 年贵州大学国际教育学院组团赴马来西亚、新加坡和印度尼西亚高校交流访问

在马来西亚柔佛巴鲁宽柔中学，工作团参加了教育展的开幕仪式，全天进行招生宣传及项目推广，向前来咨询的学生、家长详细介绍贵州大学的招生政策和有关情况。

在马来西亚留华同学会，工作团还与马来西亚留华同学会会长莫泽林一起参加了吉隆坡尊孔独立中学建校 110 周年的庆祝活动，进行了学生交流项目的调研和留学生招生宣传，与该校校长、升学辅导主任及教师代表等就学生报考、教师培训、奖学金项目等进行了详细商谈。

工作团还访问了印度尼西亚 Padjadjaran 大学、Narotama 大学。凌琦与 Narotama 大学副校长 Budhivaya 一起为两校共建的"汉语角"揭牌，双方就如何建设好"汉语角"进行了深入交流并举行座谈交流会，希望在今后的合作中扩大交流领域，拓展交流项目。

10. 2017年贵州大学国际教育学院赴马来西亚、新加坡和印度尼西亚参加中国高等教育展

2017年3月，为进一步巩固贵州大学与马来西亚和印度尼西亚有关学校、教育机构的良好合作关系，开拓留学生合作招生项目，贵州大学国际教育学院副院长梁雪带队赴马来西亚、新加坡和印度尼西亚进行招生宣传，团队包括贵州大学音乐学院和美术学院负责人。此次活动重点推荐贵州大学艺术学科。

2017年中国高等教育展——贵州大学展

代表团在马来西亚参加中国高等教育展，在印度尼西亚重点访问了印度尼西亚玛拉拿达基督教大学。

11. 2017年贵州大学参加印度尼西亚留学中国教育展和黔柬大学校长高峰会

2017年6月19至25日，贵州省教育厅组织20所高校联袂出访，走进印度尼西亚和柬埔寨，举办第十届中国-东盟教育交流周重要系列活动——2017留学中国（贵州）教育展（简称"教育展"）和2017黔柬"牵手未来"大学校长高峰会系列活动。贵州大学

2017黔柬"牵手未来"大学校长高峰会合影留念

党委书记陈坚率领贵州大学国际教育学院院长张成霞，贵州大学国际交流与合作处处长洪云，国际交流科周斌和李琰老师组成的代表团参加。

陈坚代表贵州大学与印度尼西亚哈山努丁大学副校长签订校际合作协议，并与印度尼西亚玛拉拿达基督教大学副校长共同为"贵州大学-印尼玛拉拿达基督教大学教育交流中心"揭牌。教育展上，贵州大学还与其他46所印度尼西亚高校签约。

陈坚书记（右一）和张成霞院长（右二）向印度尼西亚教师介绍贵州大学

12. 2017 年贵州大学工作组赴韩国参加 HSK 中国留学及就业展览会

为加强学校留学项目宣传，吸引更多的外国留学生到贵州大学学习，应孔子学院总部和韩中文化协力研究院的邀请，贵州大学工作组（阳明学院院长张寒松、国际教育学院党委书记凌琦、经济学院副院长马红梅、学校党委办公室和校长办公室秘书科科长李碧勇、国际教育学院党政办公室主任向通国）一行 5 人赴韩国首尔参加 HSK 中国留学及就业展览会，进行招生宣传和学生交流项目推广，加强与韩中文字交流协会的交流和韩国留学生校友的联络。

贵州大学国际教育学院党委书记凌琦在展览会场演讲厅通过 PPT 进行了展示和演讲，全面介绍了贵州大学概况和留学生项目开展的情况，学生和家长都认真地听，整个会场座无虚席。当日，正值韩国汉语过级考试，全韩国近万人参加考试。韩国 HSK 事务局组织参展单位观摩京畿高中考点的考试情况。

2017 年 HSK 中国留学及就业展览会贵州大学展位

贵州大学工作组参加"纪念韩中建交 25 周年
——韩中语言文化教育座谈会

2017 年 8 月 13 日，工作组前往首尔孔子学院参加纪念韩中建交 25 周年——韩中语言文化教育座谈会。通过考察和了解，贵州大学国际教育学院党委书记凌琦与首尔孔子学院院长李浚植就学生推荐、考试、录取等事宜进行深入商讨，签订了合作意向书。

13. 2017 年贵州大学国际教育学院赴澳大利亚、新西兰参加高等教育研讨会和教育展

　　2017 年 11 月 19 日至 29 日，贵州大学副校长李军旗带队赴澳大利亚、新西兰参加由教育部中国教育国际交流协会主办的高等教育研讨会和高等教育展，贵州大学国际教育学院院长张成霞参加本次活动。

贵州大学代表团与澳大利亚麦考瑞大学国际处处长（左二）合影

　　贵州大学高度重视并积极部署备展工作。展会上，代表团精心布展，展台风格独特，内容丰富，有关资料多形式、多渠道呈现贵州大学校园风光、办学特点、学科特色、对外交流合作和留学生工作，吸引了大批澳大利亚、新西兰高校代表、嘉宾、学生和家长驻足观看、咨询和交流。

　　在高等教育研讨会上，与会高校就中澳政府对两国学生流动的政策及支持、国际合作与学生流动、留学生奖学金政策、科研合作促进学生流动等方面进行了探讨。

　　代表团还访问了澳大利亚乐卓博大学、麦考瑞大学、纽卡斯尔大学，新西兰奥克兰大学、奥克兰理工大学，并与有关高校就留学生招生、学生交流、人才培养和科研领域合作进行了交流。

　　据了解，中国共 33 所高校参加了此次教育展。教育展旨在为澳大利亚和新西兰两国青年提供优质平台，促进两国学生对中国高等学校的了解，吸引更多的学生来华留学，同时加强与澳大利亚、新西兰两国高校及其他教育机构的交流与合作。

14. 2018 年贵州大学国际教育学院代表团赴泰国、柬埔寨交流访问

2018 年 1 月 28 日至 2 月 4 日，应泰国北清迈大学、泰国斯巴顿大学 - 春武里校区、柬埔寨皇家农业大学、柬埔寨吴哥高中等学校的邀请，贵州大学国际教育学院副院长梁雪、农学院副院长程剑平、国际教育学院招生项目负责人牟阳、留学生辅导员李博 4 位同志组成工作团，赴泰国、柬埔寨执行访问交流、留学生项目拓展及校友回访等任务。

贵州大学国际教育学院代表团赴泰国交流访问

工作团还会见了在贵州大学学习的"2+2"交际汉语专业的学生以及有意向到贵州大学学习的泰

贵州大学国际教育学院代表团访问泰国中学

国学生，向他们宣讲专业情况及奖学金政策。

工作团在泰国看望了 2018 年在贵州大学学习的 4 名"2+2"交际汉语专业联合培养项目生和部分在读的泰国留学生，在春武里看望了 2014、2015 届毕业生，在柬埔寨金边看望了贵州大学校友葛胜、童达、金文那、宋章纳等。梁雪勉励他们努力工作，为中柬友谊搭建桥梁。

15. 2018年贵州大学国际教育学院赴法国、西班牙参加国际教育展

2018年4月22日至29日，贵州大学副校长金道超带队赴法国、西班牙参加由教育部国际合作司委托教育部留学服务中心主办的留学中国说明会和国际教育展，贵州大学国际教育学院院长张成霞参加活动。在留学中国说明会上，与会中外教育机构和高校就双方国际合作与学生流动、留学生奖学金政策、教师交流、科研合作等方面进行了深入探讨。

留学中国说明会及国际教育展旨在促进法国、西班牙两国学生对中国高等学校的了解，吸引更多的优秀学生来华留学，同时加强与法国、西班牙两国高校及其他教育机构的交流与合作。

贵州大学展位在西班牙

贵州大学展位在法国

16. 2018 年贵州大学代表团赴美国、墨西哥高校交流访问

2018 年 10 月 11 日至 19 日，应中国旅美科技协会和墨西哥尤卡坦自治大学邀请，贵州大学国际交流与合作处处长洪云、人事处处长王颖华、国际教育学院院长张成霞赴美国参加由中国旅美科技协会主办的"2018 年全球创新高峰论坛暨中国旅美科技协会第 26 届年会"及相关活动，访问了美国中佛罗里达州立大学和墨西哥尤卡坦自治大学。

代表团在美国中佛罗里达州立大学的交流活动

代表团在墨西哥尤卡坦自治大学的交流访问

会议期间，代表团成员积极与中国旅美科技协会会长、副会长及参会旅美专家学者和国内其他高校代表进行交流，介绍贵州大学的相关学科优势和特色领域，希望专家学者到贵州大学交流访问和开展科研合作。

会后，代表团赴孔子学院访问。2007 年中山大学和墨西哥尤卡坦自治大学共建孔子学院。孔子学院的中方院长余展涛、墨方院长安德烈斯·阿鲁赫与贵州大学代表团进行座谈，介绍了孔子学院的发展历程及目标建设等。

17. 2019 年贵州大学随团赴奥地利、德国、法国交流访问

2019 年 3 月 5 日至 14 日，应奥地利教育部、奥地利人力资源部、奥地利高等教育国际博览会组委会、欧中"一带一路"经贸与人文合作促进会、欧中（奥地利）国际教育交流中心的邀请，在贵州省教育厅党组成员、教育工会主席王慧的带领下，贵州大学党委副书记令狐彩桃、国际教育学院党委副书记甘孝琴、国际交流与合作处国际交流科科长周斌等 3 人随团赴奥地利、德国、法国参加教育展及交流访问。

王慧（右二）、令狐彩桃（左二）、甘小琴（中）向前来咨询的学生介绍贵州省和贵州大学

此次展会，奥地利教育部组织近 4000 名中学、大学学生及机构代表参加，到贵州大学展位咨询的学生近 300 人次。

展会期间，令狐彩桃随王慧团长拜会了中国驻奥地利大使李晓驷，拜访了克恩顿州州长、副州长、州议会议长、教育厅厅长及教委主任、克拉根福市市长等 11 位政府官员，双方就进一步寻求教育交流友好合作进行座谈。代表团专门访问维也纳农业大学（维也纳自然资源与生命科学大学）、克拉根福大学、克恩顿州应用技术大学，与这些学校就学科建设、科研合作、师生互访、短期培训等方面进行了座谈。

通过双方的座谈，在贵州省教育工会主席王慧的见证下，贵州大学与费森尤斯应用技术大学签署了合作协议。代表团一行还访问巴黎行政管理学院和巴黎丝路商学院。

18. 2019 年贵州大学代表团赴泰国高校交流访问

  2019 年 3 月 10 日至 14 日，应斯巴顿大学春武里校区、泰国宣素那他皇家大学创
新管理学院的邀请，贵州大学
国际教育学院院长张成霞、教
学科科长唐颖、对外合作处办
公室主任韦锋，对泰国宣素那
他皇家大学创新管理学院、朱
拉隆功大学文学院泰语测试中
心、朱拉隆功大学孔子学院、

代表团访问泰国斯巴顿大学春武里校区

斯巴顿大学春武里校区、东方大学孔子学院进行了富有成效的交流访问。

  代表团一行前往上述机构就贵州大学来华留学汉语教育及学历教育项目、贵州大学
来华留学生短期游学项目、2019 年东盟国家本土汉语教师来华研修项目、中泰联合培养
项目等进行宣传推介，并在朱拉隆功孔子学院、东方大学孔子学院重点推介了贵州大学
孔子学院奖学金项目。

代表团访问泰国宣素那他皇家大学

19. 2019 年贵州大学代表团赴老挝、柬埔寨交流访问

2019 年 5 月 26 日至 6 月 2 日，应老挝国立大学、老挝万象中学、柬埔寨广肇学校、柬埔寨智慧大学和吴哥高中的邀请，贵州大学国际教育学院党委书记晋克俭、经济学院党委书记黄莉、酿酒与食品工程学院院长邱树毅、管理学院党委副书记张亚军和国际教育学院教师侯良迪，对上述老挝、柬埔寨高校和中学进行了招生宣传与交流访问。

贵州大学代表团赴老挝、柬埔寨交流访问现场

代表团一行赴柬埔寨广肇学校开展招生宣传及项目洽谈，受到了广肇商会泰迪华会长的热情接待，广肇学校校长符美菁及校务处、汉办、侨办的老师与代表团进行了友好座谈，初步达成合作意向，计划开展学生和教师层面的交流学习、夏令营及教师培训等。

访问结束后，代表团参观了学校教室并与学生进行交流，向学生介绍了贵州大学的游学项目。随后双方就感兴趣的合作话题开展了深入交流，在达成合作共识的基础上着力推进相关项目。

20. 2019 年贵州大学国际教育学院参加第三届 HSK 中国留学·企业展览会

由中国孔子学院总部（国家汉办）主办，韩国彩虹孔子课堂承办的第三届 HSK 中国留学·企业展览会于 2019 年 8 月 24 日在韩国首尔延世大学成功举行。贵州大学国际教育学院招生科科长陶利、对外汉语教师袁希文受学校委派赴韩国参加此次教育展。

教育展会上，贵州大学的展台色彩亮丽、风格独特，宣传资料形式多样、内容丰富，多角度地呈现贵州自然及民族风情与贵州大学办学特点、学科特色、国际交流合作及留学生教育，现场吸引了大批韩国学生及家长前来观看，领取招生宣传手册，并咨询贵州大学专业设置、奖学金申请流程、留学手续等相关事宜。

展会期间，贵州大学韩国籍学生 KANG HASOM（姜主睿）志愿前来参加布展，主动承担翻译、学校宣传介绍以及联络服务等工作。即将进入贵州大学音乐学院学习的新生 KIM YUJEONG（金瑜精）也来到展会现场，加入到服务教育展的行列。

第三届 HSK 中国留学·企业展览会贵州大学展位

展会现场，陶利还接受了新华社驻首尔记者田明的采访，就贵州大学概况、学科优势、留学生规模、培养方式及与各高校间开展的特色项目做了详细介绍。

贵州大学国际教育学院通过此次留学展，充分展示了贵州大学各方面的成就与特色，与韩国柳韩大学、彩虹孔子课堂就短期游学项目达成初步意向，对更多有意向来华留学的韩国学生认识、了解贵州大学产生了积极的影响。

21. 2019 年贵州大学国际教育学院赴哈萨克斯坦参加国际教育展

为促进中哈人文教育交流，落实中国教育的品牌战略，贵州大学积极深入落实"留学中国计划"、实施"走出去"战略。应哈萨克斯坦教育与科学部国际项目中心邀请及工作需要，贵州大学选派国际教育学院院长张成霞、辅导员李博等人组成代表团，赴哈萨克斯坦参加"2019 国际教育展会"及相关活动。

展会期间，哈萨克斯坦的教育机构、参展高校代表（如滑铁卢大学、日本金泽大学、新加坡国立大学等）前来咨询并与贵州大学商谈进一步的合作。此外，鉴于贵州大学与香港教育大学、香港理工大学、香港中文大学的友好合作关系，代表团拜访了同期参展的香港高校，双方友好沟通后商谈了申报"港澳与内地大中小学师生交流计划大学生项目"相关事宜。

代表团向咨询留学事宜的学生家长介绍贵州大学

在本次展会上，贵州大学不仅宣传和推介贵州省和贵州大学，同时也访问了当地的友好院校及合作的机构。

代表团访问阿拉木图创新与理工学院、哈萨克斯坦管理经济战略研究院，拜访中华人民共和国驻阿拉木图总领事馆。在教育展期间，展会主办方还邀请了有关高校做主题研讨。

22. 2019 年贵州大学国际教育学院赴印度尼西亚、泰国参加国际教育展

2019 年 10 月 29 日至 11 月 5 日，受教育部国际合作与交流司、教育部留学服务中心、印度尼西亚 Tiket Station 公司、泰国东方教育网的邀请，贵州大学国际教育学院党委书记晋克俭、旅游与文化产业学院副院长李锦宏（主持工作）、管理学院副院长宋山梅、国际教育学院教师梁玉豪一行 4 人先赴印度尼西亚参加第十六届留学中国教育展，后赴泰国参加 2019 年 OCSC 国际教育博览会。

国际教育展中的贵州大学教育展位

中国教育部留学服务中心副主任徐培祥、中国驻印尼大使馆科技参赞易凡平、印尼教育部代表 Abe Susanto 和 Ticket Station 顾问李宜敬，以及中国银行雅加达分行行长张朝阳出席了开幕式并致辞。

贵州大学国际教育学院党委书记晋克俭在第十六届
留学中国教育展现场接受采访

教育展当天吸引了 2000 余名印尼学生和家长前来观展、咨询。参观此次教育展的印尼学生人数相比往年有了明显的增长，教育展现场摩肩接踵，前来贵州大学咨询的学生络绎不绝，部分参展的学生还与贵州大学达成了留学意向。

贵州大学代表团在参展期间会见了泰国万里通语言学校的吴振文校长以及宋卡王子大学旅游与酒店管理学院副院长，并与他们就今后加强合作与交流、实施学分互换、学生学习互换、学生实习互换、泰国学生来贵州大学学习语言项目达成了初步意向。

23. 2021 年贵州大学国际教育学院与泰国合艾大学相关学院开展线上工作交流会

2021 年 1 月 29 日上午，贵州大学国际教育学院与泰国合艾大学（Hatyai University）进行了在线工作交流。贵州大学国际教育学院党委书记晋克俭、院长张成霞，泰国合艾大学国际学院院长 Praman Tepsongkroh、副院长 Thiyada Kaewchana、国际商务系主任 Piyada Jingwangsa、旅游系主任 Wachara Chaiyakhet、教育与人文学院国际商务系主任 Pachinee Temrat、英语系主任 Piyada Jingwangsa、国际事务与市场系主任 Chadchom Ratsameemonthon 等出席交流会。

2021 年贵州大学国际教育学院与泰国合艾大学相关学院开展线上工作交流会

双方通过视频、PPT 介绍了两校校情，特别是两校留学生相关工作。各方均对感兴趣的留学生招生话题进行了深入交流，相互认识、相互了解，并期待进一步合作。

泰国合艾大学成立于 1997 年，是泰南第一所私立大学。经贵州大学友好合作学校泰国万里通语言学校牵线搭桥，合艾大学希望能与贵州大学开展学生交流及联合培养工作。

24. 2021 年泰东北首届 HSK 留学中国在线宣讲会顺利举行

2021 年 3 月 5 日下午，泰东北首届 HSK 留学中国在线宣讲会成功举办。此次宣讲会由教育部中外语言交流合作中心 - 汉考国际（"汉考国际"是汉考国际教育科技 [北京] 有限公司的简称）主办，泰国孔敬大学孔子学院承办，会议邀请复旦大学、北京科技大学、东华大学、西北工业大学和贵州大学等 16 所中国知名高校共同参与，与泰国东北四府五校的 1500 余名师生进行线上交流互动。

贵州大学国际教育学院党委书记晋克俭、院长张成霞、泰语老师吴霞以及在校泰国学生丁朋同学出席宣讲会。

宣讲会上，吴霞老师用泰语向泰方师生介绍了贵州省概况、贵州大学校情和留学贵大详情，图文并茂地展示多彩贵州风貌、美丽贵大校园和丰富多彩的留学生学习和生活。泰国学生通过大屏幕充分了解贵州大学留学生招生项目、招生政策、申请流程、教学课程以及住宿条件等。随后，在校泰国学生丁朋同学分享了自己在贵州大学的学习及生活经历，与线上师生进行交流互动。

泰东北首届 HSK 留学中国在线宣讲会

贵州大学师生参与宣讲会

此次宣讲会反响良好，通过线上的互动沟通，实现了学生与贵州大学的双向交流，既为学生了解贵州大学牵线搭桥，也为贵州大学拓宽招生渠道提供了实践经验。

25. 2021 年贵州大学国际教育学院参加留学中国（在线）宣讲会

2021 年 11 月 13 日，由泰国万里通语言学校主办的面向泰国学生的留学中国（在线）宣讲会成功举办。此次宣讲会邀请了北京语言大学、贵州大学、哈尔滨师范大学、华侨大学、成都大学共 5 所中国知名高校以及中国银行共同参与，同泰国师生进行线上交流。通过腾讯会议参会和 Meta 直播观看的泰国师生有 210 人左右。

留学中国（在线）宣讲会

贵州大学国际教育学院党委书记晋克俭、院长张成霞、招生科负责人徐凯琳、泰语翻译吴霞受邀参加宣讲会。

宣讲会开幕式于上午 8:20 拉开序幕，泰国清迈教育厅厅长进行了在线致辞。之后贵州大学进行宣讲，在开始正式宣讲之前，主办方泰国万里通语言学校播放了贵州大学校园宣传视频。

贵州大学校园宣传视频截图

随后，吴霞老师用泰语向泰方师生介绍了贵州省概况、贵州大学校情以及留学贵大的相关信息，图文并茂地为泰国师生展示了多彩的贵州风貌、美丽的贵大校园和有趣的留学生活。泰国师生通过 PPT 充分了解贵州大学留学生招生项目、招生政策、申请流程、教学课程、校园环境以及留学生住宿条件等。

线上宣讲活动截图

最后，张成霞对主办此次宣讲会的人泰国万里通语言学校表示感谢，同时热诚欢迎泰国师生到贵州大学进行学术访问、短期游学、留学深造和交流交换。

此次宣讲会反响良好，通过线上互动沟通，泰国师生对贵州大学有了良好印象，加深了泰国师生对贵州和贵州大学的了解，为今后泰国学生留学贵州大学打下了一定的基础。

26. 2022 年贵州大学国际教育学院参加留学中国在线宣讲会

2022 年 3 月 19 日、27 日，由汉考国际举办的面向埃及、柬埔寨学生的 HSK 留学中国在线宣讲会成功举办。此次宣讲会邀请了清华大学、复旦大学、中国政法大学、南开大学、中国人民大学、贵州大学等 21 所中国知名高校共同参与，同埃及、柬埔寨学生进行线上交流。通过 ZOOM 参会并观看的国外学生有 352 人。

贵州大学国际教育学院党委书记晋克俭、院长张成霞、招生科负责人徐凯琳受邀参加宣讲会。

在线宣讲会截屏

宣讲会上，晋克俭、张成霞先后为埃及、柬埔寨学生详细介绍了贵州省情、贵州大学校情以及留学贵大的相关信息，图文并茂地为线上学生展示了多彩的贵州风貌、美丽的贵大校园和有趣的留学生活，并通过 PPT 让参加宣讲会的国际学生充分了解贵州大学留学生招生项目、招生政策、申请流程、教学课程、校园环境以及留学生住宿条件等。最后，晋克俭、张成霞对主办此次宣讲会的汉考国际表示感谢，同时热诚欢迎国外学生到贵州大学进行短期游学、留学深造和交流交换。

疫情以来，贵州大学国际教育学院仍然坚持通过多渠道扩大招生宣传，希望通过线上教育展会宣传贵州省，宣传贵州大学，吸引世界各国优秀学子留学贵大，助推学校国际化和高质量发展。

二、友好来访

1. 2015年老挝教育代表团访问贵州大学

为进一步推进贵州大学与老挝琅南塔省教育厅的交流与合作，应贵州大学国际教育学院邀请，老挝教育代表团一行24人在琅南塔省教育厅副厅长宋逢先生的带领下，于2015年12月7日开启了2015年"中老交流之窗——多彩贵州行"。参加本次活动的有琅南塔省教育厅副厅长、教育厅3个科室负责人、琅南塔省5个县教育局局长及15所中学校长。

2015年12月8日上午，贵州大学国际教育学院组织安排了开团典礼和交流讨论会。贵州大学副校长宋宝安院士出席开团典礼并致欢迎辞。贵州省教育厅国际合作与交流处处长糜丹女士出席了开团仪式，并介绍贵州与老挝教育交流的情况。参加开团典礼的还有贵州大学国际交流与合作处处长洪云，贵州大学国际教育学院党委书记凌琦、院长张成霞、副院长梁雪及相关工作人员。

开团典礼

开团典礼上，贵州大学副校长宋宝安与琅南塔省教育厅副厅长宋逢签署了《贵州大学与老挝琅南塔省教育厅合作备忘录》，并为"中国贵州大学与老挝琅南塔省教育、科技合作基地"揭牌。

仪式结束后，贵州大学国际教育学院与老挝代表团就留学生招生、汉语教师派遣、举办汉语培训班等事宜进行了深入交谈，并达成多项共识。

2. 2015 年泰国东方大学代表团访问贵州大学

　　为推进贵州大学与泰国东方大学的交流与合作，应贵州大学邀请，泰国东方大学代表团一行 10 人在代理校长宋坡教授的带领下，于 2015 年 12 月 17 日至 12 月 19 日对贵州大学进行了友好访问。来访代表还包括东方大学校长顾问、东方大学 3 位代理副校长、东方大学工程学院和公共管理学院的负责人。

贵州大学与泰国东方大学交流座谈会

　　2015 年 12 月 18 日上午，贵州大学国际教育学院组织了两校交流座谈会。贵州大学副校长宋宝安院士出席座谈会并致欢迎辞。贵州大学国际交流与合作处副处长谢明英，国际教育学院院党委书记凌琦、院长张成霞，公共管理学院、资源与环境工程学院、化学与化工学院、机械工程学院及电气工程学院领导参加会议。

　　东方大学代理校长宋坡教授致辞表示感谢。座谈会上，两校介绍双方情况，深入交流和讨论合作思路。双方校领导敦促两校建立务实的校际友好合作关系，大力开展师生交流及科研合作。参与到本次座谈会的两校专业学院负责人相互沟通院系情况，交流合作意向。会议在校际及院际层面均达成多项共识。

　　泰国东方大学代理校长宋坡一行的来访，加深了两校的相互了解，开启了两校间实质性的交流合作。本次来访活动也成为贵州大学与泰国高校合作的新篇章，对促进贵州与泰国的高等教育交流合作也起到了积极的推动作用。

3. 2016 年老挝琅南塔省政府代表团访问贵州大学

2016 年 9 月 24 日，老挝琅南塔省政府代表团一行 6 人在琅南塔省副省长兼政府办公厅主任堪雷先生的带领下到贵州大学参观访问，同行成员还有琅南塔省副省长兼计划与投资厅厅长堪塞先生、农业与森林厅厅长堪莫恩先生、工贸厅副厅长欢达先生及相关人员。

贵州大学国际教育学院党委书记凌琦、党委副书记甘孝琴，贵州大学国际交流与合作处副处长谢明英及相关人员与访问团一行在贵州大学第一会议室进行了座谈和交流。受校领导的委托，凌琦代表贵州大学对老挝琅南塔省政府代表团的到来表示热烈欢迎，同时介绍了贵州大学与琅南塔省开展教育交流活动的情况、成效，以及老挝留学生在贵州大学学习和生活的情况，希望加深双方合作，积极推进老挝高层次人才的培养。堪雷先生代表访问团对贵州大学所做的工作表示衷心感谢，也对老挝留学生提出要求，希望他们遵守中国的法律法规，尊敬师长，努力学习知识和中国文化，为中老友谊及双方的交流做出自己的贡献。

老挝琅南塔省政府代表团与贵州大学交流座谈会

代表团还参观了贵州大学新校区，参加了老挝学生为 2016 级新同学举办的迎新活动。堪雷先生以代表团和家长的身份传达了他们对贵州大学老挝留学生的关心和期盼，留学生们则分享了他们在贵州大学学习的感受。最后，代表团一行与老挝留学生代表赴双馨园学生食堂用餐，切身体验了老挝同学们的留学生活。

4. 2016 年印度帕特纳大学代表团访问贵州大学国际教育学院

　　2016 年 11 月 11 日上午，印度农业与农民福利部合作管理区域所主任 K.P.Ranjan、印度帕特纳大学学术委员会成员及 JDU 负责人 Sagarika Chowdhary、拉维萨基础设施有限公司董事长 Swaraaj Sinha 及贵州海上思路投资有限公司印度代表 Binod Singh Ajashaatru 到访贵州大学国际教育学院。贵州大学国际教育学院院长张成霞、招生主管贾海波与代表团进行了富有成效的交流。张成霞首先代表国际教育学院对代表团的来访表示热烈的欢迎，接着回顾了贵州大学与印度的交流与合作，并用 PPT 向客人展示了贵州大学的校情及风采，特别介绍了贵州大学留学生教育情况。

　　帕特纳大学的历史也非常悠久，始建于 1917 年，是印度最古老的大学之一，综合实力位居印度高校前列，现有 40 个学院，超过 21000 名师生。代表团对与贵州大学的合作充满信心，希望贵州大学帮助帕特纳大学建立汉语中心，提出让我方为其提供课程建设、信息资料等帮助的请求。

　　座谈会后，代表团参观了贵州大学精细化工研究开发中心，贵州大学精细化工研究开发中心副主任金林红向他们详细介绍了该中心的研究领域和取得的成就。代表团对与贵州大学农业领域的合作也非常感兴趣，热情

印度代表团访问贵州大学国际教育学院

邀请相关领域的负责人尽早访问帕特纳大学，进一步商谈实质性的合作。代表团一行还参观了美丽的贵州大学校园，此次访问活动取得圆满成功。

5. 2017 年印尼长城 - 中国教育顾问集团吴健源先生到访贵州大学国际教育学院

2017 年 6 月 28 日，留学生中国（贵州）教育展在印度尼西亚雅加达举行，教育展会上，贵州大学党委书记、校长陈坚与印尼长城 - 中国教育顾问集团董事长吴健源签订双方合作协议。为推进双方务实合作，促进印尼学生留学贵大，2017 年 10 月 14 日，吴健源先生对贵州大学国际教育学院进行友好访问，商谈相关事宜。

陈坚（右）与吴健源（左）代表双方签订合作协议

访问期间，贵州大学国际教育学院院长张成霞与吴健源董事长进行深入交流座谈，在长短期学生、奖学金学生以及汉语教师培训方面达成多个合作意向。吴健源先生表示，回国后将积极宣传贵州大学，努力推动双边合作，计划 2018 年选派一批师生到贵州大学参加短期游学活动，并积极推进长期生的招生宣传。吴健源先生还参观了贵州大学校园，考察了留学生住宿及学习环境，对贵州大学的校园环境和软硬件设施十分赞赏。

6. 2017 年泰国斯巴顿大学副校长布萨巴博士一行访问贵州大学

为增进贵州大学与泰国斯巴顿大学的进一步交流与合作，扩大双向学生交流，2017 年7 月 20 至 22 日，斯巴顿大学春武里校区副校长布萨巴博士、校长助理素贴博士和金达逢博士以及中文系主任张天龙老师一行对贵州大学进行友好访问。

21 日上午，两校座谈会在贵州大学行政楼四会议室举行。中国工程院院士、贵州大学副校长宋宝安代表贵州大学致欢迎辞，对斯巴顿大学客人的到来表示热烈的欢迎，对斯巴顿大学建校 30 周年表示诚挚的祝贺。宋宝安回顾了两校自 2010 年建立校际合作关系以来取得的喜人成绩，对斯巴顿大学春武里校区积极推进"1+2+1"商务汉语本科生联合培养项目表示衷心感谢，希望两校在学生交换、科研合作、教师交流方面增进合作。布萨巴校长对贵州大学的热情接待表示非常感谢，热情邀请宋宝安及其他贵州大学领导和师生访问斯巴顿大学。布萨巴校长对两校未来合作充满期待和信心，提出希望在短期生、交换生方面加大合作力度，探索新的合作模式，促进更深层次、更宽领域的合作。

贵州大学国际教育学院院长张成霞（左二）与泰国斯巴顿大学代表团合影留念

斯巴顿大学代表团参观了贵州大学校园、留学生公寓等地，看望了参加贵州大学国际教育学院正在举办的第十届中国 - 东盟教育交流周子项活动"多彩贵州之旅——东盟国家教育交流贵州考察团"的斯巴顿大学选派学生和其他留校泰国学生，对贵州大学的硬件设施赞不绝口，对贵州大学国际教育学院给予泰国学生无微不至的关怀感动不已。

7. 2017 年日本武藏野大学师生访问贵州大学国际教育学院

2017 年 12 月 29 日，日本武藏野大学 4 名学生在武藏野大学国际部老师陈欣的带领下来贵州大学国际教育学院交流访问。

日本武藏野大学师生访问贵州大学国际教育学院

上午，武藏野大学师生一行参观了贵州大学新校区和贵州大学国际教育学院留学生公寓，并走进教室观摩了贵州大学国际教育学院对外汉语教学课堂，参与了课堂教学活动。来访师生对贵州大学国际教育学院的教学环境、办学水平和教育教学质量给予了高度评价。

下午，贵州大学国际教育学院副院长梁雪、教学科研科科长唐颖、招生科项目主管牟阳接待了来访师生并进行了交流座谈。来自贵州大学国际教育学院的留学生代表、外国语学院学生代表参加了此次座谈会。会上，贵州大学国际教育学院与日本武野大学介绍了彼此办学以及招收留学生和交换生的基本情况，均希望能够加强双方的交流学习，加强校际间的合作办学。

8. 2018 年澳大利亚蒙特克里尔中学教师到贵州大学国际教育学院及贵大附中访问

2018 年 3 月 26 至 28 日，澳大利亚蒙特克里尔中学国际学生负责人田静老师访问贵州大学国际教育学院及贵州大学附属中学。贵州大学国际教育学院院长张成霞、招生科项目负责人侯良迪老师与蒙特克里尔中学田静老师就学生来黔学习、校际学生交流活动及教师培训等方面进行深入沟通，并达成多个合作共识。

3 月 28 日，在张成霞的陪同下，田静访问贵州大学附属中学，与贵州大学附属中学校长刘隆华、副校长袁宗廷及英语教学组副主任付仲华举行座谈，三方专门针对附中国际化教学事业的推进进行深入探讨，结合澳大利亚蒙特克里尔中学的特色、贵州大学国际教育学院办学优势以及贵州大学附属中学国际化发展需求，中澳双方拟展开一系列合作。最后，澳大利亚蒙特克里尔中学的副校长以视频的形式向贵州大学致以问候和感谢，并再次表达强烈的合作意愿，计划在 2018 年 7 月率师生团访问贵州大学，签署校际合作协议，建立更加紧密的合作关系，贵州大学表示感谢并积极回应合作意愿。

澳大利亚蒙特克里尔中学的来访开启了贵州大学与澳大利亚中学友好合作的新篇章。

澳大利亚蒙特克里尔中学代表团访问贵州大学附属中学

9. 2018 年意大利托斯卡纳吉梅利艺术 & 体育高中校长到访贵州大学国际教育学院

2018 年 3 月 30 日，意大利托斯卡纳吉梅利艺术 & 体育高中校长 Alessandro Paternostra 先生访问贵州大学国际教育学院，贵州大学国际教育学院院长张成霞与来访客人进行了交流座谈。

Alessandro Paternostra 校长首先介绍了托斯卡纳吉梅利艺术 & 体育高中的概况。该校位于意大利，托斯卡纳以其美丽的风景和丰富的艺术遗产而著称，被誉为"意大利的艺术摇篮"。托斯卡纳吉梅利艺术 & 体育高中是一所以美术、音乐和体育为特色的知名高中。Alessandro Paternostra 校长此行的目的是了解贵州中、高等艺术教育的状况，探寻与贵州的高中及高校合作的契机。

意大利客人（中）参观贵州大学留学生宿舍

张成霞介绍了贵州大学的留学生情况，学校的美术、音乐和体育教育的优势与特色，以及近年来贵州大学与意大利的交流合作，希望通过托斯卡纳吉梅利艺术 & 体育高中的桥梁作用，促进贵州大学与意大利的大、中学和教育机构建立更加广泛的联系，带动更多的意大利学生留学贵州大学。

Alessandro Paternostra 校长还与在贵州大学就读的意大利学生进行了交谈，了解他们的学习、生活情况。参观了校园和留学生宿舍后，Alessandro Paternostra 校长对贵州大学美丽的校园和完善的硬件设施十分赞赏。

10. 2018 年墨西哥尤卡坦自治大学国际处处长访问贵州大学

2018 年 12 月 11 日，墨西哥尤卡坦自治大学国际处处长 / 孔子学院外方院长 Andreas Aluja Schunemann 博士到访贵州大学，并与贵州大学相关部门和学院进行交流座谈。贵州大学国际交流与合作处、贵州大学国际教育学院、贵州大学科学技术研究院、贵州大学医学院、贵州大学明德学院相关负责人参加座谈会。

座谈会上，各学院及独立学院负责人介绍了学院的办学规模、学科优势、师资建设和可能合作方向。双方还围绕着师生互访交流、合作模式、学分认证等方面展开热烈的探讨和交流。

Andreas Aluja Schunemann 博士介绍了墨西哥尤卡坦自治大学的发展历程、办学目标特色、国际化合作现状等，尤卡坦自治大学国际生培养的政策制度引起了与会人员的浓厚兴趣。张成霞介绍了贵州大学留学生教育现状，希望两校开展学生交换项目，特别希望尤卡坦自治大学推荐优秀学生申请孔子学院奖学金项目留学贵州大学。Andreas Aluja Schunemann 博士表示回去后将向学生介绍在贵州大学的所见所闻，积极推动学生交流项目和共同申报孔子学院短期生交流项目。

随后，Andreas Aluja Schunemann 博士参观了贵州大学精细化工研究开发中心和留学生公寓，他对贵州大学美丽的校园、先进的科研设备、完善的教学和生活设施十分赞赏。Andreas Aluja Schunemann 博士还见到了尤卡坦自治大学推荐到贵州大学学习的墨西哥籍学生何逍遥和马俊，与他们进行了亲切交谈，了解他们的学习和生活情况。

墨西哥尤卡坦自治大学国际处处长（左二）与贵州大学墨西哥籍留学生（右一、右二）合影

11. 2019 年马来西亚 Mogan International Group 总裁杜邦博士到访贵州大学国际教育学院

2019 年 3 月 8 日下午，在贵州大学国际交流与合作处的安排下，马来西亚 Mogan International Group 总裁杜邦博士与贵州大学国际教育学院院长张成霞进行了交流座谈。杜邦博士是贵州的老朋友，多次到访贵州的高校和参加中国 - 东盟教育交流周活动，他此行的目的是了解贵州大学的留学生教育，寻找合作契机，推动马来西亚学生留学贵州大学。

洪云（左一）、张成霞（右一）陪同杜邦博士参观贵州大学

张成霞院长向杜邦博士详细介绍了贵州大学的留学生教育以及贵州大学的学科优势和特色。杜邦博士对贵州大学的学习环境和教学质量称赞不已。他介绍说，随着"一带一路"倡议的深入实施和越来越多的中国企业在马来西亚投资兴业，当地对通晓汉语、了解中国文化、熟悉中国经营管理和掌握专业知识的人才需求量剧增，马来西亚学生对学习汉语和留学中国有着前所未有的强烈意愿，这成为推进马来西亚学生留学贵州大学的良好契机。双方表示将共同探讨适合马来西亚学生的留学项目和方式，并尽快付诸实施。

12. 2019 年泰国宋卡王子大学副校长一行到贵州大学国际教育学院访问

2019 年 3 月 20 日，泰国宋卡王子大学副校长 Chutamas Satasook、Thakerng Wongsirichot 和 Prathana Kannaovakun，校长助理 Sirilak Bangchokdee、旅游文化学院院长 Pornpissanu Promsivapallop、国际教育学院院长 Nuwan Thapthiang、国际教育学院院长助理 Urai Hatthakit、国际处官员 PinchanokKhomaphat，以及贵州中泰文化交流中心会长李铠乐孜一行来贵州大学国际教育学院交流访问。贵州大学国际教育学院党委书记晋克俭、院长张成霞、副院长梁雪以及招生科老师与来访客人进行了座谈交流。在贵州大学开展短期游学项目的泰国万里通语言学校泰方校长 Nongnuch Cheewasrirungruang、中方校长吴振文受邀参加座谈。

贵州大学国际教育学院院长张成霞主持座谈交流会

宋卡王子大学创建于 1967 年，位于泰国南部的宋卡府，是一所国立综合性大学，是泰国的重点高等学府。该校共有 5 个校区，其中的普吉校区位于"安达曼海上的明珠"——普吉岛。

座谈会上，张成霞介绍了贵州大学的学科优势及特色和留学生教育现状等情况，特别介绍了贵州大学与泰国斯巴顿大学和泰国北清迈大学的联合培养本科生项目，2019 年泰国已经成为贵州大学第二大留学生生源国。贵州大学希望与泰国宋卡王子大学在汉语教育、长短期留学生交流和联合培养方面进行广泛合作，带动更多泰国学生留学贵大。

宋卡王子大学旅游文化学院院长 Pornpissanu Promsivapallop 和国际教育学院院长 Nuwan Thapthiang 分别介绍了各自学院的基本情况，并表达了希望与贵州大学合作的强烈意愿。

13. 2019年泰国素林师范皇家大学副校长一行到贵州大学国际教育学院访问

2019年5月21日，泰国素林师范皇家大学副校长 Pongchan Na-Lampang，国际处处长 Orawan Ketkaew 及苏兰拉里理工大学学生活动部负责人 Naungjij Na-Lampang 一行到贵州大学国际教育学院访问，商谈学生短期项目，推进双方学生"联合培养项目"。贵州大学国际教育学院院长张成霞、副院长梁雪参加座谈会。

泰国素林师范皇家大学副校长一行访问贵州大学国际教育学院

泰国素林师范皇家大学成立于1973年，位于泰国东北部的素林府。2019年在校生人数超过一万人，拥有6个专业学院，提供本科、硕士及博士教育。该校的优势专业为教育学相关专业。

座谈会上，Pongchan Na-Lampang 详细介绍了素林师范皇家大学的地理位置、历史发展、师生情况、院系专业设置及校园环境等。他表示，2018年6月贵州大学的访问给他留下了深刻印象，非常希望就合作事项进行进一步详细讨论。

张成霞介绍了贵州大学与泰国各校的合作情况，并结合素林师范皇家大学和苏兰拉里理工大学的具体情况，从短期教师交流、学生交换及"联合培养项目"等方面给出了合作方案的相关建议。双方就具体合作方案的部分细节内容进行了商讨。

14. 2019 年老挝国立大学教师到访贵州大学国际教育学院

2019 年 10 月 25 日，老挝国立大学人事处处长 Mr. THIPDAVANH PHOSY 和国际处工作人员 Ms. MOUNNARATH SOULIYA 陪送老挝国立大学 12 名新生到贵州大学报到注册，贵州大学国际教育学院张竟伟老师带领两名老挝留学生志愿者抵达车站，协助师生们顺利乘车抵达贵州大学。

贵州大学国际教育学院老师到车站迎接老挝国立大学师生

贵州大学国际教育学院院长张成霞代表学院对到贵州大学留学的 12 位老挝新生表示热烈的欢迎，同时也对老挝国立大学此次来访的教师表示衷心的感谢，希望双方以后在教育领域进一步加强合作。

在与老挝国立大学两位老师的交流中，张成霞对在贵州大学学习期间表现优秀的老挝学生给予了很好评价，希望新生要以学长、学姐为榜样，积极参加学校及学院组织的各项活动，快速融入到贵州大学这个大家庭之中。同时，张成霞也对老挝留学生存在的问题做了细致的分析，希望老挝国立大学的老师们也要加强和学生的沟通，提醒学生一定要严格要求自己，遵守学校的规章制度，服从学校管理，在华留学期间注意安全。

老挝国立大学人事处处长 Mr. THIPDAVANH PHOSY 和国际处工作人员 Ms. MOUNNARATH SOULIYA 对贵州大学为老挝留学生提供的良好学习环境表示感谢，感谢贵州大学的老师们长期以来在学习和生活上对老挝留学生的关心和帮助，希望双方以后在学生管理方面保持联系，进一步加强对学生的管理。

第四篇　短期游学

一、多彩贵州之旅

1. 2013 年泰国斯巴顿大学 2013 年春季学生短期交流团来贵州大学学习

为增进贵州大学与泰国斯巴顿大学的进一步交流与合作，2013 年 3 月 19 日至 5 月 16 日，泰国斯巴顿大学春武里校区的 10 名学生和 1 名老师应邀赴贵州大学进行交流学习。

斯巴顿大学的同学们还利用周末游览了贵州黄果树瀑布、西江苗寨、青岩古镇、天河潭等极具贵州风情的文化景点和名胜古迹，领略了贵州秀丽的风景和淳朴的民风。

泰国斯巴顿大学 2013 年春季学生短期交流团在贵州大学合影留念

5 月 14 日，贵州大学为该代表团安排了结业典礼。贵州大学副校长宋宝安亲临致辞并为 10 名同学颁发了结业证书和成绩单，他希望泰国同学们把自己当成贵州人，把贵大一直当作自己的家，带着贵大人的身份回到斯巴顿大学，将此次中国行、贵大行的所见所闻带回泰国，带回斯巴顿大学，并向斯巴顿大学的同学转达贵州大学诚挚的问候和祝福。

斯巴顿大学的同学们经过短暂的贵州之行，不仅提高了汉语水平，了解了中国传统民俗风情，更感受到了中国老师的敬业精神和娴熟的教学水平，他们为博大精深的中华文化所折服。

2. 2014 年北京师范大学孔子学院留学生代表团到贵州大学交流访问

2014 年 6 月 13 日至 6 月 18 日，北京师范大学孔子学院留学生代表团共 23 人到贵州大学进行为期 5 天的学习交流和文化考察活动。

6 月 13 日，代表团抵达贵州大学并参观贵州大学北校区。6 月 14 日，代表团参加"贵州地理及旅游文化"主题讲座，详细了解贵州的风土人情和自然风光。随后代表团参观游览贵阳孔学堂，充分感受贵州大学周边独特的山水和人文景观。

6 月 15 日，代表团与贵州大学孔子学院奖学金班一起前往中国国酒之乡——茅台镇进行考察，参观中国白酒的传统酿酒工艺，并到酒品鉴中心品味正宗的茅台白酒，收获一次别样的酒文化体验。

北京师范大学孔子学院留学生代表团合影留念

6 月 16 日，代表团前往西江千户苗寨，感受中国传统苗族文化，并了解当地地理、建筑、服饰、饮食、习俗等苗族特色。

6 月 17 日，贵州大学国际教育学院开展"贵州少数民族文化"主题讲座，阐述贵州的少数民族，尤其是苗族的一些较为深刻的文化特征，随后组织开展北京师范大学孔子学院留学生与贵州大学孔子学院奖学金生的经验交流会。交流会结束后，留学生代表团参观贵州大学校史馆，深刻了解贵州大学的历史沿革。

6 月 18 日是代表团在贵州的最后一天，在贵州大学国际教育学院老师的陪同下，代表团前往安顺游览黄果树瀑布，游览完毕后，返回北京。

3. 2015 年贵州大学国际教育学院主办"体验中国——多彩贵州行"夏令营

2015 年"体验中国——多彩贵州行"夏令营活动由贵州大学国际教育学院主办，韩国及泰国共 19 名学生赴贵州大学进行为期两周的游学活动。游学期间，学生上午主要学习汉语语言文化知识，下午体验中国传统文化。学生通过包元宵、学书法、游古镇、上手工课、跳民族舞等一系

学生学习中国书法

列特色活动，不仅全方位地体验了中国文化，更是深入领略了多彩贵州的风采。

来自泰国的学生张迪表示："这次体验真的很有趣，我喜欢贵州，如果有机会我还想再来贵州大学学习。"

学生展示剪纸作品

本次活动旨在让更多的外国学生了解中国，体验贵州大学的学习生活，增强贵州大学的国际知名度和影响力，吸引更多的留学生来贵州大学进修深造。

4. 2016 年贵州大学国际教育学院组织留学生参观黄果树旅游景区

为了让留学生更深层次地了解、体验富有特色的贵州文化，2016 年 4 月 23 日，贵州大学国际教育学院组织了来自 20 多个国家共 150 名学生赴安顺黄果树旅游景区参观，体验极具特色的喀斯特地貌。

留学生在黄果树瀑布合影留念

到达黄果树旅游景区后，留学生们游览天然盆景区、天星洞景区和水上石林区等地，随即穿越水帘洞，从各个洞窗中近距离观察飞瀑、观赏洞内形态各异的钟乳石。

此次活动让留学生们切身体验贵州独特的地理风貌，提高了贵州大学国际教育学院的凝聚力。

5. 2017 年贵州大学国际教育学院举办"多彩贵州之旅"结业典礼

2017 年 7 月 3 日，来自意大利、德国、俄罗斯、韩国、泰国、孟加拉国等国的 30 名学员相约贵州，齐聚贵州大学，开启一场感知中国文化的学习体验之旅。

"多彩贵州之旅"结业学员合影

交流期间，学员们游览极具贵州风情的文化景点和名胜古迹，领略贵州的秀丽风景和淳朴民风。通过游览活动，学员们更好地了解和体验贵州的自然风光、历史文化遗产和民族民间文化。

2017 年 7 月 27 日，贵州大学国际教育学院举行结业典礼。国际教育学院党委书记凌琦、党委副书记甘孝琴、副院长梁雪，以及短期团任课老师和学院各科室教职工参加典礼。

典礼上，各国学员代表分享学习感言。随后，学院领导为学员们颁发结业证书，并祝贺学员们顺利完成学业，同时希望这次的"多彩贵州之旅"能给他们留下美好的回忆，欢迎他们下次再来到贵州大学学习、访问。来自德国的忠江、意大利的武炳和韩国的崔志丞将他们的中国水墨画作为礼物赠送给贵州大学。贵州大学国际教育学院也向学员们赠送具有贵州民族特色的礼物——苗族娃娃以及记录本次学习体验的视频光碟。

典礼最后，学员们还将本次学习感受写在留言册上，为此行学习之旅画下了一个圆满的句号。

学员们在留言册的留言

6. 2018 年日本立教大学暑期研修团到贵州大学交流访问

2018 年 9 月 3 日上午，日本立教大学观光学部暑期研修团一行共 11 人到贵州大学交流访问，中日师生交流座谈会在贵州大学北校区一号行政楼第一会议室举行。贵州大学国际教育学院院长张成霞、贵州大学外国语学院教授李国栋、日本立教大学观光学部教授舛谷锐及学生代表参加会议。

张成霞院长对暑期研修团的到访表示热烈欢迎，并向他们介绍贵州大学的历史背景和发展现状，以及贵州大学国际教育学院的基本概况。张成霞院长倡议双方在师生交流特别是旅游人才培养方面能进行深入合作。舛谷锐教授也希望双方今后能进一步加强合作，组织开展学生国际交流项目，共同为促进和加深中日两国青年学生之间的跨文化沟通与理解做出贡献。

日本立教大学暑期研修团在贵州大学交流活动现场

李国栋教授为到访学生主题为"中国苗族的'尝新节'与日本的'新尝祭'"的讲座，详细介绍中国苗族的"尝新节"与日本的"新尝祭"的由来、相似及区别。

座谈会上，中日学生代表就各自学习及生活情况进行深入沟通和交流。

7. 2019 年"中泰文化教育交流——多彩贵州之旅"泰国代表团访问贵阳孔学堂

2019 年 3 月 18 日下午,"中泰文化教育交流——多彩贵州之旅"泰国代表团的 16 名师生前往坐落于贵州花溪十里河滩的孔学堂参观和体验传统文化。

泰国代表团在贵阳孔学堂合影留念

为帮助泰国师生一行更好地认识孔学堂、理解中国传统文化,孔学堂特意安排了参观和汉服体验活动。

泰国代表团参加汉服体验活动

通过此行文化体验,来自泰国的师生们表示汉服和有关汉服的历史典故都非常美,孔学堂安排的此次体验活动非常有意义,加深了大家对中国传统文化,特别是汉服的认识和理解,回国后要第一时间把在这里的感受分享给家人和朋友,希望家人和朋友有机会也过来体验类似活动。

8. 2019 年贵州大学"多彩贵州行"开班典礼顺利举行

2019 年 7 月 9 日上午，"感知中国，体验贵州，走进贵大——2019 多彩贵州行"开班典礼在贵州大学西校区明正楼四楼 408 会议室顺利举行。

贵州大学国际教育学院院长张成霞、副院长梁雪、教学科研科科长唐颖、对外汉语专职教师梁玉豪，外国语学院教授胡勤，以及来自罗马尼亚和韩国的 9 名学生，出席了本次开班典礼。

师生合影留念

开班典礼由贵州大学国际教育学院副院长梁雪主持，国际教育学院院长张成霞代表贵州大学进行欢迎致辞，向参加本次开班典礼短期团成员的到来表示热烈欢迎，并希望他们在贵州大学度过一段愉快而难忘的学习时光。张成霞院长也向积极促成此次活动的外国语学院教授胡勤表示衷心的感谢，同时，胡勤教授也表示希望学生能在这里留下深刻的回忆。

9. 2019 年贵州大学国际教育学院承办中东欧孔子学院（课堂）学生夏令营

2019 年 7 月 17 日上午，由贵州大学国际教育学院承办的"2019 年中东欧孔子学院（课堂）学生夏令营——多彩贵州行"短期团开班典礼在贵阳孔学堂中华文化研修园第一会议室举行。

贵州大学国际教育学院党委书记晋克俭、院长张成霞、副院长梁雪、教学科研科科长唐颖、对外汉语教研室负责人钟晓路、对外汉语教师梁玉豪出席典礼。来自克罗地亚萨格勒布大学孔子学院、斯洛伐克考门斯基大学孔子学院和斯洛文尼亚卢布尔雅那大学孔子学院的师生共计 130 人参加典礼。开班典礼由梁雪主持，钟晓路担任现场翻译。

晋克俭首先代表贵州大学致欢迎辞，向参加本次夏令营短期团成员的到来表示热烈欢迎，希望他们在贵州度过一段愉快而难忘的学习时光。

张成霞做主题为"感知贵州"的专题讲座，向此行的夏令营师生介绍贵州省情以及贵州大学校情。通过图片和视频的放映，张成霞对贵州省的基本情况、地理环境、生态资源、物产种类，以及贵州大学的办学历史、师资情况、特色课程、文化活动、合作交流项目等进行详细讲解。

短期团成员在贵阳孔学堂合影留念

晋克俭和张成霞向夏令营的带队老师赠送具有贵州特色的文化纪念品，向夏令营的同学们赠送具有贵州大学特色的纪念书签。

讲座结束后，梁雪预祝各位师生在贵州有一段愉快的文化体验之旅，并带队前往棂星门参观贵阳孔学堂的汉唐风格建筑。

10. 2019 年日本武藏野大学暑期交流团来贵州大学学习

2019 年 8 月 22 日上午，日本武藏野大学暑期交流团——多彩贵州之旅开班典礼在贵州大学西校区明正楼四楼 408 会议室顺利举行。

开班典礼现场

贵州大学国际教育学院院长张成霞、国际交流与合作处国际交流科科长周斌和日本武藏野大学国际课老师陈欣及来自武藏野大学的 7 名学生出席了本次开班典礼。

张成霞院长（中）带领学员参观校园

贵州大学国际教育学院院长张成霞代表贵州大学进行欢迎致辞，对参加本次活动的成员的到来表示热烈欢迎，并希望他们在贵州大学度过一段愉快而难忘的学习时光。随后，陈欣老师感谢贵州大学对武藏野大学暑期交流团的热情接待和周到安排，并回顾了她在武藏野大学任职以来，对增进两校交流合作所做的一些工作，希望双方在未来进一步加强合作。

交流团合影留念

2019 年 8 月 22 日下午，为深入了解贵州经济、科技发展，日本武藏野大学暑期交流团来到贵安新区贵州三朵云天下科技有限公司考察调研。该公司总经理曾仕均陪同交流团参观了数据中心、研发中心，结合公司有关业务为他们介绍了贵州大数据产业的概况，并耐心地解答他们提出的问题。

在随后的行程中，交流团前往安顺黄果树瀑布、龙宫、屯堡等地游览，切身体验了贵州的风采和魅力，圆满结束了在贵州大学为期 5 天的"多彩贵州之旅"活动。

交流团学员们参观黄果树瀑布

11. 2019 年贵州大学多彩贵州行（中泰文化交流）短期团走进汉语课堂

2019 年 10 月 21 日上午，来自泰国的 29 名小学生走进贵州大学国际教育学院的汉语课堂，体验了一堂汉语课。

对外汉语专职教师梁玉豪采用游戏教学的方式，给同学们教授了声母、韵母以及声调相关知识。

梁玉豪老师给泰国小学生上拼音课

通过两节课的学习，孩子们对汉语拼音有了初步的认识。他们的心里也埋下了一颗汉语"种子"，希望有一天这颗小小的汉语"种子"会长成中泰友好的"参天大树"。

12. 2019 年贵州大学多彩贵州行（中泰文化交流）短期团体验剪纸艺术

2019 年 10 月 21 日下午，来自泰国的 29 名小学生在学习汉语之后，进入了中国传统文化体验课堂——中国传统手工剪纸。

贵州大学国际教育学院对外汉语教师钟晓路担任本次课程老师。考虑到教学对象是小学生，教学内容是传统的手工剪纸，钟晓路结合小朋友的喜好，专门设计了教案。

钟晓路将学生分组进行课堂活动。首先她让学生冥想构建出本次剪纸的主题——森林，然后学生跟着钟晓路老师学习如何剪各个元素，例如树木、花朵、动物等。

课程最后，学生将自己的剪纸作品贴在白纸上。这样的课程设计，使得教学过程更加有趣，学生也更能直观地感受到学习中国文化的乐趣。

学生体验剪纸活动

13. 2019 年贵州大学多彩贵州行（中泰文化交流）短期团听歌学汉语

2019 年 10 月 22 日上午，贵州大学多彩贵州行（中泰文化交流）短期团在贵州大学西校区明俊楼体验听歌学汉语课程。

考虑到泰国小学生的汉语水平有限，此次课专门选取《幸福拍手歌》和《两只老虎》两首歌曲作为教学曲目。

为了活跃课堂气氛，老师给同学们准备了道具"老虎尾巴"，与同学们一同演绎《两只老虎》。

课后学生合影留念

14. 2019 年贵州大学多彩贵州行（中泰文化交流）短期团体验中国国画

2019 年 10 月 22 日下午，贵州大学多彩贵州行（中泰文化交流）短期团的全体师生在贵州大学西校区明俊楼体验了一堂中国传统文化课程——走进中国国画，体验水墨画之美。

张燕老师以中国国画特点、国画内容、国画所使用的材料等为基础，给来自泰国的同学和老师们介绍了中国水墨画的特色和绘画特点。

在老师的悉心教授和指导下，每位同学都画出了一幅中国画。通过这次国画体验课程，同学们使用毛笔作画，对中国水墨画这一传统的中国艺术形式有了更为直观的了解和体会。

学生们体验中国画

15. 2019 年贵州大学国际教育学院承办"贵州大学 - 新加坡新跃社科大学海外体验式学习项目"

2019 年 12 月 9 日，"贵州大学 - 新加坡新跃社科大学海外体验式学习项目"在贵州大学国际教育学院 403 教室举行开班仪式。贵州大学继续教育学院院长任康民、贵州大学国际教育学院党委书记晋克俭、新加坡新跃社科大学高级执行员薛安超出席项目启动仪式，贵州大学继续教育学院国际项目总监王亚

开班仪式

平、国际合作分院副院长王雪梅等相关工作人员和来自新加坡新跃社科大学的 17 名学生参加项目启动仪式。

在为期 6 周的培训过程中，贵州大学继续教育学院为各位学员提供最优质的服务，为大家在体验式教学过程中创造良好的环境，带来沉浸式的学习体验。

开班仪式合影留念

本次"贵州大学 - 新加坡新跃社科大学海外体验式学习项目"是贵州大学国际教育学院和继续教育学院携手与新加坡高校加强交流、拓展国际教育的有益尝试，也是贵州大学与新加坡新跃社科大学交流互信、增进友谊的一步。

二、"知行贵州"青少年交流项目

1. 2021年贵州大学国际教育学院举办"知行贵州"线上交流项目活动

2021年8月14日、21日、28日，贵州大学国际教育学院为泰国学员提供线上中文教学课程和文化体验课程，旨在促进泰国青少年对中国语言文化、贵州文化的了解和体验，激发其学习中文的热情和留学贵州大学的意愿。

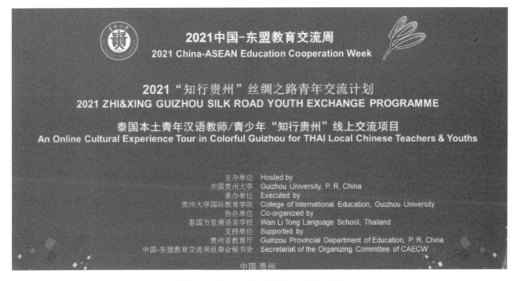

2021年"知行贵州"线上交流项目

8月14日上午，贵州大学国际教育学院院长张成霞、副院长梁雪，泰国万里通语言学校泰方校长徐思梅、中方校长吴振文出席开班仪式。开班仪式由梁雪、吴振文分别用中泰语主持。徐思梅校长和张成霞院长分别致辞。

张成霞院长介绍了"知行贵州"项目，并表示希望泰国学员通过为期3天的线上活动，多了解贵州、感知贵州并喜欢上贵州，对美丽的贵州留下深刻印象。徐思梅院长在致辞中说，非常感谢贵州省教育厅、中国-东盟教育交流周组委会秘书处和贵州大学为泰国师生提供这样宝贵的学习机会。她深信通过本期项目的学习，泰国学员一定会对多彩贵州、美丽贵大留下深刻印象，并鼓励学生努力学习，争取到贵州大学留学的机会。开班仪式上，泰方还播放了歌曲《山水贵客》和贵州大学的宣传视频。此外，参加本项目的泰国相关学校教师代表和学生代表也在开班仪式上积极发言，表达了对于本项目的期待和祝福。

通过"云游贵州""线上体验"，参加项目的66名泰国青少年对贵州有了比较全面的了解，对一些汉语知识点和中国传统文化有了初步的认识，和10多位经验丰富的中国教师交流互动，实现了疫情时期不出国门、圆梦中国、留学贵州的愿望。66 名泰国青少年从不识贵州到了解贵州、喜欢贵州，最后期盼留学贵州，这也达到了举办"知行贵州"线上交流项目的目的。此次活动对加强与泰国的进一步交流与合作有重要意义，也是在疫情特殊时期顺利开展对外合作与交流活动、促进汉语国际推广和中国文化国际传播的积极探索，为打造线上汉语培训精品项目又迈出了稳健的一步。

2. 2021 年贵州大学国际教育学院举办"知行贵州"线下交流项目活动

2021 年 9 月 23 日上午，由贵州省教育厅主办、中国 - 东盟教育交流周组委会秘书处与贵州大学承办、江苏大学与中泰高等教育合作联盟协办的"2021 年度'知行贵州'丝绸之路青年交流计划——多彩贵州文化体验之旅"开班仪式在贵州大学国际教育学院 401 会议室举行。贵州省教育厅党组成员、省教育工会主席王慧，贵州大学党委副书记骆长江，中泰高等教育合作联盟秘书长鄂学文，中国 - 东盟教育交流周组委会秘书处办公室副主任、贵州省教育国际交流协会秘书长张权出席开班仪式。江苏大学、贵州大学等国内多所高校相关单位负责人、教师、辅导员，来自东盟及"一带一路"沿线国家的 18 名留学生参加开班仪式。

骆长江副书记在致辞中对参会领导、嘉宾、老师和同学的关心、支持和参与表示感谢。他希望大家通过多种形式，更多地了解贵州、感知贵州、体验贵州、喜爱贵州，并预祝参加活动的老师和同学在贵州度过一段难忘、快乐的时光，学有所获、满载而归。

王慧主席在致辞中对"2021 年度'知行贵州'丝绸之路青年交流计划——多彩贵州文化体验之旅"项目的开班表示热烈祝贺，对参加项目的老师和学生表示欢迎。她详细介绍了贵州省情和中国 - 东盟教育交流周的发展历程及成就，希望青年教师、学生等学员在"知行贵州"这个平台，通过沉浸式感知中国文化、体验多彩贵州，客观真实地了解中国、了解贵州，加深互动、增进友谊。

鄂学文秘书长表示，在此次交流计划中，同学们将有机会体验中医文化、中华茶文化等，体验贵州美丽山川河流和独特的地理地貌，了解独具特色的中国少数民族文化。他希望同学们珍惜这次相逢、相聚、相知的机会，相互学习，结交朋友，分享体会；多向世界讲讲大家所看到的中国，共同为推进构建人类命运共同体做出贡献。

贵州大学国际教育学院院长张成霞带领

学员们体验多彩贵州文化

学员考察黄果树瀑布

江苏大学国际处副处长邹时建在英文致辞中表示，希望参加交流的学员珍惜宝贵机会，相互交流、学有所成。

印度尼西亚籍学员代表王莲花用纯正娴熟的中文发言，她提议同学们珍惜这次难得的机会，积极参与各个项目活动，感受最真实的多彩贵州文化，体验多彩贵州魅力。

"知行贵州"丝绸之路青年交流计划于2021年正式启动，由贵州省教育厅出资，系中国-东盟教育交流周青少年交流品牌项目。该计划每年资助至少100名共建"一带一路"国家的青年到贵州开展短期交流研学，让参与项目的青年能通过交流学习，了解贵州、增进友谊，达到"知"与"行"的统一。

师生合影留念

3. 2022 年贵州大学国际教育学院举办 "知行贵州" 线上交流项目活动

2022 年 6 月 11 日、18 日以及 25 日，贵州大学国际教育学院举办 "知行贵州" 丝绸之路青年交流计划：泰国本土青年汉语教师 / 青少年 "知行贵州" 线上交流项目活动。

2022 年 "知行贵州" 线上交流项目

6 月 11 日上午，泰国清迈教育厅促进教育办公室主任雅妮卡・潘通女士，泰国万里通语言学校泰方校长徐思梅、中方校长吴振文，贵州大学国际教育学院院长张成霞、副院长梁雪出席开班仪式。开班仪式由梁雪、吴振文用汉语主持，徐思梅用泰语主持。张成霞院长和雅妮卡・潘通女士分别致辞。

雅妮卡・潘通女士致辞

张成霞院长致辞

在为期 3 天的在线培训中，贵州大学授课的 11 位老师共同为泰国学员带来"中国传统文化""多彩贵州之旅""贵州大学欢迎您"精彩的系列课程。

学员们在云端合影留念

"中国传统文化"系列包含"趣味汉语""中国剪纸""学唱中文歌曲""妙手回春话中医"等课程。这些课程以趣味性为主导，让学员能体验趣味十足的中国文化课堂氛围。"多彩贵州之旅"系列包含了"贵州省情""'学'在贵州""'吃'在贵州""贵州民风民俗"等课程。这些课程介绍了贵州的省情、饮食文化、特色小吃、旅游景点和贵州少数民族的特色建筑、习俗，带领泰国学员线上游览贵州的小学、中学及高校，让他们从"吃""住""行""学"等多个维度去了解贵州。"贵州大学欢迎您"系列包含了"走进汉语课堂""留学贵州"等课程。这类课程为学员提供了体验中文课的机会，让他们了解留学贵州特别是留学贵州大学的基本要求，为今后来黔留学做好准备。

第五篇 师资培训

一、外国本土中文教师研修

1. 2016 年马来西亚华仁中学教师代表团到贵州大学国际教育学院考察学习

  为促进贵州与马来西亚的教育交流与合作，增进双方了解，贵州大学国际教育学院于 2016 年 5 月 29 日至 6 月 7 日举办了 2016 年"中马交流之窗——多彩贵州行"马来西亚教育代表团来黔考察活动。马来西亚华仁中学教师一行 9 人参加本次活动。

  在贵州访问期间，代表团除了与贵州大学国际教育学院探讨马来西亚学生留学贵大的相关事宜外，还到贵阳一中、花溪清华中学、贵州大学附属中学参访听课。

  马来西亚华仁中学的老师对贵州大学和贵阳一中、花溪清华中学、贵州大学附属中学的现代化教学设施、优质的教育资源和教师娴熟的教学技巧赞叹不已，对贵州大学国际教育学院的热情接待和周到安排表示感谢。

  马来西亚华仁中学的优秀毕业生欧俊贤 2016 年就读于贵州大学美术学院，主攻版画，是贵州大学唯一的马来西亚籍学生。贵州大学和马来西亚华仁中学双方深信，这次访问是一个良好的开端，希望今后能开展更为深入、全面的合作，特别是在留学生教育、教师培训、短期中国文化体验方面开辟新的领域和途径。

代表团一行访问贵阳一中

2. 2017 年至 2019 年，贵州大学连续 3 年承办东盟国家本土汉语教师来华研修项目

2017 年至 2019 年，贵州大学连续 3 年成功承办东盟国家本土汉语教师来华研修项目，为来自马来西亚、泰国、老挝、越南等国家的近百名本土汉语教师提供了以"感知中国，体验贵州，走进贵大"为主题的中国传统文化培训班课程。

研修团在贵州大学合影留念

培训主要分为讲座和文化考察两个部分。讲座围绕中华传统文化诸如汉文化体验、中国茶道、中国传统手工、中国民族音乐与舞蹈等特色内容进行，文化考察主要是游览贵州各地。

研修团到黄果树瀑布进行文化考察

研修团体验中国传统手工剪纸

研修团到贵阳孔学堂、贵州省实验中学、青岩古镇、小车河湿地公园、黄果树瀑布等地进行文化考察。

研修团赴贵阳孔学堂体验中国传统文化

3. 2020 年至 2022 年，贵州大学连续 3 年主办多场中文（线上）培训会及竞赛项目

贵州大学国际教育学院院长张成霞、

副院长梁雪参加开班仪式

在疫情防控常态化的时代背景下，为响应中国"一带一路"倡议，实现"'一带一路'，教育先行"的构想，提升泰国本土汉语教师技能技巧和汉语学习者汉语水平考试的应试技能，推广汉语和传播中华文化，适应泰国广大汉语学习者的需求，贵州大学和泰国双方进一步深化和落实合作。2020 年至 2022 年，贵州大学连续 3 年与泰国职业教育委员会、中国 - 东盟教育交流周组委会秘书处和泰国万里通语言学校合作举办多场中文（线上）培训会及竞赛，其中包括泰国本土汉语教师 / 大中学生汉语水平考试（HSK）应试技巧（线上）培训泰国职校学生（线上）汉语培训会、泰国本土国际中文教师教学技能（线上）培训、泰国青少年中国语言技能与文化知识（线上）竞赛等。

中文培训

丰富多彩的线上课程

　　贵州大学国际教育学院开设了中文教学技能培训课程，如"汉语课教学材料及工具选用""汉语语法教学技巧""HSKK 初 / 中级教学技巧"，还有如"听课学汉语""学习中国文化及中国剪纸"等文化实践体验课。这些课程有利于提高泰国本土汉语教师的教学技能，同时也能激发泰国青少年学习中文的兴趣，为贵州大学拓宽国际学生招生渠道奠定基础。

4. 2022年贵州大学"泰国本土中文教师及大中学生线上中文研修活动"圆满结束

为响应中外语言交流合作中心的倡议，2022年4月23日至24日，贵州大学与泰国友好合作单位共同举办了"国际中文日"之"泰国本土中文教师及大中学生线上中文研修活动"，该活动也是2022年中国-东盟教育交流周全年期系列活动之一。该活动包括"泰国本土国际中文教师教学技能（线上）培训"和"泰国大中学生汉语水平考试（HSK/HSKK）应试技巧（线上）培训"，泰国本土中文教师82人和大中学生161人分别参加了两个活动。活动旨在为泰国本土中文教师提供教研平台、提高其中文教学技能，同时，为满足泰国大中学生的需求提供HSK和HSKK专项技能训练课程，为泰国大中学生来华留学做好准备。

贵州大学泰国本土中文教师及大中学生线上中文研修活动

4月23日和24日，泰国万里通语言学校泰方校长徐思梅、中方校长吴振文，贵州大学国际教育学院院长张成霞、副院长梁雪出席了开班仪式，泰方主持人为徐思梅和吴振文，中方主持人为梁雪。

张成霞院长先后为两天的开班仪式进行了线上致辞，泰国佛统府教育厅厅长空格潘·威卢萨洛先生和南奔府自治机构副主席威塔亚·萨坎班先生先后通过连线视频进行致辞。

空格潘·威卢萨洛先生（左）和威塔亚·萨坎班先生（右）连线视频进行致辞

　　4月23日，贵州大学国际教育学院的4位教师分别为泰国本土中文教师带来精心准备的中文教学技能培训课程"汉语课教学材料及工具选用""汉语语法教学技巧""HSKK初/中级教学技巧"。4月24日，贵州大学国际教育学院的3位老师为泰国大中学生带来汉语水平考试应试技巧培训课程。

师生云端合影

二、业务提升学习

1. 2014年贵州大学国际教育学院领导参加中国高等教育学会外国留学生教育管理分会

中国高等教育学会外国留学生教育管理分会2014年学术年会于2014年7月22日至24日在辽宁大学举行。贵州大学国际教育学院党委书记凌琦、院长张成霞受邀赴沈阳参会。参加本次会议的人员有教育部国际合作与交流司领导，中国高等教育学会外国留学生教育管理分会领导，国内专家学者，各省（区、市）教育厅领导，接收来华留学生的高等院校的领导及从事来华留学工作的管理干部和教师。

贵州大学国际教育学院领导参加中国高等教育学会外国留学生教育管理分会

本次会议邀请到教育部国际司、国家留学基金委的领导做专题演讲，专家学者和高校领导分享来华留学教育经验。本次会议表彰了来华留学教育先进地区学会、来华留学教育先进集体（高校）、重要贡献学者、来华留学教育优秀科学研究成果、来华留学教育模范个人、来华留学教育优秀青年工作者、从事来华留学教育20年荣誉工作者。贵州大学国际教育学院院长张成霞被授予"从事来华留学教育工作20年荣誉证书"。

凌琦书记在分组会上做了题为"明目扩胸、立德励能、敬业爱岗、誉华育人"的报告。贵州大学国际教育学院领导充分利用参会之机，与同行进行交流，学习兄弟院校的先进经验，与他们建立了广泛的交流渠道。

2. 2015 年贵州大学国际教育学院领导赴京参加第十六届中国国际教育年会

2015 年 10 月 23 日至 25 日，贵州大学国际教育学院党委书记凌琦赴北京参加第十六届中国国际教育年会、中国国际教育论坛和中国国际教育展，并向教育部国际合作与交流司来华留学工作处、亚洲非洲事务处和中国教育国际交流协会的有关领导做工作汇报，以及与他们进行沟通交流。

凌琦（左二）在北京参加第十六届中国国际教育年会

本次年会的主题为"全球绿色发展：学校、企业、社会，实现可持续发展的路径和制度创新"，会期 3 天，会议安排密集、内容丰富。中国国际教育论坛围绕"全球视野下的大学国际化战略与发展""国际化进程中的学生流动——新进展、新观点、新变化""来华留学教育质量保障""'一带一路'对来华留学事业的影响"等主题展开，研讨领域涵盖了国际学生流动、中外合作办学、研究生教育、教育信息化等，与会人员就国际教育合作交流的热点、焦点论题进行了深入地交流与探讨。

年会同期举办了 2015 中国国际教育展，来自 40 个国家和地区的约 600 所海外院校参加了此次展览会。

3. 2016 年贵州大学国际教育学院领导参加中国 - 东盟创新创业教育与人才培养高峰论坛

2016 年 10 月 15 日，由贵州大学主办、贵州大学管理学院承办的"一带一路"倡议下中国 - 东盟创新创业教育与人才培养高峰论坛在贵阳市花溪迎宾馆会议中心黄果树厅举行，来自马来西亚、印度、美国、立陶宛、朝鲜、韩国等国家的院校和企业近 200 位嘉宾参会。贵州大学国际教育学院院长张成霞、党委副书记甘孝琴应邀出席会议。

贵州大学国际教育学院领导参加中国 - 东盟创新创业教育与人才培养高峰论坛

贵州大学国际教育学院领导不仅认真听专家学者的精彩讲座和经验分享，还特别利用此次难得的机会与美国、朝鲜、韩国、印度、立陶宛等国参会嘉宾和企业代表进行沟通交流，积极介绍贵州大学的国际交流现状和大力宣传留学生项目，与朝鲜平壤科技大学、韩国庆北国立大学、韩国佐伊化妆品公司、印度 Om Kothari 管理与研究所等机构达成初步合作意向。

4. 2017 年至 2019 年，张成霞连续 3 年参加中国政府奖学金来华留学业务工作培训班

　　为做好中国政府奖学金来华留学有关工作，国家留学基金管理委员会隆重举办中国政府奖学金来华留学业务工作培训班。参会者有国家留学基金委、教育部国际司相关领导和部门负责人，有关省（区、市）教育厅（教委）来华留学生主管部门的主要负责人，以及高校来华留学生管理部门的主要负责人等。贵州大学国际教育学院院长张成霞于 2017、2018、2019 年连续 3 年参加该工作培训班。会议当天上午，国家留学基金委领导做工作报告；下午，参训者以小组形式进行交流研讨。

张成霞院长参加中国政府奖学金来华留学业务工作培训班

　　全天的培训，日程满满，内容丰富，信息量大，交流充分。参训者纷纷表示收获颇多，受益匪浅。

5. 2017 年张成霞在中国 - 老挝高等教育合作论坛上发言

2017 年 12 月 1 日，由广西民族大学、广西国际文化交流中心与老挝国立大学联合主办的中国 - 老挝高等教育合作论坛在广西南宁举行。论坛开幕式由广西民族大学副校长、东盟学院院长李珍刚主持。老挝教育与体育部高等教育司司长塞空·塞那信，广西壮族自治区人大常委会副主任、广西国际文化交流中心理事长高雄及广西民族大学校长谢尚果以精彩热情的致辞拉开了论坛序幕。贵州大学国际教育学院院长张成霞与教学科研科科长唐颖、留学生管理科辅导员李博出席该论坛。

张成霞院长在中国 - 老挝高等教育合作论坛上发言

会上，张成霞院长做了题为"中国 - 老挝高等教育交流合作回顾与展望"的发言，得到与会嘉宾的高度认可。

张成霞院长参加中国 - 老挝高等教育合作论坛

会议期间，张成霞院长积极与老挝高校领导进行交流，努力促进下一步的合作；还与老挝教育与体育部高等教育司司长塞空·塞那信进行了亲切交流。塞空·塞那信司长表示，会全力支持老挝各教育机构与贵州大学的合作，特别是进一步推动留学生教育的发展。

6. 2018 年张成霞一行赴广西参加第三届中国 - 东盟高等教育合作论坛

2018 年 11 月 9 日至 11 日，由广西民族大学、广西国际文化交流中心主办的第三届中国 - 东盟高等教育合作论坛在广西民族大学隆重举行，贵州大学国际教育学院院长张成霞、汉语教师袁希文应邀参加了此次论坛。

此次论坛以"开放、合作、共享、包容：'走向 2030'的中国 - 东盟高等教育"为主题，共吸引了来自中国及东南亚各国 40 余所高校的学者、智库专家和相关机构的百余名代表参会。论坛期间，各方就高等教育现代化与可持续发展问题、一流大学建设与高等教育质量提升、无国界教育与高等教育国际化、中国 - 东盟高校艺术人才培养等议题进行深入研讨。

在 11 号上午的专题研讨环节中，张成霞做了题为"贵州省招收东盟来黔留学生奖学金政策执行情况调查"的报告，总结现有成绩，分析当下问题，并针对如何提高贵州省招收东盟来华留学生奖学金政策的成效以及如何充分发挥奖学金的激励作用问题，从政府、学校和个人层面提出相应的对策和建议。

张成霞（右二）、袁希文（左一）参加第三届中国 - 东盟高等教育合作论坛

为进一步密切中国 - 东盟高等教育合作，此次论坛希望中国 - 东盟相关机构致力于构建一个高等教育合作的共同体，形成共办中国 - 东盟高等教育合作论坛的机制。

论坛期间，贵州大学国际教育学院代表积极与国内外其他高校和机构代表开展交流，推介贵州大学的相关学科优势和特色领域，希望彼此增进了解，开拓新的合作项目。

7. 2018 年贵州大学国际教育学院教师参加"汉教菁英"学术论文写作培训班

2018 年 12 月 2 日至 3 日，贵州大学国际教育学院汉语教师刘薇、袁希文赴四川成都参加由世界汉语教学学会主办的"汉教菁英"学术论文写作培训班，并顺利结业。

培训期间，北京大学、对外汉语教育学院院长赵杨，北京语言大学国际汉语教学研究基地副主任姜丽萍，北京语言大学《语言教学与

刘薇（右）、袁希文（左）取得结业证书

研究》特约编辑陈默，世界汉语教学学会常务理事、哥伦比亚大学东亚语言文化学教授、哥伦比亚大学孔子学院美方院长刘乐宁，《国际汉语教学研究》编辑部主任、对外汉语教育事业部副主任陈维昌为培训班授课。

"汉教菁英"学术论文写作培训班合影

贵州大学青年汉语教师参与此次培训班，有利于提高学术科研能力，了解国际汉语教学前沿信息和学术前沿成果，还可以与国际汉语教育界专家和同行交流经验。

8. 2018 年张成霞一行参加"10+3"：首届全国东盟 - 中韩日人文交流广州论坛

2018 年 12 月 29 日，"10+3"：首届全国东盟 - 中韩日人文交流广州论坛在广东外语外贸大学举行。来自教育部国别与区域研究工作秘书处、北京大学、北京外国语大学、北京语言大学、对外经济贸易大学、天津外国语大学、吉林大学、同济大学、南京大学、中山大学、暨南大学、西安外国语大学、贵州大学、广西民族大学、云南民族大学等近 20 所大学及机构的专家、学者及研究生代表齐聚一堂。贵州大学国际教育学院院长张成霞、教学科研科科长唐颖受邀参加此次论坛。

张成霞院长在论坛上做"中国 - 东盟人文交流新突破"专题报告

开幕式上，广东外语外贸大学党委书记隋广军致欢迎辞。随后，中华人民共和国前驻越南、柬埔寨、孟加拉国特命全权大使胡乾文先生致辞，希望国内各大院校继续培养优秀人才。

开幕式后，国内著名研究院所的 10 位专家就中国与东盟国家在语言、文学、文化、翻译、人员往来等领域交流的历史与现状研究，中、韩、日 3 国东盟语种专业人才培养与教学改革研究进行发言。

在分组会议上，张成霞做题为"中国 - 东盟人文交流新突破——以'中国 - 东盟教育交流周'为例"的报告，从中国 - 东盟人文交流的重要意义、中国 - 东盟教育交流周的缘起与发展、中国 - 东盟人文交流的成效与影响、交流周经验总结与质量提升等方面进行了详细阐述。

闭幕式上，各组进行了总结发言。最后，本次论坛在广东外语外贸大学东方语言文化学院院长刘志强教授的闭幕词中圆满落下帷幕。

9. 2019 年张成霞参加中国高等教育学会外国留学生教育管理分会全体会议

2019 年 4 月 10 日上午，中国高等教育学会外国留学生教育管理分会（简称"留管分会"）第六届理事会第二次全体会议在山东青岛顺利召开。"留管分会"理事长刘京辉、教育部国际合作与交流司副司长李海、国家留学基金管理委员会副秘书长王胜刚、"留管分会"秘书长陆春生及其他领导，以及全国各省理事单位相关人员出席会议。贵州大学国际教育学院院长张成霞作为贵州省唯一的代表受邀参加此次会议。

张成霞院长参加中国高等教育学会外国留学生教育管理分会全体会议

贵州大学积极参与"留管分会"活动。张成霞表示，在此过程中，不仅与省外其他高校建立了友好关系，也学习到很多宝贵的经验，有效推动了贵州大学来华留学教育工作向制度化、规范化和专业化迈进。

10. 2019 年张成霞出席 "京津沪黔" 外国留学生教育管理工作交流研讨筹备会

"京津沪 +1" 四地外国留学生教育管理工作交流研讨会自 2011 年开始举办以来，已经成为来华留学教育管理工作领域独特品牌，对加强京津沪高校与其他省区市高校之间的留管工作交流，推动来华留学教育在全国更好的发展发挥了积极作用，成为留学生教育领域备受关注的地区合作交流平台。

在张成霞的推动和协调下，"京津沪黔" 四地外国留学生教育管理工作交流研讨会拟于 2019 年 7 月 17 日至 19 日在贵州茅台学院举行。2019 年 6 月 5 日，华东师范大学国际教育中心主任、上海高校外国留学生教育研究会会长黄美旭带领先遣队赴茅台学院进行实地考察，并与茅台学院讨论会议前期筹备工作相关事宜，张成霞参加了此次筹备工作研讨会。

张成霞院长（左四）出席 "京津沪黔" 外国留学生教育管理工作交流研讨筹备会

先遣队一行受到茅台学院封孝伦校长的热情接待，封校长十分重视这次省际、校际的交流合作，对会议在茅台学院的举办给予大力支持。会后，先遣队参观了茅台学院的校园，考察了会场、食堂等。茅台学院的积极配合、学校现代化的硬件设施给先遣队留下深刻而良好的印象。

会议期间，张成霞院长与黄美旭会长还就两校今后在留学生培养和管理方面的交流合作进行了深入讨论，达成多个合作共识。

11. 2019年张成霞参加留学中国预科教育联盟成员大学院/处长工作会议

2019年6月17日，留学中国预科教育联盟成员大学院/处长工作会议在上海召开。此次会议共有来自北京交通大学、北京外国语大学、长春理工大学、贵州大学、哈尔滨工业大学、黑龙江大学、江苏大学、南开大学、山东大学、上海大学、上海政法学院、天津大学、西安电子科技大学、西安石油大学、西北工业大学、西安交通大学、中央美术学院等联盟院校的院/处长、高校代表及联盟负责人20余人参加。留学中国预科教育联盟会长于书诚、副会长周涌、秘书长沃国成、副秘书长杨静思，中国-东盟教育交流周组委会执行秘书长、"一带一路"人才培养校企联盟理事长刘宝利出席会议。贵州大学国际教育学院院长张成霞受邀参会。

会上，留学中国预科教育联盟会长于书诚总结联盟发展情况。联盟自2016年成立以来，致力于建设预科中心，为联盟成员学校输送优质生源，积极拓展海外市场，落地海外办事处，不断探索研发预科产品，坚持预科标准，规范培养过程，探索"政府定制、校企合作"项目制模式等。

张成霞院长（第二排左边第五个）参加留学中国预科教育联盟成员大学院/处长工作会议

刘宝利理事长介绍了第十二届中国-东盟教育交流周会议及活动安排，鼓励成员学校积极申办和参加第十二届中国-东盟教育交流周相关活动。

12. 2019 年张成霞受邀参加中国东南亚研究会第十届年会暨学术研讨会

2019 年 6 月 27 日至 29 日，由中国东南亚研究会、中山大学历史学系主办的中国东南亚研究会第十届年会暨学术研讨会在广州举行。2019 年恰逢中国东南亚学会成立 40 周年，来自国内外 30 余所高校、研究机构近 300 名专家学者参加了此次会议，贵州大学国际教育学院院长张成霞受邀参加了本次研讨会。

本次研讨会开幕式在中山大学叶葆定堂讲学厅举行。中国东南亚研究会会长庄国土、中山大学历史学系副主任江滢河分别致辞，中国东南亚研究会秘书长李一平进行了会务报告，郑州大学于向东教授就中国东南亚研究会的会费使用与《中国东南亚研究会通讯》编辑出版情况进行了汇报，李一平对中国东南亚研究会理事会选举情况进行介绍并为"姚楠翻译奖"获得者颁奖。

随后，余定邦、于向东、施雪琴、曹云华、李晨阳 5 位学者围绕东南亚历史与研究、东南亚政治与国际关系先后进行主题演讲。

6 月 28 日下午和 29 日全天为分组讨论，在分组讨论上，张成霞院长做了题为"缅南丹老华人对当地华文教育发展的影响"的报告，从丹老地区华文教育发展及现状、丹老华人及华人社团在当地华文教育发展中的角色和作用、丹老华文教育发展的制约因素和对策思考等方面进行了详细阐述。

张成霞院长做专题报告

闭幕式上，各分组进行总结发言。中国东南亚研究会秘书长李一平宣布新理事会选举结果。最后，主办方与下届主办方分别致辞，本次研讨会就此落下帷幕，但学术接力的步伐正朝着新兴力量迈去。

13. 2019 年晋克俭参加中国 - 东盟教育交流周中马大学校长合作对话

2019 年 7 月 22 日下午，2019 中国 - 东盟教育交流周中马大学校长合作对话在中国 - 东盟教育交流周永久会址举行。马来西亚教育部教育司司长阿曼阿玛奥斯曼、中国 - 东盟教育交流周组委会秘书处执行秘书长刘宝利、马来西亚大使馆教育处参赞侯春兴、贵州大学副校长张覃出席会议，中国、马来西亚等 19 所高校约有 70 人参加会议。

会上，张覃代表贵州大学分别与马来西亚国际伊斯兰大学、马来西亚吉兰丹大学、马来西亚敦胡先翁大学、马来西亚玛拉工艺大学等高校签署意向书，贵州大学与这些高校将在教师互访、学生长短期语言研修、学生学历提升、专业课程联合开放及培养培训计划、开展联合研讨会等方面开展合作，推动中马两国教育事业发展与文化交流。

中国 - 东盟教育交流周中马大学校长合作对话现场

贵州大学国际教育学院党委书记晋克俭参加了本次合作对话，积极与参会的马来西亚高校进行交流，探讨开展学生交流交换项目的可能性。

14. 2019 年张成霞出席第九届东盟与中日韩（10+3）大学联盟外事负责人会议

2019 年 8 月 29 日至 30 日，第九届东盟与中日韩（10+3）大学联盟外事负责人会议在云南大学举行。此次会议由东盟大学联盟（ASEAN University Network，简称"AUN"）主办、云南大学承办。

张成霞院长出席会议

本届会议的主题是：亚洲经济增长背景下，大学对开发创新、校企合作、学术研究、科技引领的贡献及成功实践。AUN 执行主任查尔迪斯先生及相关负责人，来自东盟国家和中日韩 13 个国家的 42 所著名大学校的领导、外事负责人近 100 名代表参会。贵州大学国际交流与合作处处长洪云、国际教育学院院长张成霞出席会议。

为使参会高校有机会进行深入了解和交流，找到合适的合作伙伴，探讨合作交流项目，AUN 秘书处专门安排了"一对一"洽谈会。贵州大学代表借此机会，与印度尼西亚艾尔朗加大学、加查葛迦马达大学，马来西亚北方大学，韩国庆熙大学、东国大学，日本京都大学，菲律宾大学，老挝国立大学，越南胡志明国家大学，泰国朱拉隆功大学、东方大学就学生交换、学术交流、合作办学等进行深入交流，并向参会代表发送宣传资料，推介贵州大学留学生教育项目。

15. 2019 年贵州大学国际教育学院教师参加国际中文教育大会

2019 年 9 月 9 日，由教育部和湖南省人民政府共同主办的"2019 年国际中文教育大会"在湖南长沙开幕，来自 160 多个国家 1000 余名中外代表参加会议，其中包括孔子学院所在大学校长、各国大学中文院系主任、政府语言教学部门负责人，以及世界汉语教学学会理事和中外企业代表。贵州大学副校长张覃、国际教育学院院长张成霞等一行 4 人参加本次大会。

本次大会以"新时代国际中文教育的创新和发展"为主题，大会围绕国际中文教育政策、标准、师资、教材、教学方法、考试、品牌项目建设，以及深化中外合作等议题展开。会场内专设国内主要对外汉语教学资源出版商展台，展示最新汉语教学教材、教具等配套资源。会议间隙，贵州大学国际教育学院代表团对最新的对外汉语教材及教学资源进行了考察。

贵州大学国际教育学院代表积极利用大会资源和平台，加深与既有合作伙伴的联系，同时积极开拓新的合作院校，同包括冈比亚大学、老挝国立大学孔子学院、斯洛伐克考门斯基大学孔子学院、墨西哥尤卡坦自治大学孔子学院、韩国圆光大学孔子学院在内的 10 余所合作院校负责人进行了交谈，介绍了贵州大学最新的留学情况、长短期项目及奖学金政策。

会后，贵州大学参会代表同贵州大学美国长老会孔子学院中方院长沈麟、冈比亚大学孔子学院中方院长范朝康进行了会面和交流。贵州大学美国长老会孔子学院获得"2019 年度全球先进孔院"称号。

贵州大学代表团与老挝国立大学孔子学院外方院长李建明先生（左三）合影

16. 2020 年晋克俭参加来华留学国情教育研讨会

为了推进来华留学国情教育工作，加强来华留学内涵建设，中国教育国际交流协会于 2020 年 12 月 10 日至 11 日在北京举办了 2020 年来华留学国情教育研讨会。贵州大学国际教育学院党委书记晋克俭与全国近 70 所高校的来华留学管理人员参加了会议。

研讨会由中国教育国际交流协会来华留学项目办公室主任张照天主持。中国教育国际交流协会副秘书长余有根致欢迎辞，教育部国际合作与交流司来华留学工作处处长安延就来华留学国情教育政策做主旨发言。来自复旦大学、西南大学、电子科技大学、华南理工大学、南京大学等校的专家就相关话题做了线上线下的专题报告。会议针对跨文化交际能力建设做了研讨，参会代表还就各自的来华留学国情教育、课程建设、文化实践以及教学方法等进行了分享和交流。此次研讨会为各高校搭建了来华留学生教育的良好沟通平台。

晋克俭参加来华留学国情教育研讨会

17. 2021 年张成霞参加"中国 - 东盟 - 澜沧江 - 湄公河稻田养鱼技术培训班"开班仪式

2021 年 2 月 22 日，"中国 - 东盟 - 澜沧江 - 湄公河稻田养鱼技术培训班"开班仪式在贵州大学西校区崇德楼 324 会议室举行。贵州大学副校长杨松、陈祥盛出席开班仪式。

贵州省农业农村厅对外交流合作处处长付卫宁，贵州省外事办公室一级主任科员王谦、二级主任科员王刚喜，中国 - 东盟教育交流周组委会秘书处副主任陈文益，老挝教育部教师司苏平，老挝琅南塔师范学院副院长提帕冯、诺张，琅南塔省外事厅宋赛亚普出席开班仪式。贵州大学校党委宣传部、科学技术研究院、国际交流与合作处、国际教育学院等相关负责人，澜沧江 - 湄公河热带种养殖技术集成示范与推广项目的团队专家及老挝琅南塔师范学院师生参加开班仪式。

此次培训班在线上举行，设中国和老挝两个分会场，由开班典礼和技术培训两部分组成，技术培训时间为 2021 年 2 月 22 日至 28 日。培训旨在加强中老科技合作，促进农业技术交流，增进中老传统友谊。

参加开班仪式的领导和嘉宾合影留念

18. 2021 年贵州大学国际教育学院领导参加"中马人文交流国际游学班"

　　2021 年 10 月 30 日至 31 日，由贵州大学、马来西亚拉曼大学、中国 - 东盟教育交流周组委会秘书处主办，贵州大学东盟研究院、贵州大学国际交流与合作处、马来西亚拉曼大学软技能部承办的 2021 中国 - 东盟教育交流周全年期项目活动"中马人文交流国际游学班：探寻马来西亚和中国贵州的迷人乡景与多彩文化"成功举办。马来西亚拉曼大学副校长姚河光、贵州大学副校长吴攀、中国 - 东盟教育交流周组委会秘书处办公室副主任陈文益出席开幕式并致辞。贵州大学国际交流与合作处处长洪云主持开幕式。贵州大学国际教育学院党委书记晋克俭、院长张成霞出席开幕式并分别做"中国茶文化"和"感知贵州·发现贵州"的讲座。

贵州大学国际教育学院党委书记晋克俭做"中国茶文化"的讲座

贵州大学国际教育学院院长张成霞做"感知贵州·发现贵州"的讲座

19. 2021 年张成霞参加中老建交 60 周年纪念活动

2021 年 11 月 29 日，中老建交 60 周年纪念活动暨中国 - 东盟教育交流周职业教育论坛在贵州铜仁举行。本次论坛以"共建'一带一路'创新职教发展"为主题，由贵州省外事办公室、老挝驻长沙总领事馆、中国 - 东盟教育交流周组委会秘书处共同主办，铜仁职业技术学院承办。

张成霞院长参加中老建交 60 周年纪念活动

中国教育国际交流协会副秘书长余有根，老挝驻华大使坎葆·恩塔万，老挝教育与体育部副司长赛康·潘塔翁等领导线上出席开幕式并发表讲话。贵州省教育厅党组成员、贵州省教育工会主席王慧，贵州省外事办公室党组成员、贵州省人民对外友好协会专职副会长蒋红，铜仁市人民政府副市长杨云出席开幕式并发表讲话。中外多国的百名领导、专家、学者线上线下出席活动，共话中老友好交流合作，共谋中国 - 东盟国家融通发展、互动发展和教育交流合作，全面贯彻落实国家"一带一路"倡议。

贵州大学国际教育学院院长张成霞受邀参加论坛并做题为"立足东盟，面向'一带一路'的高等教育合作——以贵州大学东盟国家留学生教育和人才培养为例"的主题发言。

张成霞院长做主题发言

20. 2022 年贵州大学国际教育学院 - 冈比亚大学孔子学院线上交流会成功举办

2022 年 2 月 26 日晚，贵州大学国际教育学院 - 冈比亚大学孔子学院线上交流会成功举办。贵州大学国际教育学院党委书记晋克俭、院长张成霞、党委副书记甘孝琴、副院长梁雪以及教职工，贵州大学国际交流与合作处副处长周斌，贵州大学留学生代表、汉语国际教育专业研究生代表，冈比亚大学行政副校长兼孔子学院外方院长 Momodou Jain、外事处处长 Mbakeh Camara、孔子学院中方院长张朝、教师及学生代表等参加会议。

2022 年贵州大学国际教育学院 - 冈比亚大学孔子学院线上交流会

会议旨在为贵州大学和冈比亚大学搭建师生间相互了解、交流的平台。贵州大学国际教育学院对此次会议高度重视，以高标准、高质量进行筹备，组织全院教职工参会，会议采用线上＋线下的方式进行。

21. 2022 年贵州大学国际教育学院参加 HSK 留学中国在线宣讲会（埃及站、柬埔寨站）

　　2022 年 3 月 19 日、27 日，由汉考国际举办的面向埃及、柬埔寨学生的 HSK 留学中国在线宣讲会成功举办。此次宣讲会邀请了清华大学、复旦大学、中国政法大学、南开大学、中国人民大学、贵州大学等 21 所中国知名高校共同参与，同埃及、柬埔寨学生进行线上交流。本次会议通过 ZOOM 参会并观看的国外学生共计 352 人。贵州大学国际教育学院党委书记晋克俭、院长张成霞、招生科负责人徐凯琳受邀参加宣讲会。

　　宣讲会上，晋克俭书记、张成霞院长先后为埃及和柬埔寨的学生详细介绍了贵州省情、贵州大学校情以及留学贵大的相关信息。最后，晋克俭书记、张成霞院长热诚欢迎国外学生到贵州大学进行短期游学、留学深造和交流交换。

　　疫情以来，贵州大学国际教育学院仍然坚持通过多渠道扩大招生宣传，希望通过线上教育展会宣传贵州省，宣传贵州大学，吸引世界各国优秀学子留学贵大，助推学校国际化和高质量发展。

宣讲会现场

22. 2022 年贵州大学国际教育学院参加"留管会客厅"线上交流分享会

2022 年 4 月 22 日下午，由国家留学基金管理委员会主办的 2022 年第一期"留管会客厅"线上交流分享会在北京举行。本次会议通过网络视频会议的形式召开。贵州大学国际教育学院党委书记晋克俭、院长张成霞、党委副书记甘孝琴、辅导员及班主任代表在贵州大学明正楼 401 多媒体教室参加本次会议。

贵州大学国际教育学院参加会议

会议主题为"共克时艰——疫情下的奖学金生工作"。来自华中科技大学、复旦大学、对外经济外贸大学、浙江师范大学、北京航空航天大学的 5 位嘉宾分别就疫情下留学生的心理问题及处置方式、封控期间留学生日常管理、疫情常态化下的招生宣传工作、留学生管理的"六方协作机制"、"台账"与信息化管理系统互补等方面的问题进行了分享与交流。

交流分享会

贵州大学国际教育学院参会人员纷纷表示，本次交流会"干货满满"，实用性、指导性强，既开阔了视野，同时对自身业务能力的提升也有很大帮助。在疫情常态化的特殊背景下，学校对来华留学生招生、管理和教学工作提出了更高要求，对留管人员更是一个巨大的考验，贵州大学国际教育学院全体工作人员将立足本职工作，在危机中寻转机，在变局中谋新局，以昂扬的姿态迎接后疫情时代的全新挑战。

23. 2022 年张成霞参加"大数据背景下的数字化转型与智慧治理论坛"

2022 年 7 月 7 日，由贵州大学波罗的海区域研究中心主办的"大数据背景下的数字化转型与智慧治理论坛"线上分论坛及欢迎仪式在贵州大学西校区德正楼 221 智慧教室隆重举行，贵州大学副校长漆思教授致欢迎辞。

贵州大学国际教育学院院长张成霞受邀参加开幕式并做了题为"基于国际学生培养促进学校教学科研国际化的探索与展望"的专题发言，阐述如何通过国际学生的培养，促进双语教学课程建设和教师外语水平提升，促进教学手段、教学模式改革和创新，通过联合培养项目增强中外双方课程开发和建设合作；提出鼓励国际学生参与导师及所在培养单位的科研团队，鼓励国际学生发表高质量英文学术论文，使国际学生成为国际会议的"主角"，把国际学生吸纳为区域国别研究的主力军等建议。

张成霞院长在做主题报告

该论坛为期 3 天，分为"数字化转型与法规转换""生物医药产业的开放创新与商业模式""大数据背景下的数字化转型与智慧治理"3 个分论坛，采取线上与线下相结合的方式进行。

24. 2022 年张成霞参加"以信息化、数字化助力高校国际教育发展研讨会"

2022 年 7 月 27 日，由唐风国际教育集团举办"以信息化、数字化助力高校国际教育发展研讨会"在中国 - 东盟教育交流周永久会址召开，来自天津大学、上海大学、青岛大学、南京理工大学、东北师范大学、河南大学、东北林业大学、浙江农林大学、杭州师范大学、贵州大学、贵州民族大学等院校的国际交流与合作处处长、国际教育学院院长 20 余人参加会议。

贵州大学国际教育学院院长张成霞受邀做题为"贵州大学东盟国家留学生教育及人才培养探索与思考"的专题发言。张成霞介绍了贵州大学来华留学教育的发展历程、项目特色、培养成效等，对未来如何借助信息化、数字化平台开展联合培养、境外办学和课程共享等提出了建议。

张成霞院长在研讨会上做专题发言

25. 2022 年张成霞参加"中马教育论坛：后疫情时代下教育数字化转型"

2022 年 8 月 26 日，由贵州大学、中国建设银行贵州省分行、马来西亚拉曼大学、中国建设银行（马来西亚）联合举办的"中马教育论坛：后疫情时代下教育数字化转型"在中国 - 东盟教育交流周永久会址红枫厅举行。论坛同时在马来西亚设立分会场，150 余名代表以线上线下相结合的方式参加论坛。

论坛还举行了"智慧留学"综合服务平台推介会以及中马教育机构合作签约仪式，并以"后疫情时代教育数字化转型对国际合作的有效推动""后疫情时代教育数字化转型对教师技能的有效提升"等为主题设置分论坛，依次展开研讨。

贵州大学国际教育学院院长张成霞受邀参加论坛，并做题为"云端助力东盟国家本土中文教师职业能力提升的创新实践与探索"专题报告，主要为东盟国家本土中文教师分享了中文教学技能、课堂管理、汉语水平考试等方面的内容，以及分享了后疫情时代的思考和打算。

张成霞院长在"中马教育论坛"上作专题发言

三、教师访问进修

1. 2014 年贵州大学国际教育学院代表团参加"第九届中文教学现代化国际研讨会"

2014 年 7 月 19 日至 23 日，贵州大学国际教育学院代表团一行 3 人应邀赴厦门参加了由中文教学现代化学会主办，华侨大学华文学院及华文教育研究院承办的"第九届中文教学现代化国际研讨会"。本次会议共有来自北京大学、北京语言大学、厦门大学、香港城市大学、英国曼彻斯特大学、英国利兹大学等 30 多所国（境）内外高校及科研院所的近 150 名代表参会，贵州大学代表团成员由国际教育学院副院长魏琴、综合办公室主任向通国、教学科研科副科长陈文捷组成。

贵州大学国际教育学院代表团参加"第九届中文教学现代化国际研讨会"

"第九届中文教学现代化国际研讨会"由两部分组成：第一部分 19 日至 21 日举办汉语（华文）国际教育现代化教学领域的学术研讨会，22 日至 24 日举办中文教学现代化培训会。

贵州大学代表团利用 17 日和 18 日两天参观访问了华侨大学华文学院、厦门大学国际学院和海外教育学院，并与这两所高校的领导和同行们开展座谈，探讨国际教育的相关问题，参观这两所学校的教学区、生活区，观摩教学等，收获不少。

2. 2015 年贵州大学国际教育学院教师参加中国政府奖学金来华留学业务工作会议

2015 年 3 月 20 日，中国政府奖学金来华留学业务工作会议（西南片区）在西安交通大学召开，来自安徽、广西、海南、贵州等 11 个省（区）的高校代表和教育机关代表参加了会议。贵州大学国际教育学院招生负责人贾海波、贵州大学国际交流与合作处项目负责人向秋丹作为贵州大学代表赴西安参会。

会议主要分为五个部分：国家留学基金委领导做中国政府奖学金工作情况报告，教育部国际司领导做教育外事工作形势报告，教育部财务司领导进行新政策解读和提点，中国政府奖学金院校经验交流，奖学金业务工作交流与讨论。

贵州大学国际教育学院教师参加会议

此次会议，为中国政府奖学金生的招生、教学、管理等方面的工作提供了最新的信息，指明了工作重点和方向，对工作的一些关键和敏感区域进行了警示，同时督促各奖学金院校以长远的眼光，全方位地改善留学生的学习环境，借此推动学校的国际化进程，并在国家战略层面做出贡献。

3. 2016 年贵州大学国际教育学院教师参加全国来华留学生管理干部培训班

　　2016 年 6 月 20 日，2016 年第二期全国来华留学生管理干部培训班在中国石油大学（华东）开班，贵州大学国际教育学院党委副书记甘孝琴、教师钟晓路前往青岛参加了为期 4 天的培训。

　　本期全国来华留学生管理干部培训班由教育部国际合作与交流司主办，中国外国留学生教育管理学会和中国石油大学（华东）承办，共有来自全国 24 个省（区、市）137 所高校的 200 名来华留学管理干部参加了本期培训。培训由 12 场专题报告和 2 次小组主题研讨组成，授课内容涵盖留学生招生、教学、课外活动、管理法规、文化差异、心理干预、突发事件处理、住宿管理、保险及奖学金等方面。贵州大学教师以积极饱满的精神、认真投入的态度顺利完成了本次培训，并在小组讨论中介绍了贵州大学留学生工作的发展情况。贵州大学在组织留学生活动方面的经验吸引了参会老师的兴趣，同时，通过与其他兄弟院校的交流，贵州大学获得了很多宝贵经验，为今后留学生的培养提供了借鉴和参考。本次培训具有很强的实用性和针对性，对提高来华留学生管理干部的业务水平和综合素质有很大帮助。此前，贵州大学国际教育学院已有 6 名教师参加了培训，并获得了合格证书。

贵州大学国际教育学院教师参加全国来华留学生管理干部培训班

4. 2016年梁雪参加"赴法国来华留学教育院长培训团"

2016年11月27日至12月11日，贵州大学国际教育学院副院长梁雪作为贵州省高校的唯一的代表，参加了由教育部组织、中国教育国际交流协会具体实施的"赴法国来华留学教育院长培训团"。此次培训团由25人组成，其中包括全国20名来自我国高校国际教育学院院长及3名省教育厅外事处的留学生事务负责人。培训以讲座研讨和实地考察的形式进行。代表团重点访问了巴黎第六大学、法国大学校联合会、巴黎大区大学及校园工作管理中心、巴黎政治学院、巴黎大学城、法国全国大学和校园工作管理中心、巴黎东部马恩河谷大学、巴黎第七大学、里昂第三大学、里昂大学和校园工作管理中心、里昂第二大学、里昂天主教大学国际职业学校、里昂高等师范学校等高校和有关机构。

在培训期间，代表团还有幸与中国驻法国使馆公使衔教育参赞马燕生进行座谈交流，并被邀请参加"中国新任常驻联合国教科文组织大使代表沈阳履新职招待晚宴"。

梁雪副院长（前排右一）参加"赴法国来华留学教育院长培训团"

在培训之余，团员之间积极交流，共同分享各校在留学生招生、留学生培养和留学生管理方面的经验，也为今后进一步加强交流与合作搭建了平台，打下了基础。

5. 2017 年贵州大学国际教育学院教师参加贵州大学"第一届对外汉语教学工作坊"

2017 年 3 月 24 日，由贵州大学外国语学院和国际教育学院共同主办的贵州大学"第一届对外汉语教学工作坊"在贵州大学外国语学院 226 室举行。北京语言大学国际汉语教学研究基地副主任、博士生导师、中国国家汉办教师培训专家姜丽萍教授和北京语言大学东京分院院长、硕士生导师、中国国家汉办教师培训专家赵菁副教授应邀来贵州大学开展对外汉语教师培训工作。此次工作坊包括"初级汉语综合课教学与案例讲评"和"汉语教学课堂活动与课堂管理"两个议题，贵州大学及兄弟院校师生共计 80 余人参加了培训活动。

整个会场气氛轻松活跃，赵菁老师深入浅出的演讲给大家带来了全新的视听体验，同时对课堂活动以及课堂管理的方法提供了新的思路。最后，大家针对相关内容，结合自己遇到的问题进行了交流讨论。

贵州大学"第一届对外汉语教学工作坊"取得圆满成功，校内外对外汉语教师通过与专家面对面交流，不仅提高了对这项工作的认识，也提升了教学技巧和课堂管理能力。

培训专家与参加工作坊的师生合影留念

培训之余，贵州大学国际教育学院领导和教师还与姜丽萍教授和赵菁副教授就贵州大学和北京语言大学在留学生交流、对外汉语教师培训、教材选用等方面进行了交流，得到两位专家的大力支持和悉心指导。

6. 2018年梁雪参加"2018年高等教育行政管理人员出国研修项目"

2018年6月23日至9月17日，贵州大学国际教育学院副院长梁雪作为贵州大学代表，参加了由国家留学基金管理委员会组织的"2018年高等教育行政管理人员出国研修项目"活动。此次研修由英国卡迪夫大学（Cardiff University）具体实施，学员由来自全国83所高校不同部门的中层管理干部组成。

结业典礼现场

全体学员与英国卡迪夫大学校长合影

此次研修活动，课程内容丰富，形式多样，除了丰富的课堂教学和讲座外，卡迪夫大学还安排了丰富的实践活动，如出席社交活动、参观卡迪夫大学设施、提供工作见习机会、参观其他大学以及参观威尔士政府等其他组织。

课程之余，学员根据岗位特点和高校发展需要，自发组织了专题研讨。这些专题主题突出，特色鲜明，如"组织与人事""发展与创新""国际交流""学院建设与发展"等。学员通过参加实践活动和研讨活动，拓宽了工作思路，提升了自身的创新意识和实践能力，也为今后共享资源、进一步加强交流与合作打下了基础。

本次研修活动，贵州大学国际教育学院副院长梁雪通过多方位的学习、考察和实践，不仅可以将国外先进的教育思想、理念渗透到工作岗位的实践中，同时还可借助国外资源，进一步拓展合作交流领域，促进交流项目的实施，提升贵州大学来华留学生培养质量，增强来华留学服务和管理水平。

7. 2018 年贵州大学国际教育学院教师参加第五届汉语国际教育暑期高级讲习班

2018 年 8 月 22 日至 28 日，贵州大学国际教育学院对外汉语教师侯良迪、梁玉豪赴北京参加由北京语言大学组织的第五届汉语国际教育暑期高级讲习班，并顺利结业。此次讲习班，共有 100 多所来自国内外高校及培训机构的 150 余名老师参加。

第五届汉语国际教育暑期高级讲习班合影留念

讲习班特邀华东师范大学国际汉语文化学院副院长丁安琪副教授、北京语言大学语言资源高精尖创新中心主任李宇明教授、北京语言大学国际汉语教学研究基地副主任姜丽萍教授、北京语言大学施春宏教授、北京语言大学张辉副教授、北京语言大学张宝林教授、北京语言大学图书馆学科服务中心主任陆晓曦老师、首都师范大学国际文化学院李卫英老师、北京语言大学汉语考试与教育测量研究所所长王佶旻教授、东京外国语大学综合国际学研究院三宅登之教授、中国人民大学文学院李泉教授、加拿大哥伦比亚学院亚洲研究系程龙教授、北京大学对外汉语学院院长赵杨教授、美国哥伦比亚大学东亚语言文化系刘乐宁教授等 14 位专家进行讲座。

参加此次讲习班有助于提升贵州大学国际教育学院青年教师对汉语国际教育教学领域学术动向的了解，提高学术科研能力，对贵州大学国际教育学院教师改进并完善教学方法和技能有着重要的作用，也有助于他们认识和了解汉语国际教育学界的专家及同行，共同促进汉语国际教育事业的发展。

8. 2018 年贵州大学国际教育学院教师钟晓路参加"第五届华文作为第二语言之教与学国际研讨会"

　　为同对外汉语教师交流先进的教学方法，促进贵州大学对外汉语教育事业的发展，应新加坡南洋理工大学华文教研中心邀请，贵州大学国际教育学院教师钟晓路于 2018 年 9 月 10 日至 9 月 14 日赴新加坡参加"第五届华文作为第二语言之教与学国际研讨会"，在分场会议上做题为"对国内本土化对外汉语教材编写的思考——以贵州本土化对外汉语教材编写为例"的发言，并参观访问了新加坡南洋理工大学国立教育学院。

　　"第五届华文作为第二语言之教与学国际研讨会"由新加坡华文教研中心主办。新加坡华文教研中心隶属于新加坡南洋理工大学。研讨会开始前一天，主办方新加坡华文教研中心组织参会者前往南洋理工大学国立教育学院进行访问学习。

　　钟晓璐老师此行不仅进行学术交流，还积极推介贵州大学，努力寻求与参会教师所在学校的合作机会。

钟晓路老师（右三）参加"第五届华文作为第二语言之教与学国际研讨会"

9. 2018 年贵州大学国际教育学院教师参加全国来华留学管理信息系统培训班

2018 年 11 月 23 日，由教育部国际合作与交流司主办、中国石油大学（华东）承办的全国来华留学管理信息系统培训班在山东青岛中国石油大学（华东）举行。贵州大学国际教育学院教学科研科科长唐颖参加此次培训班。

唐颖参加全国来华留学管理信息系统培训班

本次培训会议由中国石油大学（华东）国际教育学院院长栾凤池主持。会议首先由教育部国际司留学处副处长杨洲主持学习了党的十九大精神，介绍了我国来华留学工作形式和信息化建设对来华工作的重大意义。

本次新版全国来华留学管理信息系统涵盖了来华留学生备案、学籍管理、留学生项目管理、留学生校友信息管理等功能，将为日常管理和科学决策提供实时、全面真实的数据支持。随后，系统软件开发负责人对全国来华留学管理信息系统功能进行了详细讲解，对操作流程进行了培训，并在培训学员上机操作后进行了现场答疑。此次培训结束后，系统操作技术团队还前往各省进行再次培训，进一步确保该系统在全国范围内各高校的顺利推广和安全运行。

会后，唐颖还参观了中国石油大学（华东）国际教育学院，对中国石油大学（华东）国际教育学院的科室构建、楼道文化建设、宿舍管理进行了实地考察。

10. 2019 年贵州大学国际教育学院教师参加国际汉语教师教学技能研修班

2019 年 7 月 25 日至 26 日，贵州大学国际教育学院教师钟晓路、梁玉豪在贵州贵阳孔学堂参加由世界汉语教学学会秘书处主办，贵州财经大学、贵阳孔学堂承办的国际汉语教师教学技能研修班，并顺利结业。本次研修班旨在促进东盟地区教师职业发展，提升预备教师就业能力，加强东盟各国可持续性教师发展机制和资源共享。

7 月 25 日上午，由世界汉语教学学会理事、新加坡南洋理工大学教授吴英成做"东盟地区汉语口语入门课程设计"的报告，下午由世界汉语教学学会理事、美国肯扬大学教授白建华做主题式教学理念在汉语教学的应用报告。

7 月 26 日上午，由世界汉语教学学会理事、中国华东师范大学教授丁安琪做"互动模式下的课堂活动设计"的报告，下午由世界汉语教学学会理事、南京大学教授曹贤文做"传承语与非传承语学习者的特点及其针对性教学"的报告以及由世界汉语教学学会永久会员、复旦大学教授彭增安做"汉语教学资源与教材选用"的报告。

国际汉语教师教学技能研修班专家及学员合影

此次培训，各位专家教授从教材选择、课堂教学模式、课堂管理模式、语言学习者的特点等方面带给老师们全新的思考和启发，有利于各高校国际教育学院的青年教师提高教学能力，拓宽学术视野。

11. 2019 年贵州大学国际教育学院派教师参加中国政府奖学金来华留学管理工作培训会

2019 年 11 月 21 日，中国政府奖学金来华留学管理工作培训会在湖南长沙举行，贵州大学国际教育学院教师李博、张竟伟参加了此次培训。

本次培训会由国家留学基金管理委员会主办，共有来自贵州、上海、湖北等 10 个省（区、市）的 140 多名来华留学管理干部参加。培训会由三场主题报告和两场经验分享组成。国家留学基金管理委员会来华留学管理部主任陈琳介绍了 2019 年中国政府奖学金工作概况以及新形势下奖学金生管理工作的新特点、新要求，国家留学基金管理委员会来华留学招生部副主任杨烨做中国政府奖学金来华留学招生工作培训，特别强调了奖学金招生工作改革及招生工作现存的主要问题。此外，同济大学、华南理工大学代表分享了各自学校在奖学金招生宣传和项目申报方面的经验心得，华东师范大学、武汉理工大学代表介绍奖学金生管理工作情况。

李博（左）、张竟伟（右）参加中国政府奖学金来华留学管理工作培训会

此次培训课程紧凑，内容翔实，给一线的留管干部很大帮助，对促进各省（区、市）和高校来华留学教育事业的发展，做好奖学金生的招生、教学和管理工作起到很好的指导作用。

第六篇　留学生活

一、节庆活动

1. 贵州大学国际教育学院举办庆中秋活动

从 2013 年开始，贵州大学国际教育学院每年都会在农历七月十五这天举办庆中秋活动。一般情况下，参加活动的有贵州大学国际教育学院党委书记、院长、副书记、副院长、辅导员、班主任及在校留学生。庆中秋活动不仅增进了外国留学新生彼此间的友谊，也增进了学生与老师之间的友谊。该活动通过活泼的形式向外国留学生们介绍了中华传统节日和习俗，促进了中外文化交流。

"月饼 DIY" 活动现场

庆中秋活动合影

2. 贵州大学国际教育学院举办"品角粽话乡愁"端午文化活动

　　2014 年伊始，贵州大学国际教育学院每年都会在农历五月初五端午节这天举办主题文化体验活动，让留学生对端午节这一古老的传统节日有进一步的认识，了解粽子、龙舟、艾草、屈原、香囊等端午节要素。

　　在包粽子环节，留学生们表现出浓厚的兴趣，纷纷动手。在示范老师的指导下，留学生们拿起飘着清香的粽叶，折叠成三角形状，把糯米放进去，再根据自己的喜好，放入红枣、糖、红豆、绿豆等馅料，再用棉绳捆扎好。大家相互指导，交流纠正，包出了像模像样的"洋"粽子。

贵州大学国际教育学院"品角粽话乡愁"端午文化活动现场

3. 贵州大学国际教育学院举办泼水节庆祝活动

　　自 2015 年起，每年 4 月 13 日至 15 日，贵州大学国际教育学院都会举办一年一度的东南亚"新年"——泼水节。

　　泰国、老挝、越南、缅甸等东南亚国家的泼水节就像中国的新年一样隆重，要与亲人朋友尽情地泼水祝福。据说，泼出去这些水代表吉祥和祝福，可以消灾除病，洗去过去一年的不顺，带来新年好运。

泼水节庆祝活动现场

　　值此佳节，贵州大学国际教育学院相关领导对东南亚的同学们表达了新年的祝福，并希望来自不同国家、不同地域的小伙伴们尽情欢乐，泼水嬉戏，共同感受泼水节的魅力，接受来自异域的新年祝福。

　　泼水节活动一般包括柬埔寨的请神和堆沙仪式、老挝拴线仪式、泰国的浴佛仪式。而迎新年的各国民族歌舞尤其能体现不同国家的人文风情。留学生们在这里展示了自己国家的文化，增进了彼此的友谊，感受了不同文化习俗的魅力。

4. 贵州大学国际教育学院举办师生同乐"庆新年"活动

2020、2021、2022 年新春到来之际，为让留学生们感受到学校的关怀和温暖，贵州大学校长宋宝安，党委副书记令狐彩桃，副校长张大林、陈祥盛、吴攀及各职能部门的领导来到了贵州大学国际教育学院，对留学生所住的 17 栋公寓进行走访和慰问，看望在校留学生并送去了新春的祝福与节日的问候。校领导们为学生送上了精心准备的新年贺礼，鼓励学生认真完成学业，成为贵州大学的骄傲。

"送福"活动现场　　　　　　　　　　　　"庆新年"活动合影留念

趣味活动现场　　　　　　　　　贵州大学党委副书记令狐彩桃致辞

为让留学生亲身体验中国年味、感知中国文化，贵州大学国际教育学院还举行了新年系列活动，学院党政领导及教师代表、留校的留学生及部分外籍教师参加了活动。写春联、吃年夜饭、"送福"和春节文化体验等活动丰富有趣。

贵州大学国际教育学院 2022 年师生同乐"庆新年"活动集体大合影

5. 贵州大学国际教育学院组织留学生参加"喜迎国庆·欢度中秋"环校园长跑活动

2020 年 10 月 1 日，适逢国庆节、中秋节双节合一，为了欢庆中秋节和国庆节，丰富留学生的课余生活，贵州大学国际教育学院组织留学生参加了学校举办的"喜迎国庆·欢度中秋"环校园长跑活动。贵州大学国际教育学院党委书记晋克俭、副书记甘孝琴带队，留学生管理科老师、辅导员、教师代表及 30 余名留学生参与了此次活动。

贵州大学 2020"喜迎国庆·欢度中秋"环校园长跑活动合影

环校园长跑以方队为单位，全程 3 千米，不计成绩。此次活动，来自布基纳法索的韦斯乐和刚果（金）的莫丹明分别获得第二名和第四名的好成绩，为我们展现了非洲速度，赢得了老师和同学们的喝彩。

环校园跑活动结束后，非洲国家的留学生们为老师和中国同学们带来了劲歌热舞，祝贺中国生日快乐，祝福大家中秋节快乐，把环校园长跑的气氛推向了高潮。贵州大学党委副书记令狐彩桃、贵州大学国际教育学院党委书记晋克俭和副书记甘孝琴与同学们共舞，一起感受节日的热闹和欢乐。

师生共舞

最后，老师们、同学们集体合影留念，大家情不自禁地高呼："中国，我爱你！""贵大，我爱你！""老师，我爱你！"

6. 贵州大学国际教育学院举行"五一"特别活动

2022 年 5 月 4 日，正值五一国际劳动节假期，为丰富留学生的校园生活，给他们传递温暖与关怀，贵州大学国际教育学院在 17 栋留学生宿舍举办了"我动手我快乐——体验中国传统饮食文化包饺子"活动，34 名在校留学生积极报名参加了活动。

贵州大学国际教育学院院党委副书记甘孝琴讲解了饺子在中国的起源，示范了包饺子

的过程；接着，通过播放短视频加深留学生对包饺子过程的理解。之后，活动进入主题，留学生们围在桌边，按照老师事先准备好的食材，根据自己的口味调好"馅"，有模有样地包起饺子来。现场热闹非凡，有看的、有调馅的、有学着包的，同学们忙得不亦乐乎。有的同学在老师的示范下一学就会，不会的同学就用模具来

留学生参加包饺子活动

"包"。一会儿，包着胡萝卜、小葱、韭菜、小瓜、白菜馅的饺子准备就绪，只等水开下饺子。在这期间，同学们很期待尽快吃上自己包的饺子，享受自己的劳动成果。新鲜的、香喷喷的饺子出锅后，同学们吃着自己包的饺子，喜乐之情溢于言表。

饺子成果展示

甘孝琴副书记教留学生包饺子

二、文体乐园

1. 2014 年贵州大学国际教育学院举办"我眼中的中国"——贵州大学留学生摄影展

2014 年 5 月 8 日，贵州大学国际教育学院主办了主题为"我眼中的中国"——贵州大学留学生摄影展，摄影展是首届国际文化节活动中的一项。

摄影展板由留学生们自行设计，以国别为单位，包括老挝、美国、英国等近 20 个国家的学生参与制作。留学生们经过近两个星期的准备，最终制作出 12 块缀满精彩瞬间的摄影展板呈现在大家面前。展板于 5 月 8 日、9 日两天陈列在贵州大学留学生公寓廊台，供全校师生欣赏。

贵州大学留学生摄影展

5 月 8 日中午，天空还下着小雨，但展板前已有不少行人驻足，被那些新颖独特的画面吸引。留学生们通过手中的相机，记录他们在中国的学习、生活和体验。

"从这些照片能够体会到他们对中文和中国文化的热爱，这些照片逾越了语言的障碍，它们象征了不同国家、不同文化人民间的相互理解，更是中国与各国人民之间深厚友谊的体现。"现场参观摄影展的一位同学说。

2. 2014 年贵州大学国际教育学院组织孔子学院奖学金学生参加贵阳孔学堂活动

2014 年 9 月 28 日，是孔子诞辰 2565 周年纪念日，也是全球祭孔日。为配合孔子学院总部 "庆祝孔子学院成立十周年活动"，充分发挥孔子学院奖学金的社会影响力，贵州大学国际教育学院组织 19 名孔子学院奖学金新生参观贵阳孔学堂，并观赏孔学堂为数百名小学新生举行的主题为 "破蒙·启智·立德" 的 "开笔礼"。

"开笔礼" 是中国古时极为隆重的典礼，俗称 "破蒙"，寄寓为学业有成，明德知礼。这次孔学堂组织的 "开笔礼" 旨在激励学童们 "立大志·树品格·尊道义，学传统·明伦理·促和谐"。通过正衣冠、拜先师、开智礼、写人字等仪式，学童们完成了启蒙教育的第一课。而贵州大学的留学生们也借此机会认识了中国传统文化中极为重要的一个文化符号，对中国传统文化有了更深刻的理解。

"开笔礼" 结束后，留学生们参观考察了贵阳孔学堂各处建筑。本次活动丰富了留学生们的课余生活，增加了他们对于儒学文化的了解，加深了他们对于中国文化的认同。本次活动是对贵州大学留学教育以及孔子学院奖学金项目的一次有益宣传和推广，同时也是国家汉办致力于汉语和汉文化国际普及的直接成果之一。

贵阳孔学堂活动现场

3. 2015 年贵州大学国际教育学院留学生参加中国（贵州·遵义）国际茶文化节

2015 年 5 月 28 日至 29 日，应贵州省遵义市湄潭县邀请，贵州大学留学生组团代表贵州大学参加中国（贵州·遵义）国际茶文化节暨茶产业博览会。代表团由贵州大学校长助理肖树新、哲学社会科学研究院副院长陈爱东、国际教育学院副院长梁雪、国际教育学院留学生科负责人及来自 14 个国家的 25 名留学生组成。

留学生参加中国（贵州·遵义）国际茶文化节

28 日晚，代表团一行参观了"中国茶城"的茶叶专卖店，品尝了湄潭翠芽、遵义红茶、都匀毛尖等茶品种，茶艺师还简单地介绍了茶叶的分类、红茶和绿茶的冲泡方法、茶叶的储存等基本知识，留学生们听得津津有味，不时提问，充满了好奇。

29 日上午，身着民族服装的留学生参加了开幕式及参观活动，感受了中国茶叶的历史悠久、湄潭茶叶"三绿一红"的独特魅力，观赏了湄潭特色的"花灯剧"，观看了茶叶图片展。

29 日下午，代表团一行参加了湄潭田家沟—核桃坝—茶海的茶旅一体化路线考察活动，走入中国新农村，体验中国新农村的新面貌、湄潭茶文化的"清、敬、和、美"以及茶海的磅礴壮阔。

通过本次活动，留学生身临茶境，了解茶叶的基本知识，徜徉在中国茶文化悠久的历史长河里，在"茶韵古风"的熏陶下深化对中国语言文化的热爱，培养知华、友华、爱华情结，也为下一步贵州大学与湄潭县共同打造茶文化对外交流合作平台打下基础。

4. 2015 年贵州大学国际教育学院留学生参加贵州省首届孔学堂·国学图书博览会

2015 年 10 月 16 日至 17 日，来自美国、墨西哥、意大利、捷克和越南 5 个国家的 6 名贵州大学留学生，应邀参加了贵州省首届孔学堂·国学图书博览会国学精品电视节目展示区现场互动活动。

主持人在进行相应国学电视节目的推广之后邀请了留学生们上台。主持人向留学生们提了一些简单的国学问题，并且就他们为什么来中国学习进行了交流。整个节目氛围轻松活泼，问题也生动有趣，如其中一个问题是："你觉得最难的中国字是什么？"来自捷克的麦克说道："我觉得是'一'，因为这是我学习的第一个汉字。"

贵州大学国际教育学院留学生参加贵州省首届孔学堂·国学图书博览会

"这个节目真的很有意思，让我们了解到更多关于中国国学的知识。"来自意大利的马瑞卡说道。

本次活动，通过介绍文化名人、解说成语典故和分享国学系列电影等多个方面向留学生们展示博大精深的中国传统国学文化，为培养热爱中国文化、了解中国国学的国际友人做出了努力。这也有利于中国国学文化的推广。

5. 2016 年贵州大学国际教育学院举办"留学生趣味运动会"

2016 年 3 月 25 日下午，贵州大学国际教育学院留学生齐聚学校篮球场，参加贵州大学国际教育学院第三届"留学生趣味运动会"。本次运动会有踢毽子、跳绳、套圈和拔河 4 个项目。

跳绳比赛现场

比赛正式开始前，各位留学生运动员们早已到现场做热身运动，都希望以最好的状态来迎接比赛。首先进行的是踢毽子比赛，毽子在留学生们的脚上一上一下跳动着，如同美丽的彩蝶在空中翩翩起舞。接下来的跳绳比赛也同样精彩，身手矫健的留学生们努力地进行跳绳比赛，引来了阵阵喝彩。套圈是今年的新增项目，场地上摆满了各种小礼品，参赛者需要先蛙跳，每组最快的 4 名同学获得套圈资格，在套圈线外投圈，套中的礼品就可以带走，同学们每次成功地套到一个礼品，都会引起一片欢呼。

本次活动让留学生在紧张的学习中放松心情，也加强了留学生之间的交流，增强了学院的凝聚力和感染力。

"留学生趣味运动会"合影留念

拔河比赛现场

6. 2016 年贵州大学国际教育学院留学生体验中国茶文化

2016 年 5 月 15 日下午，应中国工商银行贵州省分行营业部的邀请，贵州大学国际教育学院组织了 18 名学生赴中国工商银行贵州省分行体验极具特色的中国茶文化。

银行的工作人员为留学生讲解了相关的外汇业务。高级茶艺师为留学生讲解了中国的茶文化以及贵阳有名的茶山，详述采茶、炒茶、泡茶各个工序，让留学生体验到小小一盏盖碗茶居然暗含着天地人和之意。

随后，茶艺师亲自展示中国茶道艺术，伴随着优美的音乐，茶艺师以其娴熟优雅的动作向留学生们展示了泡茶的全部礼节。表演期间，留学生们有的拿出纸和笔做记录，有的拿出相机或者手机拍摄。

茶艺师让留学生们亲自实操体验，在同学们体验过程中，茶艺师从茶叶的冲泡技巧着眼，讲解不同种类茶的冲泡方法、泡茶的水温以及品茶的流程。

贵州大学国际教育学院留学生体验中国茶文化

活动结束后，留学生们满心欢喜地交流起刚刚学到的茶知识，并表示以后要向身边的小伙伴们传播中国茶文化。

7. 2016 年贵州大学国际教育学院留学生参加贵州高校留学生传统文化体验活动

2016 年 6 月 4 日至 6 月 19 日，由贵阳孔学堂文化传播中心、北京大学对外汉语教育学院主办的贵州高校留学生传统文化体验活动于贵阳孔学堂举行。贵州大学来自老挝、美国、德国、意大利、埃及、捷克等数十个国家的 25 名留学生参加了活动。活动共分酒、节气、茶、饮食四个主题日，开启了留学生中华传统文化之旅。

6 月 4 日的活动主题为"礼——酒文化"。主办方邀请贵州茅台集团为留学生们介绍了国酒茅台的历史和制作过程，身着汉服的表演者为留学生们展示了中华传统酒礼，并教留学生们玩古代的投壶游戏，最后，留学生们还品尝了茅台酒。贵州大学的德国留学生白瑞琪在接受采访时表示"中国的酒味道很特别，中国的酒文化也很特别"。

6 月 5 日的活动主题为"节——芒种节气"。当日正好为二十四节气中的"芒种"。主办方邀请贵阳孔学堂谦德传统文化传习院院长钟中做讲座。钟中院长为留学生们讲解了中国二十四节气的规律及其对我国农事生产、生活的指导作用，以及二十四节气中蕴含的深刻的哲学思想。讲座结束后，主办方围绕农耕文化设计了一系列的游戏活动，包括"芒种剥谷""芒种抢运粮""捉

留学生认真学习和体验茶艺

泥鳅"等环节，让留学生在实践中体验了中国的农耕文化。贵州大学的越南留学生阮顺英说："我今天知道了中国二十四节气的规律，尊重规律才能得到幸福。"

6 月 18 日的活动主题为"礼——茶文化"。主办方邀请贵阳孔学堂驻园学者、北京大学对外汉语学院前院长张英教授为留学生授课。张英教授介绍了中国茶的种类，以及贵州名茶——都匀毛尖。课程结束后，主办方将留学生分成数个小组，每个小组由一位专业茶艺师带领着体验中国的茶道。

8. 2016 年贵州大学国际教育学院留学生到西江千户苗寨体验中国少数民族文化

为了让留学生更能感受到原汁原味的贵州特色少数民族文化，2016 年 11 月 26 日清晨，贵州大学国际教育学院组织 60 余名留学生前往黔东南苗族侗族自治州雷山县西江千户苗寨参观。

留学生体验苗寨歌舞

在导游的带领下，留学生们观赏了苗寨歌舞。优美的苗族古歌、欢快的反排木鼓舞，让同学们在悠扬的歌声与动人的鼓点中感受到苗族历史文化的古朴和厚重。苗家长桌宴会上，有丰富多样、美味可口的苗家菜，有动听悦耳的敬酒歌，苗家人用独特的方式欢迎远方的客人。

留学生体验苗家长桌宴

留学生们还参观了中国民族博物馆西江千户苗寨馆，了解世居苗族的风俗文化及历史沿革。西江千户苗寨之行，让留学生们了解苗族的建筑、饮食、音乐、歌舞、服饰、日常生活等情况，也让他们近距离地感受和体验了多彩贵州少数民族风情。此外，他们也能了解到中国新农村的发展现状，为他们今后学成回国讲好"中国故事"提供了丰富的真实的素材。

9. 2017年贵州大学国际教育学院留学生到安顺平坝参加"赏樱花，观藤甲部落"文化体验活动

为了让留学生们更好地了解贵州的秀美风景和古老的民族文化，2017年3月25日清晨8点，贵州大学国际教育学院组织150多名留学生，在春雨的陪伴中前往贵州安顺"赏樱花，观藤甲部落"。

留学生们一路上欢声笑语。到达平坝樱花农场后，在导游的引领下留学生们有序乘坐农场的观光车前往樱花园。三月末是樱花盛开最美丽的时候，虽然天下小雨，但丝毫不影响留学生们观赏樱花的热情。留学生们进入花的海洋，欣赏着热烈而灿烂的花朵，感受着漫天花雨的浪漫，感叹着含着雨露的花朵是那么的明艳和透亮。这美丽的风景让现场的每位老师和学生惊叹不已，大家都纷纷拿出照相机与樱花合影，留住这师生同乐的画面。

午饭后，师生们来到了平坝区的高峰镇藤甲部落民族风情园。这里的民舍建筑、民族风情、古老的藤甲文化吸引着留学生们。在这里，留学生们能了解英勇善战的藤甲兵和古老的藤甲文化。通过古老的进寨仪式，留学生们参观了部落人民"上刀山"、"下火海"、"吞火把"、跳竹竿舞等令人瞠目结舌的表演，感受到了藤甲人民勇猛无惧的精神。

贵州大学国际教育学院留学生参加赏樱花文化体验活动

10. 2017 年贵州大学国际教育学院主办首届留学生"国际文化理解与分享"论坛

2017 年 6 月 23 日下午，由贵州大学国际教育学院主办的首届留学生"国际文化理解与分享"论坛在贵州大学西校区图书馆多功能报告厅举行，此活动是留学生"国际汉语文化节"系列活动之一。

贵州大学首届留学生"国际文化理解与分享"论坛

本次活动邀请了来自越南、意大利、韩国、泰国、俄罗斯、老挝、哈萨克斯坦、柬埔寨、蒙古国等 9 个国家的留学生代表做本国文化专题介绍与分享，他们从本国的基本国情、文化特色、礼俗与禁忌、教育、师生关系与沟通方式以及在中国感到的文化差异等方面进行介绍。论坛上，当留学生们讲到服饰时，就有同学进行服装秀表演；讲到民歌时，就有同学直接放声歌唱。

贵州大学文学与传媒学院、经济学院、土木工程学院等学院的 100 多名留学生以及外国语学院汉语国际教育硕士专业的学生参加了此次论坛。贵州大学国际教育学院希望通过这个活动培养学生认同各国优秀文化，从而尊重不同国家、民族、地区的文化及风俗习惯，学会平等交往、和睦相处，从而提升跨文化交际与沟通的能力。

11. 2017 年贵州大学国际教育学院留学生到茅台镇体验国酒文化

为了让新入学的留学生体验贵州良好的生态环境与地方特色，贵州大学国际教育学院于 2017 年 10 月 27 日至 28 日组织了为期两天的"畅游神秘茅台·感受国酒文化"活动。

10 月 27 日下午 5 点，留学生们抵达中国酒都仁怀市的茅台镇，各位老师组织学生集体用餐，其后坐车抵达此次活动第一个参观地点——茅台天酿景区。当晚大家观看了大型新媒体空间体验秀"天酿"，留学生们随着演出人员的脚步，依次进入 5 个展厅，以 360 度沉浸式全方位体验，感受底蕴浓厚的酱香酒文化。

10 月 28 日，留学生们参加了"丁酉茅台镇重阳祭水大典"。祭水大典中富有中国特色的仪式给留学生们带来了全新的体验，精彩的表演也吸引了众人的目光。之后，大家前往此次活动的终点站——中国酒文化城。经过导游和老师们的介绍，留学生们带着浓厚的兴趣参观了整个展区，深度了解中国酒文化，并拍照留念。

留学生到茅台镇体验国酒文化

通过此次活动，留学生们深化了对中国文化尤其是酒文化的了解。此外，学校保卫处的工作人员和贵州大学国际教育学院的老师们全程对留学生进行规范管理，为学生的安全增添了保障。

12. 2017 年贵州大学国际教育学院留学生参加"留学中国，探索赤水"活动

为了让留学生切身感受到贵州省优良的生态环境和人文魅力，贵州大学国际教育学院组织留学生参加了为期两天的"留学中国，探索赤水"活动。

2017 年 11 月 11 日，贵州大学国际教育学院党委副书记甘孝琴与老师们带领来自 15 个国家的 100 余名留学生出发前往赤水，抵达万竹之园——赤水竹海国家森林公园。留学生们畅游在绿意盎然的竹海中，登上"观海楼"，听老师讲解竹子刚直不阿和虚怀若谷的寓意，以及苏东坡"宁可食无肉，不可居无竹"的有趣故事。

11 月 12 日上午，一行人前往国家级风景区——赤水大瀑布景区，参观"赤水丹霞"地理风貌。学生徒步上山，观看瀑水从悬崖绝壁上倾泻而下的磅礴景象。瀑布周围树木繁茂，数十米内水雾弥漫，大家纷纷感叹大自然的鬼斧神工，并结伴合影留念。

贵州大学国际教育学院留学生参加"留学中国，探索赤水"活动

11 月 12 日下午，众人到达赤水游客中心，观赏体验贵州省非物质文化遗产——赤水游氏武术。老师们组织学生换上中国传统武术服，一同观看游氏武术传承人的拳脚、器械表演。据主持人介绍，赤水游氏武术集众武术门派之精华于一体，不但具有很高的观赏性、娱乐性，还具有修身养性、强身健体等功效。学生看完表演后积极上台向大师讨教切磋，在一招一式间感受中华武术柔中带刚的魅力。

13. 2018 年贵州大学国际教育学院留学生到六枝特区参加"春风行动"文化交流活动

2018 年 4 月 21 日清晨，受贵州省六盘水市六枝特区人民政府的邀请，贵州大学国际教育学院专门组织 36 名来自 16 个国家的留学生以及部分教师赴六枝特区开展"春风行动"文化交流活动。此次活动内容是樱桃采摘体验和茶体验（采茶、制茶、品茶），旨在让留学生近距离地了解贵州的经济发展和多元的少数民族文化，加深他们的中国记忆，同时，开启六枝特区师生了解各国文化的窗口。

4 月 21 日 9 时左右，师生们到达樱桃农业园区，从未有过亲手采摘樱桃体验的留学生们觉得既新奇又激动，果实累累的樱桃园中充满着欢声笑语。

在知青茶园，采茶师指导留学生们如何采摘茶青，告诉他们"一芽一叶"的茶叶最珍贵。留学生们还积极询问中国茶的种类、历史，以及茶叶苦尽甘来、怡情养性的深厚文化内涵。采茶完毕，大家来到鸿森茶叶制茶中心，留学生们学习制茶工艺，观看人工炒茶过程，学习品茶和茶礼仪。

贵州大学国际教育学院留学生参加"春风行动"文化交流活动

当日午间，留学生们在落别山泉湿地公园进餐，体验六枝布依族特色美食"布依八大碗"。留学生们第一次感受布依族的长桌宴，席间布依人热情高唱敬酒歌，欢迎远方的客人。

当日晚上 7 点，师生们踏上返程的路途。此次活动，安排紧凑，内容丰富，留学生们收获颇多，他们表示无论是亲手采摘樱桃还是采茶的过程，都让他们感受到了中国文化、中国少数民族文化的多彩与广博。此次活动为他们在中国的留学生活增添了绚丽的一笔。

14. 2018 年贵州大学国际文化理解与分享论坛开坛

2018 年 6 月 15 日，贵州大学第二届留学生汉语文化节——国际文化理解与分享论坛开坛，来自 13 个国家的 20 多名留学生讲述自己国家的国家概况、文化习俗教育制度、旅游胜地等。

在当天的论坛上，来自世界各国的留学生用非常标准或明显有"国际口音"的普通话讲述自己的国家，分享与中国不同的文化。

留学生参加国际文化理解与分享论坛

据贵州大学国际教育学院院长张成霞介绍，2018 年的前几年，每年都有数十个国家的留学生，不远万里、漂洋过海来到贵州大学，在这里学习汉语和科学知识，感受中国文化和中国精神。他们不只是汉语学习者，也是传播中国与各国人民之间友谊和文化的使者，是沟通中国与外部世界的纽带和桥梁。利用留学生多元文化的背景优势，贵州大学国际教育学院举办各种文化交流活动，在学校营造国际文化的氛围，增进中国师生对异国文化的了解、理解和尊重，提升师生的国际化意识和跨文化交流的能力。

15. 2018 年贵州大学国际教育学院留学生参加国际半程马拉松赛暨夜郎文化考察活动

2018 年 11 月 24 日，应黔南布依族苗族自治州长顺县人民政府的邀请，贵州大学国际教育学院组织了来自 9 个国家 40 名留学生乘车前往长顺县参加国际半程马拉松赛暨夜郎文化考察活动。

24 日上午 9 时，一行人抵达目的地长顺县，参加活动启动仪式及 10 千米健步走项目。比赛过程中充满欢声笑语，老师和留学生们互相打气，最终大家冒着小雨坚持走完全程，展现了贵州大学留学生不言放弃的精神风貌。

留学生冒雨坚持走完 10 千米健步走项目后合影留念

24 日下午，一行人到长顺县广顺镇参观世界上已知最长寿的银杏树。见到已有 4700 余年悠久历史的中国银杏树，留学生们纷纷感叹大自然的鬼斧神工，并拍照留念。

最后，大家来到广顺州署文化园参加夜郎文化考察活动。园区向导全方位地讲解广顺的历史文化与风土人情，并邀请留学生们现场体验书法艺术以及传统印刷技术，引起了留学生们对中国传统文化的兴趣。

16. 2019 年贵州大学国际教育学院留学生参加数字中国智库联盟成立大会

2019 年 5 月 28 日，数字中国智库联盟成立大会暨《数权法 1.0》中、英、繁体版学术研讨会在贵州贵阳举行。中共贵州省委常委、贵阳市委书记赵德明出席会议并致辞，相关领导及高校专家学者为研讨会和新书《数权法 1.0》揭幕。贵州大学国际教育学院 48 名来自美

会上的贵州大学留学生

国、意大利、俄罗斯、墨西哥、哈萨克斯坦、老挝、玻利维亚等 21 个国家的外籍留学生参加了研讨会。

贵州大学国际教育学院留学生参加数字中国智库联盟成立大会

此次活动使得贵州大学留学生一览中国大数据发展的风采，他们对《数权法 1.0》在智库合力中将发挥的作用以及《数权法 1.0》将为贵州贵阳大数据的发展提供什么样的智力支撑有了全新的认识。留学生在大会现场表现优秀，展示出知华、友华、爱华的高素质国际友人形象，获得了大会主办方的高度赞赏。

17. 2020 年贵州大学国际教育学院留学生参加茶文化社会实践活动

　　2020 年 4 月 26 日，贵州大学国际教育学院党委书记晋克俭、党委副书记甘孝琴带队，带领 4 名农科类在校硕士、博士留学生到花溪区燕楼镇贵州天意燕楼古茶有限公司参加茶产业社会实践活动。

留学生们参加茶文化社会实践活动

　　4 月 26 日，师生代表团一行 11 人抵达贵州天意燕楼古茶有限公司，参观了该公司的加工厂，观看制茶过程。贵州大学茶学院院长吕立堂为留学生们讲解了茶叶的六大基本种类和名茶代表，介绍不同茶类的制作方法。留学生们现场观摩筛选、晾晒、翻炒、揉捻等制茶过程，不时询问细节。

　　留学生们走进农村、走进茶企、采摘燕楼古茶，认真听茶专家对茶知识的讲解。此次活动让学生收获满满，他们表示回到校园后要更好地学习如何将知识转化为生产力，学习中国经验，为服务本国经济社会发展，促进中国与自己国家的文化、经济交流奠定基础。

18. 2020 年贵州大学国际教育学院留学生参加苗族风俗文化体验活动

2020 年 11 月 7 日和 8 日应铜仁市文体广电旅游局的邀请，由贵州大学国际教育学院汉语教师袁希文、徐凯琳带队，来自孟加拉国、哈萨克斯坦、法国、泰国、巴基斯坦和刚果等国的 10 名汉语、英语较好的优秀留学生骨干组成的队伍前往铜仁市松桃苗族自治县参加苗族风俗文化体验活动。

贵州大学国际教育学院留学生参加苗族风俗文化体验活动

在为期两天的文化体验活动中，留学生们参观了西南地区苗族留存至今唯一一座保存得较好的集政治、经济、文化、军事和建筑于一体的古苗寨苗王城，此外，他们还参观了松桃苗族文化陈列馆和具有"中华神州第一奇"美誉的潜龙洞。

留学生们实地参观了原始的苗家寨子、吊脚楼，了解了苗家建筑、人文地理，品尝了苗家传统佳酿，体验了松桃苗族的传统服饰，了解了松桃苗族的生活生产环境、文化源流、氏族部落、祭祀文化、苗族风俗、生产生活用具等。通过实地体验原生态的苗族文化，留学生们对贵州的文化习俗、风土人情有了更进一步的了解，对多彩贵州有了新的认知。

19. 2021 年贵州大学国际教育学院举办"贵州大学第五届留学生国际汉语文化节"

为丰富贵州大学留学生的寒假生活，增进留学生之间的相互联系和友谊，激发贵州大学留学生学习汉语的热情，促进留学生学习中国文化的积极性，喜迎 2021 年中国传统佳节——春节，贵州大学国际教育学院于 2021 年寒假举办了"贵州大学第五届留学生国际汉语文化节"之"迎新春"线上语言文化系列活动。本次活动共分为"迎新春——送祝福"线上软硬笔书法比赛和"迎新春——我喜欢的中文歌"线上中文歌曲比赛两个部分。活动得到了贵州大学留学生的积极响应。

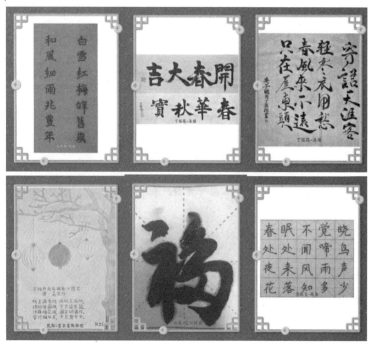

"迎新春——送祝福"线上软硬笔书法比赛作品展

在"迎新春——我喜欢的中文歌"比赛中，留学生们用各自喜爱的中文歌曲表达了对老师、同学们的新春祝福以及对中国文化的热爱，同时也展示了留学生学习汉语的成果。越南的留学生阮氏华说："我虽然是在家通过网课学习汉语，但也不想错过学校在线上举办的活动。"越南的留学生阮红玉说道："希望 2021 年雨过天晴，一切都会变好！"留学生们纷纷带来了《阳光总在风雨后》《小幸运》《你的答案》《重返十七岁》《少年》《我可以》《没那么容易》《朋友》等众多脍炙人口、耳熟能详的经典中文歌曲。

20. 2021 年贵州大学国际教育学院开展"感知中国——走读贵州少数民族新农村"好花红文化体验活动

为了让在校留学生了解中国的新农村建设和贵州少数民族文化，2021 年 3 月 26 日，贵州大学国际教育学院组织 34 名留学生和 2 名外籍教师前往贵州省惠水县好花红镇好花红村实地参观。

到达好花红村后，大家首先参观了民族文化博物馆。富有民族特色的服饰、保存完好的农作工具让留学生一再驻足拍照，特别是导游对当地民族文化、民族特色的讲解，更是吸引着大家。

随后，大家游览美丽乡村，留学生被当地美丽的风景深深折服，徜徉在乡村美景之中，有的留学生还与当地村民亲切交流。

留学生们参观了当地布依族风格保存得最为完整的古居民建筑——中华布依第一堂屋，此外还参观了当地原汁原味的布依古民居全木架砖混墙体结构的叶辛作品阅览室、国家非物质文化遗产"枫香印染技艺"的枫香小院，对贵州布依族的文化习俗、风土民情有了更深的了解。

留学生合影留念

通过此次活动，留学生们对贵州布依族传统文化有了更深刻的认识，对贵州农村的改变和发展有了更直观的了解。他们希望学院多组织这样的活动，让他们有更多机会了解贵州，了解中国，同时还能学习到中国文化。

21. 2021 年贵州大学国际教育学院留学生到贵州经贸职业技术学院参加文化交流活动

2021 年 4 月 29 日，贵州大学国际教育学院应邀组织来自 11 个国家的 15 名留学生前往都匀与贵州经贸职业技术学院师生开展文化交流活动。

4 月 29 日上午，留学生参加贵州经贸职业技术学院组织的以"中国职业教育发展"为主题的茶旅产业链与教育教学融合发展论坛。

4 月 29 日下午，围绕茶制作技艺与茶文化交流培训学习，留学生与贵州经贸职业技术学院茶学专业师生开展了茶文化交流活动。

此次文化交流活动深受双方师生喜爱。贵州大学留学生表示，希望学校多开展此类活动，以便他们更好地学习更多的中国文化，丰富他们来黔留学生活，使他们更好地认识当代中国、当代贵州。活动的成功举办也让贵州经贸职业技术学院师生感受到多元丰富的国际文化。此次活动是贵州大学积极服务地方兄弟院校、服务贵州的具体体现。

留学生们体验"炒茶"

22. 2022 年贵州大学国际教育学院组织开展放风筝活动

 2022 年 4 月 3 日，春风暖阳正浓时，碧蓝苍穹下，在贵州大学西校区大门右侧的广场上，留学生们正在忙碌着放飞手里的"燕子""蜻蜓""笑脸"等各种样式的风筝。2022年 4 月 3 日正值我国传统节日清明节放假期间，为缓解留学生们因疫情长期不能回国的心理压力，让留学生体验我国传统节日清明节的习俗文化——放风筝，贵州大学国际教育学院组织留学生开展了放风筝活动。此次活动由贵州大学国际教育学院党委副书记甘孝琴带队，辅导员及 30 余名留学生参与。

贵州大学国际教育学院留学生体验制作和放飞风筝的快乐

留学生合影留念

 4 月 3 日整个下午，留学生们玩得不亦乐乎，五彩缤纷的风筝一个接着一个都飞上了天，风筝载着留学生们的心愿与梦想，越飞越高，尽情翱翔。留学生妮鲁说，这是她第一次放风筝，很开心。莫希娜说，她放风筝的时候，有种她自己在天空中飞翔的感觉，她觉得放风筝很幸福。学院还准备了小礼品，赠送给风筝放得最高的同学。

23. 2022 年贵州大学国际教育学院留学生参加首届"匠行月"技能体验活动

2022 年 5 月 10 日，贵州大学国际教育学院应贵州经贸职业技术学院的邀请，组织 8 个国家的 15 名留学生赴都匀参加贵州省黔南布依族苗族自治州"职教周"暨贵州经贸职业技术学院首届"匠行月"活动。

留学生参加首届"匠行月"技能体验活动

5 月 10 日上午，留学生们参观贵州经贸职业技术学院举办的职教成果展，在现场纷纷参与苗族刺绣、中医诊疗、特色饮食制作等技能体验。下午是茶和微缩景观制作实践体验，在制茶师的指导下，留学生们亲手体验杀青、揉捻、做型、提香等制茶工艺环节，享受制茶乐趣。

留学生们体验苗族刺绣

本次活动题材多样，留学生的参与度极高。本次活动让留学生们感受到了"生活很美好"。也拓宽了他们的视野，让他们对中国文化、贵州少数民族文化、贵州职业教育发展有了更加真切和直观的了解。

24. 2022 年贵州大学国际教育学院留学生参加高校国际学生职业教育体验活动

2022 年 6 月 8 日至 9 日，在贵州省教育国际交流协会的统筹协调下，贵州大学组织来自 16 个国家的留学生代表到贵州工业职业技术学院和安顺市职业技术学院参观交流。

6 月 8 日上午，留学生们到贵州工业职业技术学院赛训中心观摩工业机器人轮毂加工过程，感受先进智能制造技术的魅力；之后到双创中心，与大厅机器人热情互动，并参观了 3D 打印馆。

留学生参加高校国际学生职业教育体验活动

活动结束前，贵州工业职业技术学院为留学生们颁发了职业教育体验证书并合影留念。

留学生合影留念

6 月 8 日下午，留学生们来到了安顺职业技术学院。在安顺职业技术学院学生活动中心，留学生们体验了书法、围棋、刻纸、古典舞等丰富多彩的职教文化。

留学生体验古典舞　　　　　　　　　　留学生体验"茶艺"

留学生们于 6 月 9 日上午上蜡染文化课和中医文化体验课，下午观看屯堡地戏表演。

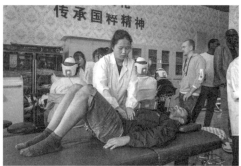

留学生观看屯堡地戏表演　　　　　　　留学生体验中医文化

两天的职业教育体验活动丰富多彩，留学生们走进校园了解两所职业学院特色专业，通过参观实训基地，上职教课，体验各种文化活动，对贵州的职业教育发展现状和职业教育建设成果有了全新的认识。

高校国际学生职业教育体验活动合影留念

三、赛事风采

1. 2014 年贵州大学留学生在东盟留学生汉字听写大赛中喜获佳绩

2014 年 9 月 4 日，第七届中国 - 东盟教育交流周系列活动之东盟留学生汉字听写大赛在遵义师范学院音乐厅隆重举行。大赛吸引了来自越南、柬埔寨、老挝、印度尼西亚、马来西亚等 5 个国家 70 多名留学生积极参与，他们分别是贵州大学、贵州民族大学、乐山师范学院、湖北大学等省内外 10 所高校的留学生。

本次东盟留学生汉字听写大赛旨在"享汉字之美，展勤学成果"，让东盟留学生更加深入了解中国文化，扩大知识面，为促进中国 - 东盟交流奠定基础。

留学生合影留念

贵州大学代表队由来自越南、柬埔寨和泰国的留学生组成，他们在比赛中的优异表现充分展现出贵州大学东盟留学生的风采，经过层层对决，最终获得团体一等奖，越南留学生阮娇芝获得个人二等奖。

2. 2014年贵州大学国际教育学院留学生足球队蝉联体育节足球赛冠军

2014年11月3日，贵州大学体育节足球比赛决赛在贵州大学北校区体育场拉开帷幕。贵州大学国际教育学院足球队员刻苦奋战、顽强拼搏、坚持不懈，最终以2:0打败对手机械工程学院代表队，成功卫冕，实现贵州大学体育节足球赛两连冠。

贵州大学国际教育学院留学生足球队合影留念

11月3日下午，比赛在裁判吹的一声哨响中开始了。贵州大学国际教育学院队员很快进入状态，在对面禁区内不断制造威胁，开场十分钟便获得一次角球机会，但由于机械工程学院防守太严，未能实现进球。之后双方便在中场周旋。上半场双方势均力敌，以0:0暂告一段落，进入中场休息。

下半场一开始，贵州大学国际教育学院球员连续发起进攻，逼得对方防线几近崩溃。比赛在第65分钟时，对方一名球员犯规收到黄牌提示，贵州大学国际教育学院球员将球传到禁区，不料被对方后卫踢出底线，队长童达此时站出来踢第二个角球，只见童达踢出个弧度很小的角球在空中划开，球要到球门前时前锋宋章纳纵身一跃，一个完美的头球将球送进了球门。这个完美的进球引得观众尖叫连连，纷纷叫好。手握一球的优势后贵州大学国际教育学院球员完全放开了踢，很快就掌握了比赛的节奏。在第80分钟时，宋章纳在前场接到后场的解围长传，单刀直入的反攻一脚爆射，梅开二度，最终将比分锁定在2:0。

3. 2014 年贵州大学国际教育学院举办留学生"我的梦想与中国"主题演讲比赛决赛

2014 年 12 月 12 日，贵州大学国际教育学院留学生"我的梦想与中国"主题演讲比赛决赛在贵州大学文化书院勉学堂举行。贵州大学副校长宋宝安出席本次比赛。

宋宝安做赛前致辞，他向进入决赛的 15 位选手表示祝贺，并预祝贵州大学国际教育学院留学生"我的梦想与中国"主题演讲比赛取得成功。

演讲比赛决赛现场

本次入围决赛的 15 位选手共来自 9 个国家，他们怀揣着一个个打动人心的汉语梦、中国梦。决赛分为初级组和中、高级组进行角逐，有演讲和评委问答两个环节。经过紧张而激烈的角逐，来自斯里兰卡的丁闭月同学以及老挝的张源同学以精彩的表现分别夺得本次比赛初级组和中、高级组一等奖。

本次留学生"我的梦想与中国"主题演讲比赛是贵州大学国际教育学院庆祝孔子学院成立十周年系列活动之一，充分激发了学生学习的积极性，开启了一扇了解留学生学习和生活的大门，培养学生知华、爱华、友华意识。

4. 2014 年贵州大学留学生参加东盟留学生中国文化知识大赛

　　第七届中国 - 东盟教育交流周系列活动之东盟留学生中国文化知识大赛，在贵州师范学院逸夫楼演播大厅顺利举行。来自贵州省内外 10 所高校代表队共计 30 名留学生参加了本次比赛。

东盟留学生中国文化知识大赛现场

　　本次大赛以"了解中国、品味文化"为主题，旨在帮助东盟各国青年学生更加深入了解中国，为增进中国和东盟各国的相互信任和世代友好奠定基础。同时，本次大赛也为东盟国家留学生提供了展示汉语能力的舞台，激励学生学习汉语的热情和兴趣。

贵州大学代表队荣获一等奖

　　贵州大学代表队由 3 名来自越南的留学生组成，他们在大赛各个环节中赢得了在场观众的阵阵喝彩。经过精彩激烈的角逐，贵州大学代表队以 405 分的优异成绩获得了东盟留学生中国文化知识大赛一等奖。

5. 2015 年贵州大学留学生在东盟留学生汉字听写大赛中喜获佳绩

　　第八届中国 - 东盟教育交流周之东盟留学生汉字听写大赛在遵义师范学院音乐厅隆重举行。来自泰国、印度尼西亚、柬埔寨、马来西亚、越南、老挝 6 国的留学生齐聚一堂，分别代表贵州大学、贵州民族大学、西南大学、桂林理工大学等 10 所贵州省内外高校参赛，共同感受源远流长的中华文化，体验丰富多彩的汉字之美。

留学生在东盟留学生汉字听写大赛中合影留念

　　第八届中国 - 东盟教育交流周于 2015 年 8 月 3 日在贵阳开幕，以"互学互鉴、福祉未来"为主题。此次东盟留学生汉字听写大赛由外交部、教育部、贵州省人民政府主办，遵义师范学院承办，是第八届中国 - 东盟教育交流周的子项目之一。

　　贵州大学代表队由来自越南、柬埔寨和泰国的留学生组成，他们在比赛中的优异表现充分展现了贵州大学东盟留学生的风采，经过层层对决，最终获得团体二等奖，越南留学生阮兰英获得个人一等奖。

6. 2015 年贵州大学国际教育学院举办第二届留学生"我的梦想与中国"主题演讲比赛

2015 年 11 月 20 日，贵州大学国际教育学院第二届留学生"我的梦想与中国"主题演讲比赛决赛在贵州大学慎思楼模拟法庭隆重举行。

贵州大学国际交流与合作处处长洪云、保卫处处长叶明、人文学院院长庄勇、国际教育学院

赛后合影

院长张成霞和副院长梁雪出席本次比赛并担任评委。张成霞在赛前致辞，向进入决赛的 14 位选手表示衷心的祝贺，并预祝贵州大学国际教育学院第二届留学生"我的梦想与中国"主题演讲比赛取得圆满成功。

本次入围决赛的 14 位选手来自 9 个国家，他们每个人都自信满满。本次演讲比赛，旨在让千里迢迢来到贵州大学学习的留学生感受中国文化和中国精神，让他们发掘自己内心怀揣的"中国梦"和讲述自己寻梦的历程，让他们表达对中国的热爱；同时，激发他们学习汉语的积极性，提高学习汉语的兴趣，树立知华、爱华、友华的意识。

第二届留学生"我的梦想与中国"主题演讲比赛现场

7. 2016 年贵州大学留学生在第二届"留动中国——在华留学生阳光运动文化之旅"比赛中喜获佳绩

第二届"留动中国——在华留学生阳光运动文化之旅"的比赛历时 3 天，于 2016 年 6 月 26 日在重庆落下帷幕。本次比赛共有来自重庆、贵州、广西、云南、四川、江西、海南、湖南 8 省（区、市）的 23 支在华留学生队伍参加。贵州大学国际教育学院党委副书记甘孝琴带队到重庆参加比赛，在此次 3 个项目的比赛中，贵州大学代表队获得了体育艺术、3×3 篮球两个单项第三名和团体总分第四名的好成绩。

贵州大学留学生在比赛中获奖

"留动中国——在华留学生阳光运动文化之旅"比赛，秉承"体育搭台、文化唱戏、团队合作、中外融合"的理念，旨在切实实施《留学中国计划》，全面提升来华留学生影响力。贵州大学代表队由 8 名来自法国、墨西哥、老挝、泰国、意大利、捷克、立陶宛等 7 个国家的留学生和 2 名中国学生组成。在体育艺术展示环节，贵州大学留学生集体精彩的刀术表演，赢得全场观众的阵阵喝彩。表演中他们如猛虎下山，步点灵活；大刀耍得干净利落，中华武术的神韵，在手起刀落中跃然眼前。他们的表演丝毫不会让人觉得他们是只学了一个月中华刀术的"外国人"。在 3×3 篮球赛中，贵州大学选手团结一心，顽强拼搏。最终，贵州大学代表队获得两个单项都是第三名的好成绩。

8. 2017 年贵州大学国际教育学院举办第三届留学生"留学、成长、梦想"主题演讲暨征文比赛

2017 年 5 月 24 日，由贵州大学国际教育学院主办的第三届留学生"留学、成长、梦想"主题演讲暨征文比赛在贵州大学北校区管理学院 302 报告厅隆重举行。贵州大学哲学与社会发展学院院长庄勇、保卫处处长叶明、党委宣传部副部长唐娟、国际教育学院院长张成霞出席比赛并担任本次比赛的评委。

来自老挝、泰国、柬埔寨、越南、蒙古国、哈萨克斯坦、哥伦比亚和加拿大的 14 名留学生进入本次演讲比赛决赛。比赛分为初级组和高级组进行，初级组共有 6 名选手，高级组共有 8 名选手。各组比赛又分为选手演讲和评委问答两个环节。经过紧张而激烈的角逐，蒙古国的安齐木和泰国的丁莲仙分别夺得本次比赛初级组和高级组一等奖。

评委与参赛选手合影

活动现场还给第三届留学生"留学、成长、梦想"主题征文比赛获奖的同学进行了颁奖。本次活动旨在让千里迢迢来到贵州大学学习的留学生在学习之余，通过多样的课余活动感受中国文化，分享自己的留学经历，表达他们对中国的热爱和对中华文化的感悟。本次活动提高了留学生的汉语口语综合能力，激发了留学生学习汉语的兴趣，丰富了留学生的课余生活，营造了浓厚的校园文化气氛，同时也为留学生们提供了表达和展现自我的舞台，让留学生学在贵大、圆梦贵大。

9. 2017 年贵州大学留学生东盟留学生汉字听写大赛中喜获佳绩

2017 年 9 月 20 日至 21 日，贵州大学国际教育学院院长张成霞、对外汉语教师钟晓路带领本学院留学生陈文萍（柬埔寨）、安吉拉（泰国）、范氏翠花（越南）、梅香璃（越南）、罗文（老挝）前往遵义师范学院参加东盟留学生汉字听写大赛暨东盟留学生教学与管理经验交流会。

比赛在经过三轮的精彩角逐后，贵州大学东盟留学生代表团获得团体二等奖，来自柬埔寨的留学生陈文萍获得个人二等奖。

贵州大学获奖学生与老师合影留念

张成霞参加了东盟留学生教学与管理经验交流会，就贵州大学在留学生培养和管理方面的经验与存在的问题与各兄弟院校进行交流讨论和经验分享。

10. 2017 年贵州大学留学生在"留学中国梦"中文演讲比赛中荣获一等奖

　　2017 年 9 月 22 日，第十届中国 - 东盟教育交流周全年期活动之"留学中国梦"中文演讲暨征文大赛在遵义医学院顺利举办。中国 - 东盟教育交流周组委会执行秘书长刘宝利、贵州省教育厅副巡视员龚宁、遵义医学院校长喻田出席开幕式并致辞。遵义医学院副校长余昌胤主持开幕式。本次大赛主题为"进步 挑战 发展 成功"，共有 14 个国家 100 余名优秀留学生参加比赛。

　　比赛经过激烈的角逐，贵州大学国际教育学院泰国籍留学生高勇娜凭借绝佳表现，脱颖而出，斩获一等奖。

高勇娜代表贵州大学参加比赛

11. 2017 年贵州大学留学生在"汉语桥·2017 全球外国人汉语大会"比赛中喜获佳绩

"汉语桥·2017 全球外国人汉语大会"有来自 60 多个国家 108 名汉语爱好者参赛。他们在高强度的赛制下参加了团体赛和个人赛。此次比赛考查了外国人的汉语听说读写能力、中国国情知识、文化技能和对中华文化的理解与实际运用能力。

由来自柬埔寨的陈文萍、哥伦比亚的罗杜安以及意大利的吕梦秋组成的贵州大学代表队出战汉语大会。贵州大学代表队顺利通过层层筛选，从众多队伍中脱颖而出，晋级全球 36 强团体赛，赴北京参加"汉语桥·2017 全球外国人汉语大会"团体决赛阶段的录制。团体赛后，贵州大学代表队的 3 名留学生都顺利进入全球个人赛 108 强，最终柬埔寨的陈文萍全程参加了个人赛的角逐。贵州大学代表队在比赛中表现出色，荣获优秀组织奖，留学生陈文萍、罗杜安和吕梦秋荣获优秀参与奖，贵州大学国际教育学院舒越老师荣获优秀辅导教师奖。

贵州大学留学生参加"汉语桥·2017 全球外国人汉语大会"比赛

本届汉语大会融竞技性、益智性、文化性、表演性、互动性为一体，以"学好汉语、读懂中国"为宗旨，通过汉语这座桥梁让全球喜爱中国汉语的外国朋友读懂中国，了解中国，爱上中国。评委们对贵州大学留学生都给予极高的评价，评委杨雨（中南大学教授）表示："贵州大学今天在场上的表现可谓是光芒四射，无论是才学还是才艺，我觉得都是发挥得淋漓尽致，尽管今天跟这一场的擂主失之交臂，但是江东子弟多才俊，卷土重来未可知，期待你们卷土重来。"

12. 2018 年贵州大学留学生在第十一届中国 - 东盟交流周多项留学生中文竞赛中喜获佳绩

2018 年 9 月 13 日，贵州大学国际教育学院院长张成霞、对外汉语教师龚豫湘带领贵州大学老挝籍留学生张金树、可马里，印度籍留学生张德江代表贵州大学前往遵义医学院参加第十一届中国 - 东盟教育交流周"诗琳通公主杯"中文演讲暨征文大赛——"留学中国梦"。经过紧张精彩的角逐后，张金树的《缘起中国茶》和张德江的《我的梦想与中国》获得演讲大赛一等奖，可马里的《走进中国，放飞梦想》获得演讲大赛三等奖，唐颖、钟晓路、梁玉豪被评为优秀指导教师。

贵州大学获奖学生与教师合影

在征文大赛——"留学中国梦"中，罗杜安（哥伦比亚）的《梦想的故事》、阮翠恒（越南）的《一个越南女孩儿的中国梦》荣获一等奖，张金树（老挝）的《缘起中国茶》荣获二等奖，陈文萍（柬埔寨）的《我的华校梦》荣获三等奖，王玉华（柬埔寨）的《我的中国留学之路》荣获优秀奖。同时，唐颖、钟晓路、梁玉豪、侯良迪被评为优秀指导教师。

2018 年 9 月 26 日，贵州大学国际教育学院对外汉语教师梁玉豪带领贵州大学留学生陈文萍（柬埔寨）、叶健财（印度尼西亚）、任妮雅（印度尼西亚）代表贵州大学东盟留学生前往遵义师范学院参加东盟留学生汉字听写大赛。最终，贵州大学东盟留学生代表获得团体优秀奖，陈文萍、叶健财、任妮雅均获得个人优秀奖。

13. 2018 年贵州大学留学生在第三届"留动中国——在华留学生阳光运动文化之旅"全国总决赛中荣获第八名

2018 年 11 月 4 日至 7 日，第三届"留动中国——在华留学生阳光运动文化之旅"全国总决赛在北京工业大学举行。此次总决赛有来自西北、东北、东南、西南四大分赛区的前三名队伍和上届总决赛前三甲以及东道主北京工业大学的学生，共计 16 支高校代表队近 200 名中外学生参赛。贵州大学代表队是以西南赛区第三名的成绩进入全国总决赛的。

贵州大学留学生参加第三届"留动中国"全国总决赛

贵州大学留学生由贵州大学国际教育学院党委副书记甘孝琴带队至北京参赛。经过 3 天激烈的角逐，贵州大学留学生团结一致，努力拼搏，比赛中发挥正常，顺利完成每项任务，最终，贵州大学代表队获得定向越野赛第四名、总分第八名的好成绩。

"留动中国——在华留学生阳光运动文化之旅"是由教育部发起、中国大学生体育协会承办、面向近 50 万外国留学生打造的文化活动品牌。

贵州大学代表队通过此项活动，首先，能在全国高校中展示贵州大学留学生积极进取、努力拼搏的精神风貌，让更多的学校和留学生了解贵州大学。其次，贵州大学留学生赛出了友谊，结识了更多的中外朋友，增进了彼此的友谊，学习到更多中国文化知识。最后，能加强贵州大学同各兄弟院校在留学生教学、日常管理、跨文化活动组织等方面的沟通学习，借鉴兄弟院校好的做法和先进的工作理念和思路，对促进推动贵州大学留学生管理工作起到积极的作用。

贵州大学代表队荣获

定向越野赛第四名

14. 2018 年贵州大学留学生在第十一届中国 - 东盟教育交流周留学生羽毛球大赛中喜获佳绩

2018 年 11 月 1 日至 4 日，第十一届中国 - 东盟教育交流周留学生羽毛球大赛在贵州民族大学花溪校区体育馆拉开帷幕，贵州大学的 10 名东盟留学生参加了比赛。

比赛项目有男单、女单、男双、女双、混双 5 个。在比赛中，贵州大学代表队分别与贵阳职业技术学院、遵义师范学院、贵州理工大学以及贵州民族大学的代表队进行比拼，并最终拿下了团体第一名的好成绩。

在最后一天的赛程中，贵州大学国际教育学院院长张成霞出席大赛闭幕式。

此次羽毛球大赛旨在增进中国和东盟各国的了解和友谊，方便开展更务实的教育合作。此次比赛，贵州大学留学生展现了团结协作、积极进取的精神面貌，赛出了水平，也赛出了友谊，更增进了贵州大学与其他院校之间的交流和友谊。

张成霞院长（前排左三）与贵州大学留学生代表队赛后合影留念

15. 2019 年贵州大学举行第三届国际汉语文化节——汉字听写大赛

2019 年 4 月 19 日下午，贵州大学第三届国际汉语文化节——汉字听写大赛在贵州大学西校区明正楼多媒体教室 209 顺利举行。来自泰国、老挝、印度尼西亚、孟加拉国、蒙古国、柬埔寨、哈萨克斯坦等 7 个国家的 24 名留学生参加了本次比赛。贵州大学国际教育学院对外汉语教研室负责人钟晓路、对外汉语教师侯良迪和袁希文担任此次大赛的评委，贵州大学国际教育学院教学科研科科长唐颖、对外汉语教师梁玉豪担任主持人。

本次汉字听写大赛分为团体赛和个人赛。参加团体赛的 24 名留学生共分为 8 个小组，每组 3 人，3 人听写总成绩记为小组成绩。

汉字听写大赛活动现场

经过激烈的角逐，各小组成绩最高者成功晋级，共有 8 名同学参加了第二轮个人赛。最后，来自老挝的留学生组成的"三人团结"组在团体赛中获得一等奖，来自泰国的陈秀文同学在个人赛中获得一等奖。

本次汉字听写大赛旨在巩固留学生学到的汉语知识，寓教于乐，增加留学生学习汉语的乐趣，同时更为 2019 年中国 - 东盟教育交流周汉字听写大赛物色人选。

16. 2019 年贵州大学留学生在第十二届中国 - 东盟教育交流周"文艺汇聚，彰显中国风"中华才艺展示活动中获一等奖

2019 年 6 月 3 日，第十二届中国 - 东盟教育交流周"文艺汇聚，彰显中国风"中华才艺展示活动在贵州财经大学笃行楼 A 栋演播厅隆重举行。本次活动由贵州财经大学主办。贵州省教育国际交流协会会长周宝英，贵州财经大学校长刘雷、副校长杨勇出席本次活动。来自中国海洋大学、柳州城市职业学院、贵州大学等贵州省内外 12 所高校 22 个国家的 200 余名师生参加了本次比赛。

贵州大学国际教育学院组织来自法国、哥伦比亚、俄罗斯、韩国、刚果（布）、老挝、柬埔寨的 7 名留学生参加活动，留学生们凭借朗诵《上下五千年》节目获取本次中华才艺展示活动的一等奖。

贵州大学留学生表演

本次朗诵节目《上下五千年》选取了《关雎》《观沧海》《将进酒》《如梦令》《木兰花》等经典片段，并将中国民间舞蹈、中国武术、笛子、箫、鼓等元素融入其中，使该节目的表演形式多元而立体，充满创意，与众不同，深受在场师生的一致好评。

活动最后，贵州省教育国际交流协会会长周宝英为荣获一等奖的同学颁发荣誉证书。

17. 2019 年贵州大学留学生在"汉语桥"—"诗琳通公主杯"东盟国家在华留学生演讲大赛中荣获二等奖

2019 年 7 月 22 日，贵州大学的印度尼西亚留学生任妮雅、越南留学生阮翠恒参加中国 - 东盟教育交流周之"汉语桥"—"诗琳通公主杯"东盟国家在华留学生演讲大赛决赛。

任妮雅（左）、阮翠恒（右）喜获佳绩

此次大赛由遵义医科大学承办，分初赛、决赛两个部分。仅前期的初赛就吸引了天津大学、华中科技大学、华南理工大学等 21 所全国知名高校的 40 余名来自东盟国家的留学生参赛。经过严格选拔，最终 24 名选手晋级决赛，贵州大学参赛的 2 名选手双双晋级。

贵州大学国际教育学院副院长梁雪受邀担任决赛评委。决赛中，贵州大学的留学生任妮雅以导游带团的形式生动地展示了自己的导游梦，将自己导游梦的缘由娓娓道来，并热情讲述了中国在她的导游梦中的重要地位，最后更是将自己的小小梦想同习近平主席在"亚洲文明对话大会"中提出的"亚洲旅游促进计划"相结合，表达了自己要为亚洲文明的繁荣奋斗的决心。留学生阮翠恒讲述了一个越南女孩的中国梦，她通过对自己和身边同龄人的成长过程进行对比，记录了中国文化在她成长中扮演的重要角色，表达了对中国和中国文化的深深喜爱。

本次决赛除主题演讲环节外，还设有中华知识问答环节。贵州大学的两位选手在该环节均获得满分。最终，两名选手喜获二等奖。此外，贵州大学国际教育学院教师钟晓路、唐颖还获得了大赛组委会颁发的"优秀指导教师"称号。

18. 2019 年贵州大学留学生在中国 - 东盟教育周"我眼中的中国"微视频大赛中喜获佳绩

2019 年 10 月 11 日下午，2019 中国 - 东盟教育周"我眼中的中国"微视频大赛决赛暨颁奖典礼在贵州师范大学举行。贵州大学国际教育学院老挝籍学生明杰、李潘妮和越南籍学生禄文丹共同创作的作品《金筑——体验贵阳》和韩国籍学生朱晟娥的参赛作品《我在贵州大学等你》在大赛中分别获得二等奖和三等奖。贵州大学国际教育学院教师代表侯良迪受邀担任大赛评委。

此次决赛共有 17 个作品参选，贵州大学有 2 个作品参选。比赛分为选手口头展示和视频播放两个环节，最终成绩以前期网络投票得分、选手口头展示得分和视频得分组成。

"我眼中的中国"微视频大赛活动现场

《金筑——体验贵阳》为 1 号展示作品，贵州大学国际教育学院留学生禄文丹以饱满的状态、流畅的语言及甚为幽默的形式为大赛拉开了序幕。作品展示了贵州大学留学生眼中独特的贵阳，李潘妮的演绎及明杰的视频拍摄技术获得了在场评委及师生的热烈掌声。

《我在贵州大学等你》为 16 号展示作品，韩国籍学生全孝恩代表朱晟娥上台展示。该作品表现了贵州大学留学生丰富多彩的校园生活，紧扣"我在贵州大学等你"这一主旨，向在座师生传达贵州大学留学生对母校的深厚感情。

19. 2019 年贵州大学留学生在全国第三届来华留学生征文大赛中获优秀奖

　　2019 年 12 月 20 日，全国第三届来华留学生征文大赛颁奖典礼暨《我与中国的美丽邂逅——来华留学生见证壮丽 70 年》新书发布仪式在教育部留学服务中心举办。贵州大学越南籍留学生阮翠恒凭借《一个越南女孩儿的中国梦》获得优秀奖，贵州大学荣获优秀组织奖。

第三届来华留学生征文大赛颁奖典礼

20. 2019 年贵州大学留学生在中国 - 东盟教育交流周"留学中国梦"征文大赛中喜获佳绩

2019 中国 - 东盟教育交流周"留学中国梦"征文大赛中，贵州大学国际教育学院法国籍留学生丁铭德、印度尼西亚籍留学生任妮娅的作品在比赛中脱颖而出，分别获得二等奖和三等奖。

据悉，此次大赛由中国 - 东盟教育交流周组委会秘书处主办，遵义医科大学承办，旨在增进中国与东盟国家的了解与友谊，便于开展更务实的教育合作，加强区域间人文交流。

丁铭德

任妮娅

21. 2020 年贵州大学留学生在第二届中华经典诵写讲大赛中荣获一等奖

2020 年 8 月，经过严格评比，由教育部、国家语言文字工作委员会主办的第二届中华经典诵写讲大赛落幕。贵州大学国际教育学院组织了来自法国、印度、刚果（布）、俄罗斯、哈萨克斯坦、尼日利亚、孟加拉国、泰国、越南共 9 个国家的 9 名留学生参加该活动。经过各省级初赛，共遴选、推荐入围全国复赛作品 2269 件。经过全国复赛、决赛评审，贵州大学留学生诵读作品《问仁》获得第二届中华经典诵写讲大赛——"诵读中国"经典诵读大赛一等奖。

贵州大学留学生诵读作品《问仁》

本次参赛作品《问仁》为原创作品，该作品创造了类似于古代学宫私塾的环境，通过私塾老师与学生问答，将主题"问仁"贯穿于整个教学过程。《问仁》作品从先秦到唐宋，以中国古代众多经典来对"仁"进行不同诠释，同时，通过穿插不同的表演，如武术、舞蹈、乐器等来丰富节目形式。

22. 2020 年贵州大学留学生在"中国 - 东盟大学生旅游形象大使选拔赛"中荣获二等奖

　　2020 年 11 月 6 日，2020 中国 - 东盟教育交流周"中国 - 东盟大学生旅游形象大使选拔赛"决赛在凯里学院举行。此次大赛分初赛、决赛两个部分。贵州大学国际教育学院组织留学生积极参与校内初赛，经过选拔，丁铭德和妮鲁均晋级决赛。由于受新冠疫情影响，比赛决赛采取线上决赛线下评审的形式进行。来自全国 15 所高校的 20 名选手通过视频进行"自我介绍""旅游推介""才艺展示"，评委在线下观看参赛视频并进行现场打分。决赛中，丁铭德凭借对湄潭天下第一壶进行声色并茂的推介，以及毛笔书写的才艺展示得到了现场评委老师的高度认同。妮鲁通过对安顺黄果树瀑布景点内涵的精准把握以及对中国传统茶艺的精湛展示获得了现场观众的一致称赞。最终，贵州大学的丁铭德和妮鲁均获二等奖的好成绩。

"中国 - 东盟大学生旅游形象大使选拔赛"决赛现场

　　本次比赛为留学生提供了彰显青春风采的平台，让他们表达了对中国的了解，并宣传了中国、东盟各国的旅游文化。

23. 2020 年贵州大学留学生在第四届"来华留学生征文比赛"中获优秀奖

2020 年 12 月 8 日由教育部国际合作与交流司主办、教育部留学服务中心承办的第四届来华留学生征文暨短视频大赛颁奖典礼在线上举行。贵州大学越南籍留学生阮氏秋恒凭借作品《我的爱豆叫阿中》荣获本次比赛的优秀奖。该作品描写了中国的大好河山与人文风情，贵州大学的美丽校园与人文底蕴，以及疫情发生后学校老师的温情关怀与悉心照顾，充分表达了作者对中华文化的热爱之情以及对疫情发生后，中国人民众志成城、共同抗疫的必胜信心。阮氏秋恒是贵州省唯一获得此奖项的留学生。

据悉，本次大赛共收到 100 余所高校报送的 1050 余篇作品，共选出 60 篇获奖作品由人民日报出版社出版为书籍《我与中国的美丽邂逅：我的 2020》，阮氏秋恒的作品《我的爱豆叫阿中》被收录到《我与中国的美丽邂逅：我的 2020》一书。获奖作品还会发布在《人民日报》（海外版）、《神州学人》等媒体上，还有部分作品会发表在"留学中国 study in china"公众号上。

阮氏秋恒

在世界一流学科建设、高水平大学建设的战略布局下，贵州大学留学生在汉语的听、说、读、写等方面，以及在中华文化的感知、体验、演绎等方面，形成了有特色的人才培养建设体系。贵州大学留学生在本次比赛中获奖，进一步彰显了贵州大学留学生的知华、友华、爱华和爱校、爱院、爱师的情感力量与实践作为。

24. 2020 年贵州大学留学生在中国 - 东盟教育交流周演讲大赛及征文中荣获佳绩

在 2020 中国 - 东盟教育交流周"汉语桥"—"诗琳通公主杯"东盟国家在华留学生演讲比赛及 2020 中国 - 东盟教育交流周"风雨同担 携手抗疫——难忘的 2020"征文大赛中，贵州大学国际教育学院越南籍留学生阮氏秋恒凭借作品《我的爱豆叫阿中》荣获演讲比赛一等奖、征文大赛二等奖，孟加拉国的留学生妮鲁凭借作品《温暖的 2020》和印度籍留学生张德江凭借作品《短暂的美丽邂逅，永远的人生回忆》获得征文大赛优秀奖。

受疫情影响，本次演讲比赛在线上进行。演讲中，贵州大学越南籍留学生阮氏秋恒将中国比作偶像，并称其为"阿中哥"，表达了对中国的大好河山与人文风情、贵州大学的美丽校园与人文底蕴的喜爱，以及对疫情发生后学校老师的温情关怀与悉心照顾的感激。阮氏秋恒在演讲时，配有美丽的背景图，获得了评委们的一致好评。

阮氏秋恒在演讲

在征文作品中，阮氏秋恒、妮鲁和张德江三位同学用细腻的笔触细数了疫情期间在中国收获的种种温暖以及来自学校无私的帮助，表达了他们在今后更好地生活、学习的决心和信心。

此次大赛由中国 - 东盟教育交流周组委会秘书处主办，遵义医科大学承办，旨在讲述各国人民在应对新冠疫情时的感人故事，同时弘扬中华文化，彰显汉语魅力，鼓励东盟国家来华留学生积极学习汉语，参与传播中国文化。

25. 2021年贵州大学留学生在中国 - 东盟教育交流周征文大赛中荣获佳绩

2021年11月10日，2021中国 - 东盟教育交流周"同舟共济　未来可期——我的中国故事"征文大赛落下帷幕。在经历了初审、查重、政审、组委会专家匿名评审等严苛选拔后，贵州大学越南籍留学生阮氏秋恒凭借《最感人的应该是"同舟共济，并肩前行"》斩获二等奖，哈萨克斯坦籍留学生美丽、越南籍留学生阮红玉也分别以《同舟共济　众志成城——我与中国同抗疫》《我的留学中国梦》斩获三等奖。

本次大赛由中国 - 东盟教育交流周组委会秘书处主办，遵义医科大学承办。大赛自2021年8月1日启动，吸引了浙江大学、中央民族大学、重庆大学、同济大学、北京语言大学、贵州大学等20余所高校的东盟留学生投稿参赛。

本次活动充分展现了贵州大学留学教育事业取得的成就，展示了优秀留学生的风采，有利于来华留学生对外展示更加真实、立体、全面的中国。

26. 2021 年贵州大学留学生在"汉语桥"—"诗琳通公主杯"东盟国家在华留学生线上视频演讲大赛中荣获三等奖

2021 年 11 月 10 日，遵义医科大学承办的 2021 中国－东盟教育交流周全年期项目"汉语桥"—"诗琳通公主杯"东盟国家在华留学生线上视频演讲大赛决赛成功举办。经过激烈角逐，贵州大学越南籍留学生阮氏秋恒凭借作品《最感人的应该是"同舟共济，并肩前行"》荣获本次比赛三等奖。

在演讲比赛中，阮氏秋恒凭借自己突出的汉语能力和稳定出色的发挥获得评委的高度肯定。在演讲《最感人的应该是"同舟共济，并肩前行"》时，她从中越人民在革命中建立友谊讲起，之后讲述了疫情期间中越两党两国"同志加兄弟"的传统友谊，以及她在中国学习生活期间深切感受到的中国人的温良品质。她将中越两国这份守望相助娓娓道来，真正展现了"同舟共济，未来可期"的大赛主旨，展现了贵州大学留学生的爱华之心。

阮氏秋恒线上视频演讲大赛决赛现场

一直以来，贵州大学积极组织留学生参加各项文化活动，进一步弘扬了中华文化，彰显汉语魅力；形成了良好的中国－东盟青少年交往氛围，有效增进了来华留学生与中国人民的相互了解；推动了来华留学生向世界讲述中国故事，促进了中外学生间的人文交流；培养了外国留学生的知华、友华情怀。

27. 2022 年贵州大学留学生在"国际中文日——诵·中华经典"视频征集活动中荣获最佳表现奖

2022 年 4 月，在"国际中文日"到来之际，中外语言交流合作中心与中文联盟联合推出"诵·中华经典"视频征集活动，贵州大学国际教育学院积极组织学生提交作品参加比赛。经过贵州大学国际教育学院师生的精心准备，留学生柯蕊丝、达石、爱谋、丁铭德、妮鲁、司玮娅、缇娅娜合作完成的朗诵《地球，我的母亲！》和留学生妮鲁的个人朗诵《山泉煎茶有怀》在比赛中脱颖而出，荣获"最佳表现奖"。

柯蕊丝、达石、爱谋、丁铭德、妮鲁、司玮娅、缇娅娜
表演《地球，我的母亲！》

贵州大学留学生通过朗诵近现代诗人郭沫若的著名诗篇《地球，我的母亲！》，来抒发同学们的思乡之情，爱国之情，以及对地球这一人类命运共同体的浓浓

妮鲁体验中国茶道

爱意；展现了当今世界"地球村"的密不可分和息息相关；表达了世界各族人民同舟共济、互帮互助、携手向前的美好愿望。

妮鲁通过诵读作品表达了自己对于中国茶文化的喜爱之情，她表示要把与中国的"茶之缘"分享给更多想要了解中国茶的外国人。

四、交流周掠影

1. 2014年贵州大学留学生参加第七届中国 - 东盟教育交流周开幕式

　　2014年9月1日，第七届中国 - 东盟教育交流周在贵阳国际生态会议中心隆重开幕，中国外交部、中国教育部、马来西亚教育部、柬埔寨教育部、缅甸教育部、东南亚教育部长组织、贵州省人民政府、中国教育国际交流协会、中国 - 东盟高校等重要国家部门领导人、地方政府官员、教育组织、大学校长出席会议。贵州大学越南籍留学生阮中禄作为贵州省优秀东盟留学生专项奖学金生代表发言，他讲述在黔学习和生活感受，鼓励在黔东盟留学生要努力学习，祝愿中国 - 东盟交流与合作日益发展。

第七届中国 - 东盟教育交流周开幕式

　　贵州大学东盟留学生与贵州大学艺术学院声乐专业学生同台献唱《我在贵州等你》。学生们身着色彩缤纷的民族服饰，他们嘹亮动人的美妙歌声，婀娜多姿的绰约舞姿为交流周开幕式增添声色。

2. 2014 年贵州大学承办 "中国 - 东盟青少年趣味体育运动会"

2014 年 9 月 2 日，第七届中国 - 东盟教育交流周系列活动之 "中国 - 东盟青少年趣味体育运动会" 在贵州大学体育馆隆重举行，贵州民族大学、贵州师范大学、西南大学等兄弟院校组队参加。

贵州大学泰国籍留学生作为东盟留学生代表发言，他通过中泰两国生活习惯的迥异，讲述自己在华留学的酸甜苦乐，亲身体会了 "生命在于运动"，更倡议中国 - 东盟青少年通过体育实践来传承体育文化和体育精神。

运动会上，贵州大学泰国籍留学生带来了泰拳表演，同学们将泰拳的古朴粗犷、凌厉干脆表演了出来，充分展示了泰国文化，赢得在场观众的阵阵掌声。来自越南、柬埔寨、老挝、泰国的留学生带来了竹竿舞表演，竹声叮咚，舞步灵动，现场一片欢乐。随后，贵州大学留学生还分组进行了太极拳、长拳、刀术交流学习。

中国 - 东盟青少年趣味体育运动会

此外，贵州大学留学生还参加踢毽子、摇长绳、螃蟹运球等比赛，这些项目的比赛规则是让所有参赛学生重新组队，每队里均有各校参赛队员，这促进了中国 - 东盟留学生的交流，各个学校的学生也扩大了获奖的机会，在竞技之余也能体验胜利的喜悦。

3. 2014 年贵州大学留学生代表参加首届"中国 - 东盟大学生论坛"

2014 年 9 月 2 日，首届"中国 - 东盟大学生论坛"在贵阳国际生态会议中心举行。来自柬埔寨、越南、泰国、老挝以及贵州省内外高校的领导、师生代表进行了主题发言，介绍各自的学校和留学生生活。

贵州大学老挝籍留学生黄金以"我的贵大生活"为主题发表了演讲。黄金是贵州大学 2013 届中国政府奖学金学生，他图文并茂地讲述了自己来到贵州大学一年的学习和生活记忆与感受。他说："一开始我一句汉语也不会讲，我以为来到这里我会很孤独，但是老师很关怀我们，有很多教我们学好汉语的办法，我们留学生之间也互相帮助，我觉得一点也不孤独。"

贵州大学留学生代表参加首届"中国 - 东盟大学生论坛"

此外，与会代表还就医学教育、留学生管理、科学研究等方面进行了广泛深入的探讨。中国 - 东盟教育交流周是个分享经验、拓展合作的重要平台，高校可借此平台进行校际交流，中国和东盟各国也可借此平台促进互补协作、资源共享、互利共赢，不断提升双方的教育发展水平，争取共同繁荣。

4. 2017 年贵州大学留学生参加"中国 - 东盟教育交流周十周年庆典晚会"

2017 年 7 月 27 日晚,"中国 - 东盟教育交流周十周年庆典晚会"在贵阳举行。10 年前,中国和东盟以"人文交流"为基础,共创中国 - 东盟教育交流周,10 年来中国和东盟的教育合作硕果累累,成效日益显著。晚会分为开放之路、文明之路、和平之路、创新之路、繁荣之路 5 个篇章。

留学生表演《东方神韵》

庆典晚会上,贵州大学有两个表演节目。一是由 12 名老挝籍留学生表演的集中国武术、古典舞蹈和川剧于一体的《东方神韵》;二是老挝、柬埔寨、越南籍留学生参加合唱中国 - 东盟教育交流周之歌——《梦想之路》。

留学生合唱《梦想之路》

5. 2017 年贵州大学留学生参加中国 - 东盟青年携手未来论坛

2017 年 7 月 29 日，互学互鉴，携手前行——中国 - 东盟青年携手未来论坛在贵州大学文化书院勉学堂隆重举行。贵州大学国际教育学院派出老挝、越南、柬埔寨籍留学生参加论坛活动，老挝籍留学生许诺作为主讲嘉宾发言。

中国 - 东盟青年携手未来论坛合影留念

留学生许诺在活动现场发言

中国和东盟十国的百余名青年代表欢聚一堂，交流探讨，共叙未来。论坛围绕中国和东盟青年的留学成长、文化交流、互学互鉴、未来发展等方面展开了热烈的讨论。各国代表踊跃发言，有的分享自己的留学经历，有的分享自己对各国文化的理解，有的赞叹中国经济社会的迅速发展并表示中国经济社会的发展具有借鉴意义，有的分享在东盟各国交流期间的精彩故事，更有东盟青年表达愿意留在中国并融入"大众创业，万众创新"的浪潮之中……

6. 2018 年贵州大学留学生在第十一届中国 - 东盟教育交流周开幕式上表演

在第十一届中国 - 东盟教育交流周开幕式上，贵州大学哈萨克斯坦籍留学生梅花和其他 9 名留学生一起为 3000 多位来自不同国家的嘉宾们共同演绎了经典的中国传统戏剧节目——《岳母刺字》。

中国传统戏剧节目《岳母刺字》表演现场

7. 2018 年贵州大学国际教育学院承办"感知中国：中国 - 东盟青年经贸发展论坛"

2018 年 10 月 25 日至 26 日，来自 14 个国家的 90 名中国政府奖学金生在贵阳参加为期两天的"感知中国：中国 - 东盟青年经贸发展论坛"活动。

本次活动由国家留学基金管理委员会、中国 - 东盟教育交流周组委会秘书处主办，贵州大学国际教育学院、经济学院承办。活动旨在创建一个交流平台，引导青年学子客观认识双方经贸合作成果，鼓励其对中国 - 东盟经贸合作新格局的持续关注和研究。

"感知中国：中国 - 东盟青年经贸发展论坛"合影留念

10 月 26 日全天，在贵州大学国际教育学院教师的带领下，中国 - 东盟青年来到花溪大学城先后参观考察了贵州数字经济展示中心、贵州贝格大数据公司和贵州数据宝网络科技有限公司，并认真听取贵州数字经济相关情况的介绍。学生们深刻感受到大数据为经济发展带来的便利。

开幕式合影留念

通过本次论坛活动，留学生们不仅获得了理论知识，也在社会实践和参观考察中增长了见识，深刻体会到中国经济的高速发展，感知到人才对经济发展的重大作用。

8. 2019 年贵州大学留学生参加"中国 - 东盟大学生旅游形象大使"黔东南景点推介活动

2019 年 5 月 9 日至 5 月 13 日，贵州大学泰国籍留学生郭莉莉作为旅游形象大使参加了"中国 - 东盟大学生旅游形象大使"黔东南景点推介活动。

本次活动为 2018 年 10 月 19 日在凯里学院举行的第十一届中国 - 东盟教育交流周"中国 - 东盟大学生旅游形象大使选拔赛"的后续活动。贵州大学、贵州师范学院、凯里学院、铜仁学院、四川交通职业技术学院的 10 位获得 2018 年"中国 - 东盟大学生旅游形象大使"称号的留学生参加了此次活动。

本次活动分别在黔东南苗族侗族自治州的肇兴侗寨、镇远古镇、西江千户苗寨、下司古镇进行了景点推介及拍摄活动。

活动过程中，留学生们对景点的历史风俗进行了解，与当地居民、游客进行互动，感受了地方特色美食与服装。在照片、视频的拍摄过程中，留学生们以青春活力的状态、用自己独特的方式表达了对贵州的热爱。

留学生郭莉莉作为旅游

形象大使参加景点推介活动

留学生们通过本次活动对贵州省黔东南苗族侗族自治州的重要旅游景点进行了很好的推广和宣传，有利于加深他们对贵州的民族文化、山水风情有更深刻的体验和理解。

五、教育管理

1. 贵州大学国际教育学院开展暑期线下汉语文化课程

　　为丰富在校留学生 2020 年暑期生活，加强留学生对中国文化的全面认识，贵州大学国际教育学院自 2020 年 7 月 27 日至 8 月 14 日开展了丰富多彩的暑期线下汉语文化课程。本次文化课程共开展 11 次，包括"中国词汇文化""贵州美食简介""室内趣味游戏体验""鸟瞰中国——中国风景介绍""听歌学汉语""中国影视作品概览""妙手回春话中医""中国书法赏析与练习""中国剪纸""中国动画""中国民间舞"。此次课程形式多样、内容丰富，是一场全方位的中国文化"盛宴"。

美食、剪纸、书法文化体验现场

　　此次暑期线下汉语文化课程将中国文化知识和实践应用相融合，充实了留学生的假期生活。留学生对中国文化的兴趣愈加浓厚，对中国文化的理解和认识有了提升。

2. 贵州大学国际教育学院开设"书记公开课"

　　为积极参与到学校"三全育人"综合试点建设，做好贵州大学留学生的人才培养工作，2020年11月12日上午，贵州大学国际教育学院在贵州大学西校区崇文楼532多媒体教室为全体在校留学生举办了题为"师生同心，共同战'疫'"的公开课。本次主讲人为贵州大学国际教育学院党委书记晋克俭，贵州大学国际教育学院全体教职工参会学习。

　　课上，晋克俭书记与全体参会人员一起回顾了在疫情最艰难时期、疫情缓解时期、疫情防控时期在校留学生的基本情况、学院开展的各项防控措施、留学生参与疫情防控情况。她强调，培养具有专业素质、抗压能力和跨文化交际能力的优秀国际人才是贵州大学国际教育学院育人的使命和职责，也是推进学校国际化办学和助力学校"双一流"建设的前进动力。她表示，在推动构建人类命运共同体的新征程中，我们回归教育初心，我们与来自世界各国的留学生同在，为构建人类命运共同体一起努力、一起奋斗。

晋克俭书记上"书记公开课"

　　此外，晋克俭书记还重点围绕留学生关心的话题与留学生进行面对面交流、互动。

　　留学生们认真听课，纷纷表示：感谢学校的关怀、老师的辛勤付出，在校期间会严格遵守学校疫情防控规定和各项规章制度，共同建设文明校园、安全校园；也会努力学习各项本领，提升自己的跨文化交际能力，努力成为一名合格的国际人才。

3. 贵州大学国际教育学院开设"院长公开课"

为做好留学生贵州省情教育，丰富留学生的课余生活，扩展留学生的文化知识，2020年12月18日下午，贵州大学国际教育学院在贵州大学西校区明正楼524多媒体教室举办了题为"发现贵州·感知贵州"的"院长公开课"。本次主讲人为贵州大学国际教育学院院长张成霞，贵州大学国际教育学院在校留学生都到现场听课。

张成霞院长上"院长公开课"

听课现场

此次公开课分为"难忘的贵州印象""丰富的自然资源""贵州的经济发展与特色产业""便利的交通"四部分。

最后，张成霞院长与留学生自由互动，她鼓励同学们利用留学机会，到贵州各地多走走，多看看，亲自发现贵州之美，亲身体验贵州的各种民俗活动，回国后多宣传贵州，有机会再来贵州。

4. 贵州大学国际教育学院开展留学生宿舍安全检查工作

　　元旦、春节将至，为落实学校"双节"安全工作要求，进一步提高留学生安全意识和疫情防控意识，确保假期在校留学生安全稳定，2020年12月30日下午，贵州大学国际教育学院党委副书记甘孝琴带领留学生班主任一行10人分3组走访检查了17栋留学生宿舍。

贵州大学国际教育学院老师在检查宿舍前反复强调注意事项

　　本次宿舍安全检查工作的主要事项有：一、再次重申疫情防控要求，有事需外出的学生必须向辅导员或者班主任请假。二、排查学生宿舍用电情况、消防通道及消防设施，对于私拉电线的学生要求立即予以改正。三、再次提醒留学生假期用水用电、防

贵州大学国际教育学院进行学生宿舍安全检查情况

火防盗、网络诈骗等安全须知，离开宿舍要关门、关窗、关水电等。四、了解留学生在校的状态，关心他们的学习生活情况。

　　在走访过程中，班主任对留学生们的留校情况再次进行核对，对排查出的各项安全隐患和反映的问题进行仔细登记并尽快解决。同时，班主任要安抚想家的留学生，再次叮嘱他们应该注意的相关事项，并向他们表达新年的问候。

5. 贵州大学国际教育学院组织在校留学生开展寒假观影活动

为了丰富在校留学生的寒假生活，缓解长期疫情防控所引起的学生心理压力，加强同学之间、师生之间的互动交流，放松学生心情，了解学生动态，贵州大学国际教育学院特为在校留学生策划了集体观影活动。该活动预计在 2022 年寒假期间每周举办一次，影单涵盖不同题材的中国电影（如喜剧片、文艺片等）、综艺节目（如《非正式会谈》《世界青年说》等），由当日值班老师组织学生一同观看，观影结束后老师针对观影内容引导学生展开讨论，创造机会让学生表达内心想法，加强学生之间、师生之间的相互了解。

留学生寒假观影现场

此次观影活动第一期于 2021 年 1 月 28 日顺利举行，学生们在 17 栋留学生公寓一楼 106 值班室和老师一同观看了喜剧片《羞羞的铁拳》，电影一开始就吸引了大家的注意力，观影过程中爆发出阵阵欢笑声，大家也不时对剧情展开讨论，发表自己的看法，气氛十分活跃。

观影活动丰富了留学生的假期生活，为留学生了解中国的电影文化和娱乐文化创造了良好的机会。留学生们可以畅所欲言、表达自己的想法，这在一定程度上也能提高学生的汉语表达能力和理解能力。

6. 贵州大学国际教育学院慰问赤道几内亚留学生

2021 年 3 月 7 日下午，赤道几内亚一座军营发生 4 次巨大爆炸事故，造成重大人员伤亡、大量房屋损毁。

事故发生后，贵州大学国际教育学院高度重视，院党委副书记甘孝琴第一时间安排留学生管理科排查了解赤道几内亚留学生家里情况。贵州大学国际教育学院同时向校领导汇报，分管国际教育学院副校长陈祥盛、分管学生工作副书记令狐彩桃要求国际教育学院跟进、做好学生安抚工作。据排查，贵州大学国际教育学院有 7 名赤道几内亚籍留学生，全部在中国境内，其中，3 名留学生的家人不同程度受伤，3 名留学生的家里有财产损失。

了解情况后，贵州大学国际教育学院立即组织留学生管理科和班主任召开会议，并组织慰问赤道几内亚留学生。

贵州大学国际教育学院慰问赤道几内亚留学生

3 月 8 日，留学生管理科樊昆昆和班主任唐颖来到 17 号留学生公寓，代表贵州大学国际教育学院对赤道几内亚留学生进行慰问。其间，他们深入了解留学生家里具体情况，作好安抚，帮助暂时与家里失联的留学生与家人取得联系，同时，告知留学生有困难及时向学院报告，学院将尽力协助解决。留学生表示，会继续与家人联系，有问题及时向学院报告，同时，非常感谢学院和学校的关心，会尽快调整自己的情绪，投入到新学期的学习中。

贵州大学国际教育学院党委书记晋克俭表示，国际教育学院将按照校领导要求，持续关注 7 名留学生的心理状况，特别是家人受伤情况严重的留学生，继续关怀和疏导学生。

7.贵州大学国际教育学院开展春季学期安全教育活动

2021年4月9日，贵州大学国际教育学院在贵州大学西校区明俊楼519教室举行留学生2021年中国法律法规、贵州大学校纪校规暨安全教育大会。贵州大学国际教育学院党委书记晋克俭、党委副书记甘孝琴出席会议，贵州大学国际教育学院辅导员、班主任和在校留学生参加会议。会议由贵州大学国际教育学院留学生管理科科长李忠红主持，由外国语学院教师黎晓荣翻译。

晋克俭书记发表讲话

晋克俭书记要求同学们认真学习会议内容，规范自己的行为，遵守中国法律法规和贵州大学校纪校规，并代表学院表达了对留学生的关心，祝愿同学们顺利完成学业，取得优异成绩。

甘孝琴副书记向留学生着重

甘孝琴副书记讲解《中华人民共和国出境入境管理法》

讲解《中华人民共和国出境入境管理法》关于非法打工的相关条例，通报了近期留学生非法打工的案件，并宣读了《关于严禁我校留学生非法打工的重要通知》，强调留学生一定要遵守中国的法律法规。她还对学历生和语言进修生的考勤规定分别进行了讲述，要求留学生遵守学校各项纪律。李忠红科长提醒留学生注意个人防护、谨防各种安全隐患。

8. 贵州大学国际教育学院举行"三全育人"外语学习园地活动

刘雨佳介绍尼日利亚

活动合影

2021 年 4 月 27 日晚，贵州大学国际教育学院外语学习园地第三期活动于贵州大学西校区 17 栋学生宿舍 106 多媒体教室举行。本期活动以"走进尼日利亚"为主题，贵州大学国际教育学院的留学生刘雨佳为主讲人。贵州大学国际教育学院辅导员樊昆昆、文学与传媒学院学生科辅导员曹家鹏及文学与传媒学院 30 余名同学参加活动。

活动开始，刘雨佳用英文向在场人员介绍尼日利亚的国旗、现任总统、首都、文化习俗、民族构成、饮食舞蹈和风土人情等基本情况。在互动环节，同学们向刘雨佳请教如何学好一门外语、中国与尼日利亚的不同点等问题，刘雨佳耐心解答。最后大家合影留念。

辅导员樊昆昆说："刘雨佳以对自己祖国的充分了解与热爱为基础，向同学们介绍了尼日利亚，希望同学们以后也能将中国的文化送出国门，发扬光大！"

9. 贵州大学国际教育学院组织开展"读懂中国——走进遵义"社会实践活动

2021年10月15日，贵州大学国际教育学院组织10名留学生，赴遵义开展"读懂中国——走进遵义"社会实践活动。此次活动是贵州大学国际教育学院开展的"读懂中国"系列活动之一，旨在让留学生读懂中国，读懂中国历史，读懂中国共产党且更加深入地了解真实的中国。

活动中，贵州大学国际教育学院党委副书记甘孝琴向留学生们讲述了遵义会议在中国历史上的伟大意义，希望留学生们通过实地学习，了解中国历史，了解真实立体的中国。

留学生参观遵义会议会址

在遵义会议会址，留学生参观了会址大楼和遵义会议纪念馆。通过观看会址的内容介绍和听解说员的讲解，留学生们对遵义会议有了更加透彻的理解，他们对学院精心组织的活动表示感谢。参观遵义会址后，留学生们对中国又有了新的认识，表示将继续认真学习，真正做到"读懂中国"。

留学生认真听解说员讲解

10. 贵州大学国际教育学院举办留学生法律法规及安全教育讲座

2021年10月22日下午，贵州大学国际教育学院留学生法律法规及安全讲座在贵州大学西校区明正楼401多媒体教室举行。花溪区公安分局出入境管理科和松山派出所的3名警官出席讲座，在校40余名留学生及贵州大学国际教育学院部分班主任老师参加了此次讲座，讲座由贵州大学国际教育学院党委副书记甘孝琴主持。

钟丽娟警官宣讲外国人出入境管理法律法规

讲座分为三个部分：第一部分是花溪区公安分局出入境管理科警官钟丽娟给在校留学生宣讲了外国人入境出境管理法律法规。第二部分是松山派出所副所长郑忠平代表辖区公安机关与在校留学生面对面互动，在校留学生还现场填写了回访登记表。第三部分是贵州大学国际教育学院党委副书记甘孝琴讲解校纪校规和作校内安全事项提醒。她从个人信息

甘孝琴副书记讲解校规校纪

安全、疫情防控、冬季用电消防安全等方面向留学生进行了细致讲述和提出要求，对留学生关心的宿舍网络故障问题也及时给予回应。

本次法律法规及安全教育讲座，旨在教育和不断提醒留学生们要遵守我国的法律法规，遵守疫情期间学校各项防控要求，提高留学生们的遵法守法意识和安全意识，以此帮助他们更顺利、更安全地在中国、在贵州大学学习和生活。

第七篇　学生作品

1. 丁铭德书法作品

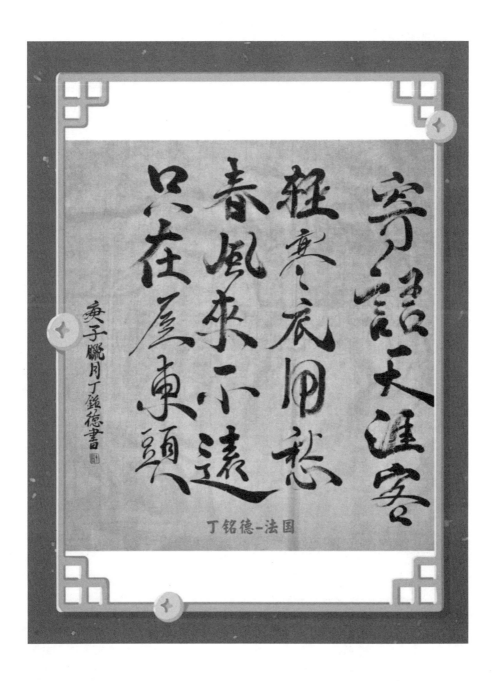

2. 凤巫马书法作品

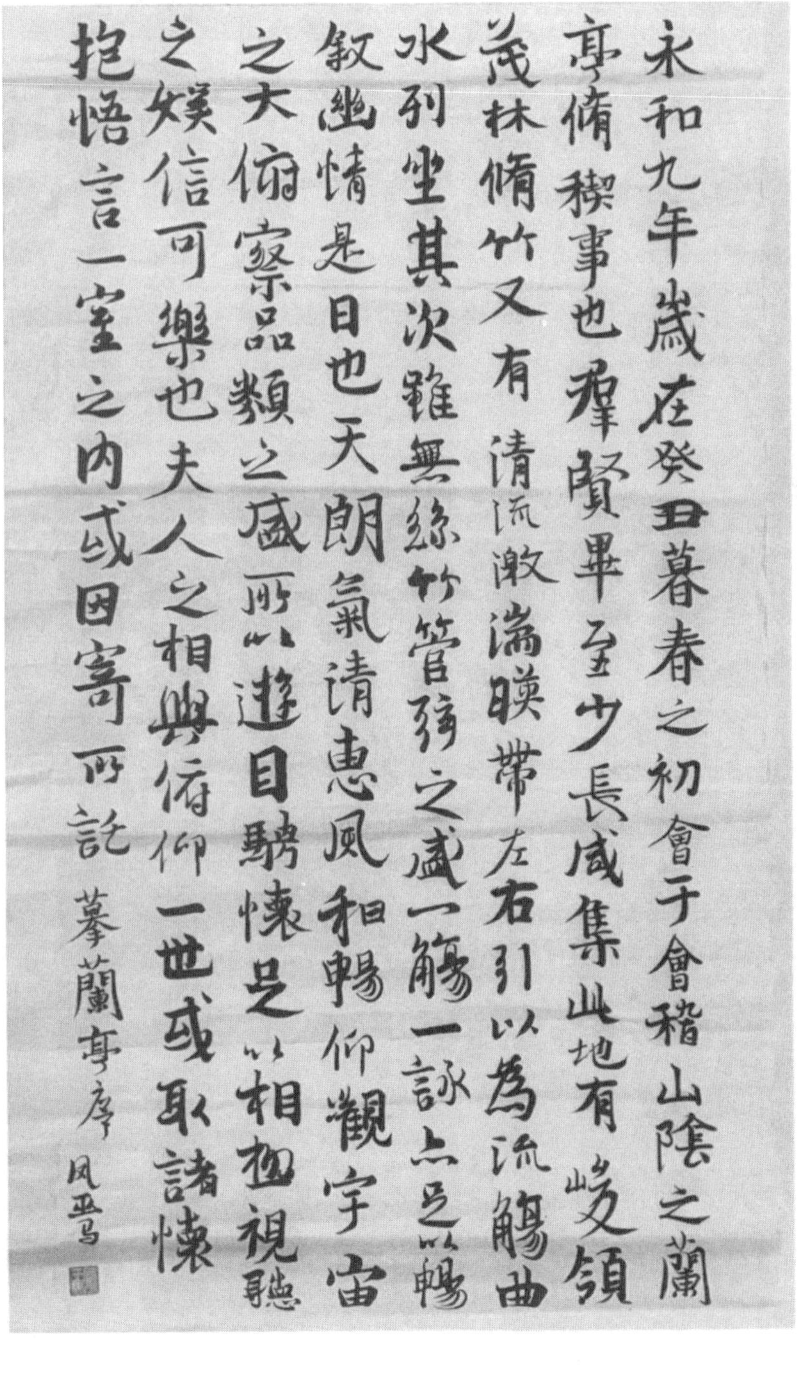

永和九年歲在癸丑暮春之初會于會稽山陰之蘭
亭脩禊事也羣賢畢至少長咸集此地有峻領
茂林脩竹又有清流激湍暎帶左右引以為流觴曲
水列坐其次雖無絲竹管弦之盛一觴一詠亦足以暢
叙幽情是日也天朗氣清惠風和暢仰觀宇宙
之大俯察品類之盛所以遊目騁懷足以相毎視聽
之娛信可樂也夫人之相與俯仰一世或取諸懷
抱悟言一室之內或因寄所託　摹蘭亭序　凤巫马

3. 高勇娜书法作品

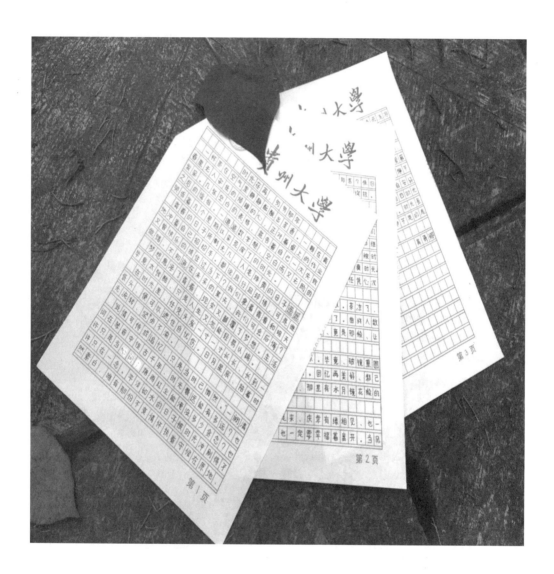

4. 王恒书法作品

5. 努尔达娜国画作品

6. 爱月诗画作品

7. 妮鲁书法

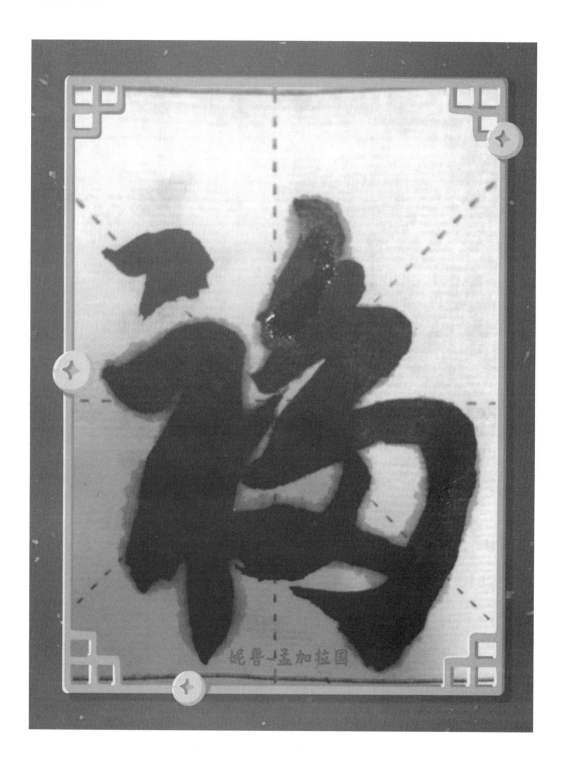

8. 阮氏华书法

9. 孙涛书法作品

10. 山协雅美书法作品

二、文章之美

1. 2016 年《追梦的人》荣获第九届中国 - 东盟教育交流周 "留学中国梦" 征文比赛一等奖

追梦的人 [①]

　　我来自中国的邻居——越南，我想与大家分享我的"留学中国梦"，我喜欢中国这个拥有五千年历史的国家，我也很荣幸能在我喜欢的国家接受良好的教育，帮助我实现人生的蜕变。

郑氏青云

　　我的梦想是成为一名高级管理员。记得小时候，当我看到那些能力出众的管理员的时候，我总会用羡慕的眼神望着他们。幸运的是，我的父母把我送到贵州大学读书，从进入贵州大学的那一刻起我就深深地感觉到了希望，这里不仅有学识渊博的老师给我传授知识，还有热爱学习的同学们和我交流，我感觉我离我的梦想又近了一步。但不可否认的是，我在中国读书也面临了很多困难，因为越中两国文化等方面的差异让我有时候不知所措，但是我不会放弃，既然选择了远方，便只顾风雨兼程，我坚信我可以战胜一切困难到达梦想彼岸。

　　中国有一句古语："父母在，不远游。"然而我为了实现我的梦想不得不远离父母，有时候我会问我的父母："我离开你们去追逐我的梦想，这值得吗？"我听到的回答让我很开心，但是开心过后难过便如期而至。开心的是他们总是会鼓励我，让我排除一切杂念专心读书；难过的是为了让我接受良好的教育，他们每天都要辛苦地工作，为我支付昂贵的学费。这总会让我有一种负罪感，每每想到这些，我总是在被窝里泪流满面。时至今日，哭过多少次我也不记得了。也许只有在学校更加努力学习，才会让我安心一点，才不辜负父母对我的期望和信任。

　　我的座右铭是：每一个留学生的梦想，都是满载而归。我渴望在贵州大学得到深造，毕业后有出众的能力，实现我的梦想。

---

① 作者：郑氏青云，越南人，人力资源管理专业。

　　这几年中国有个很流行的词，它代表了中国人民的期望与追求，这个词大家肯定都知道，就是"中国梦"。而我在一个有梦想的国家追逐着自己的梦想，我深感荣幸，我努力携梦前行，我期待梦想成真！

2. 2018 年《梦想的故事》荣获第十一届中国 - 东盟教育交流周"留学中国梦"征文比赛一等奖

梦想的故事 [①]

我出生在哥伦比亚，后来在我很小的时候，我们全家搬到了墨西哥城。到今年我已经学习汉语快两年了，你或许会问，为什么我要学习世界上最古老的语言之一——汉语？不是因为学习汉语会给我带来稳定的经济收入，而是因为汉语与我的母语完全不同，这必然会让我从不同视角去观察和理解世界。说一门外语就像你在另一个人的身体里，用另一张嘴巴说话，用另一个脑子思考。

罗杜安

古人云："有志者，事竟成。"但是好运气也是成功的因素之一。在学习汉语上，我的运气极好。我的哥哥是个杰出的汉学家，他已经学习了 10 多年的汉语。他带我分析每个汉字里面的元素，比如说：当一个人靠着一棵树，说明他在"休息"。他让我读成语故事，给我介绍道家的思想，就这样，我不知不觉地爱上了汉语。

自学汉语几个月之后，我就选择进入墨西哥的一所孔子学院继续学习汉语。我的汉语老师来自中国的北方，她的英语不是很好，所以我只能用汉语与她交流。在墨西哥这种机会很少，所以我必须抓住。我的汉语老师在上课时，不仅有耐心，而且有激情。为了让我能通过 HSK 考试，她还加班教我学汉语，有时候甚至教我汉语俚语和古文，我打从心底里感激她。

后来我的哥哥推荐我去当旁听生，听马其顿汉学家 Liljiana Arsovska 的"现代汉语"课程。Liljiana Arsovska 的汉语学识十分渊博，她对中国当前的状况也十分了解，这些都让我目瞪口呆。我的汉语老师曾经对我说："要是我闭上眼睛听 Liljiana Arsovska 老师说普通话，我肯定猜不出来她到底是不是中国人。事实上，她说的汉语比我大部分中国朋友

[①] 作者：罗杜安，哥伦比亚人，汉语言文学专业。

说的汉语还要好。"

墨西哥是拉丁美洲这片土地上受中国影响最大的国家之一。墨西哥全国有 4 个孔子学院。Liljiana Arsovska 老师特别关心拉丁美洲和中国的关系，她常说："尽管汉语教育在拉美国家方兴未艾，但是还有很多需要完善的方面。我给你们举一个很简单的例子，在拉丁美洲还没有关于汉学的本科专业。"她发现了我对汉语很感兴趣，这在拉美国家是非常少见的，所以她鼓励我继续学习下去。

学习汉语一年以后，汉语变成了我生活中最重要的部分。我开始学习翻译，尝试把中国的短篇文章翻译成西班牙语。这时候，我开始发现闭门造车式的学习不管用了，我要来中国学习地道的中文，因此我来到了贵州大学。

在贵州大学毕业之后，我打算继续读一个翻译学硕士，而且我要认真学习中国文化，再把中国的文化和知识带到墨西哥。我的梦想是帮墨西哥学生了解这门美丽的语言，我想让他们知道汉语是能学会的，不要把中国人当成陌生人，而应该把他们看作兄弟姐妹。

由此，我有一个具体的目标。我要在墨西哥组建一个翻译团队，专门致力于把中国古今作品翻译成西班牙语。例如，把老子的《道德经》、孔子的《论语》、孙武的《孙子兵法》、贾平凹和余华的作品带到墨西哥，让它们风靡墨西哥全国。我们拉丁美洲的人，既认真又聪明，我估计他们读完中国的这些作品，能对世界有更深的感悟。

我想告诉大家学习汉语带给我最重要的启示，其实不只是汉语，其他语言的学习也同理，那就是：语言就像是一条河流，它永无休止地在流动、在变化。我们的错误就在于，我们认为自己的脑子像瓶子一样，我们妄想将整条河流都装进瓶子里。依我浅见，一门语言是不能够被完全掌握的，它也不属于任何一个人，它有自己的生命和节奏。我们能做的是让思维的触手浸在语言的河流中，让语言在指间流动，去感受语言的生命和变化。最后，我想说，与其说语言是一种我想掌握的技能，倒不如说语言是我孜孜不倦的永恒追求。

3. 2018 年《我与中国梦》荣获第十一届中国 - 东盟教育交流周"留学中国梦"征文比赛一等奖

我与中国梦 [1]

我们在生活中，有很多梦想，也有很多选择。

有梦想了，如何去实现是你的事，能不能实现也要看你的努力和运气。在追求梦想的路上，我们会有很多收获，这些都弥足珍贵。

阮翠恒

当别人 4 岁的时候，他们的父母让他们去学画画，他们用颜料画出自己眼中的那个小小世界。

当我 4 岁的时候，我的父母也让我去学画画，我不喜欢用颜料，而是喜欢用毛笔蘸着水墨在纸上描绘青花瓷上的青花花纹。

当别人 6 岁的时候，上小学，他们看美国动画片，每天上课都说英语。

当我 6 岁的时候，也上小学，我也看动画片，但是是中国的动画片，其实我并不明白动画片中那些简短句子的含义。例如"救命啊！""你是谁啊？"现在想起来，还挺好笑的。

当别人 11 岁的时候，上初中，每天都拼命上英语辅导课，努力征求父母的同意以便可以去首都参加各种英语活动。

当我 11 岁的时候，也上初中，我的英语成绩虽排名第一，却天天情愿在妈妈的商店里帮她收拾打理大小事务，我提出的唯一的一个条件，就是希望妈妈下次去中国谈生意时可以带着我。

当别人 13 岁的时候，他们痴迷于韩剧，每天都听流行的韩语歌，迷上韩国不同类型的"欧巴"，每天谈论这个"欧巴"皮肤白白的，那个"欧巴"唱歌甜甜的。

当我 13 岁的时候，我喜欢看中国电影，爱上了周杰伦的那首《听妈妈的话》，闹铃是胡夏的《那些年》，天天看霍建华的照片。

---

[1]　作者：阮翠恒，越南人，国际经济与贸易专业。

当别人 15 岁的时候，他们读很多小说，大部分都是名著，例如简·奥斯汀的《傲慢与偏见》、阿道司·赫胥黎的《美丽新世界》。

当我 15 岁的时候，我也读小说，也读过一些经典作品，如《麦田里的守望者》《了不起的盖茨比》。但我还比他们多读了曹雪芹的《红楼梦》、吴承恩的《西游记》，甚至迷上了鲁迅的文章、李白的古诗。

当别人 17 岁的时候，女生暗恋韩国的小哥哥，每天都仔细地研究他的穿着，他的动作，疯狂地说着可爱。

当我 17 岁的时候，我暗恋一个学长，因为每天路过操场都看见他在弹吉他，弹唱《夜歌》《神话》《青花瓷》……，对我来说，他的样子帅极了。

当别人 20 岁的时候，有些人在国内上学，有些人去西方留学，有些人已经有了他们的小家庭……好像每个人都在人生必经的十字路口选择了自己的方向。

当我 20 岁的时候，我也站在这辈子最大的十字路口，往哪个方向走？有些人建议我继续在国内上大学，有些人说去德国吧，有些人又说："你自己的生意不是做得很好吗？继续努力，别转行了。"在众多的建议中，却没有人建议我去中国，大家都一致认为："身边的人，谁也做不了太大事业的人。"他们认为中国离我们只不过是一个"篱笆"的距离，有什么值得去的？但最终我还是选择了中国，他们不知道其实我早已在不知不觉中爱上了中国，虽然到现在我也搞不清楚具体原因。

我决定去中国后，"傻"字是后来我听到的最多的一个字，然而我并不在乎。因为，无论是那时候的我还是现在的我，都能感觉到，在我自己的脑海里和心里，对中国不仅仅是爱，而是我从小就有一个梦想——"中国梦"，这是一个美好的梦。

来中国之前，我跟别人说一千遍中国有什么好，我在中国会学到什么……说很多很多，但好像我说的话都没有价值。可约翰·菲希特不是说"行动，只有行动，才能决定价值"，一个聪明的人，应该走出去，我会用行动来证明，我说的是对的。

来中国之后，我一心一意地学习。那我究竟学到了什么呢？我学了汉语，从一个汉字都不会的我，到现在可以跟中国人交流，可以用汉字来写文章。每一次出行，别人不问我："你是哪国人？"反而问："你是哪里的？"读过我文章的人，至少会有一个人说："这个老外语文未免也太好了吧？"对我来说，这些肯定的声音来之不易，也带给了我莫大的成就感。

我了解了中国文化，了解了中国的地理、历史，可以对比中国和越南的地理和历史，让自己的知识水平达到比较高的程度。我写过书法，结过中国结，感受过"冬至吃饺子""夏至吃面条""端午吃粽子""中秋赏明月"，讲过"女娲造人"的故事……。我也给中国朋友介绍我们的春卷怎么做，我们中秋节怎么过，中国的旗袍和越南的奥黛的不同之处，中国的汉字和越南的喃字的区别，等等。

我学了中国的礼仪，了解中国的大爱，深深地去感受中国人的中国情，感受到中国人温暖的爱，中国人满满的热情。我也喜欢中国古人说的很多道理，理解中国经典作品的人生哲理。我发现，哪里都有好人和坏人，变成什么样的人是你的选择，并不是别人能勉强的事。来中国是我人生中做的最大的选择。

至今我仍在中国留学，要问我，我的"中国梦"圆了没有？我自己也不太清楚。但是我已经得到了别人的肯定，他们觉得我比以前更优秀了。有人会问别人："你学习是为了什么？"在听到的答案中，我最喜欢的是"为了让自己变得更好一些"，我也在慢慢变得更好。在中国学到的知识，让我很骄傲。"中国梦"指引我创造我的未来，我会继续追着这个梦。在不久的将来，我要当一个中国通，当越中两国的桥，冲破越中的"篱笆"。而我最大的期许，就是"中越友谊，在光阴中流淌"。

4. 2018 年《我的华校梦》荣获第十一届中国 - 东盟教育交流周"留学中国梦"征文比赛三等奖

我的华校梦 [1]

　　有人说，人生如飘荡在海中的小船，而梦想就是彼岸，所以人有梦想，才有努力奋斗的目标。正因为如此，我们大家都应该有自己的梦想。

陈文萍

　　也许，因为从小接触汉语的缘故，与那有趣的方块字结为朋友，我从小便怀有一个中国梦，我希望能够踏上中国这片热土，认识国土面积为 960 多万平方千米的东方巨龙。于是，我每天都在坚持不懈地努力，努力学汉语，而且要学好汉语。后来，通过几年的努力和准备，我终于在 2016 年 9 月，经过 8 个小时的飞行，来到了中国贵州大学。

　　在求学的过程中，我发现中华民族虽历经兴衰更替，但依旧屹立不倒。中国从鸦片战争、八国联军侵华战争、日本侵华战争，到如今的富强兴盛；航空事业从无到有；从 1990 年亚运会，到 2008 年奥运会，再到 2022 年冬奥会：我看到的，是中国一次次地向世界证明着自己的强大与伟大的理想，可见，中国是一个充满着梦想的国家。只要有梦，只要愿意去做，人总能走向梦想的彼岸。我想，我也应该拥有一个属于自己的梦想，幸运的是，我也找到了一个值得我为之付出、为之奋斗的梦想。

　　我的梦想就是创办华校，从小的方面来说是为了实现自身价值，从大的方面来说是为了推广华文教育、弘扬中华文化，使海外中华儿女永葆中华民族的特性，以便促进柬中两国文化的交流。然而，梦想很丰满，现实却很骨感，追梦的过程远没有我想象的那样简单。

　　记得刚来到这儿的时候，最让我发愁的是饮食方面。首先我在贵阳人生地不熟，分不清东南西北，不敢出门，所以找不到吃的；其次，不习惯这边的口味，特别是花椒，真的让人难以接受；最后，由于不会做饭等原因，我不能自己解决吃饭问题，这一点相信大多

---

①　作者：陈文萍，柬埔寨人，汉语国际教育专业。

数留学生，特别是欧美国家的学生都深有体会。不过后来，通过自己的努力，以及在老师、朋友的帮助及指点下，我渐渐地开始适应了这边的生活环境和节奏，学会了独立自主，开始学会了点外卖，慢慢学会了做饭，说到底就是我学会了如何在他乡生活，如何在一个陌生的环境里摸索，然后适应，最后做到应对自如。除此之外，在学习上，多亏老师们的辛勤指导，我的汉语水平进步了不少，同时还学习了其他很多知识，知道了很多人生哲理。不过，无论如何，我都会跟自己说：这只是我追求梦想的开始。

为了飞得更高、早日实现这伟大而壮阔的梦想，我会去奋斗、去拼搏。我尽管没有过人的才智，没有缜密的思维，也没有特别准确的判断力，但还是不会放弃努力的；尽管这个梦想距离我很遥远，我也不会停止追求；尽管在实现梦想的过程中，会有很多挫折和无数的磨难，我也不会灰心丧气。因为我相信只有经历地狱般的磨炼，才能创造出无穷的力量；只有流过血的手指，才会在这生活的琴弦上弹出世间的华章；只有经历困难和挫折，才能实现自己的梦想，实现我创办华校的梦。

成功来自梦想。因为有了梦想才会有努力奋斗的目标。同学们！让我们把梦想做成一个风筝，把它放飞到空中。梦想的风筝能飞多高，能不能飞得更远，关键在于你自己，因为风筝的线是在你的手中，放飞风筝的意愿在你心中。我不仅自己要飞得更高，我还要和大家一起飞得更高！

5. 2019 年《有志者　事竟成》荣获第十二届中国 - 东盟教育交流周 "留学中国梦" 征文大赛二等奖

有志者　事竟成 [①]

各位老师、同学，大家好！我是来自法国的丁铭德，很高兴能和大家分享我的经历。

我首先问一下大家，李小龙、成龙、李连杰、甄子丹，你们都认识吧？我很小的时候就喜欢看他们的电影，慢慢地，他们便成为我心目中的英雄。

于是我从 10 岁就开始上武术课，也是从那个时候开始，我的生活与中国有了关联，并逐渐对中国的文化产生了兴趣。

还记得两年半之前，我下定决心开始学习汉语。

丁铭德

但是，在法国，我所居住的城市并没有孔子学院和中文老师，所以，我只有去网上看一些教汉语的视频。我坚信，通过这样的方式，我也能学好汉语。

可学着学着我发现，这并没有自己想的那么简单。我开始变得沮丧，突然有一天，我想起妈妈曾告诉过我："人生会遇到很多困难，但你决不能后退，无论以后你遇到什么样的困难，都要战斗到底。"然后，我做了一个决定，我要去中国学习汉语。

于是，我选择了中国的贵州大学。在这里我很愉快地上课，很开心地学习。不过，众所周知，对西方国家的人来说，汉语是世界上最难学的语言。难度在哪呢？首先，汉语的声调很复杂，有 4 个声调。例如 ma，有 mā、má、mǎ、mà，对应的汉字有妈、麻、马、骂，这容易吗？其次，还有平翘舌音。例如 "四是四，十是十，十四是十四，四十是四十"，是不是感觉发音都一样？其实不是，这个句子我反复念了不低于 100 遍，但读起来还是不正确。再次，还有量词。比如：个、把、根、支、双、张、台、部、阵、只、辆、套等等。有的词语还可以用不同的量词来形容，比如 "房子" 可以说 "一栋房子""一幢房

---

① 作者：丁铭德，法国人，汉语国际教育专业。

子""一套房子""一间房子"。最后，同一个字组成的词语可以表达不同的意思。比如说"娘"这个字，组成"姑娘"和"大娘"两个词语，前一个形容年轻女生，而后一个形容年长妇女，有的人还会说某人太娘了，那"娘"这个字又可以形容一个男人像女人一样。再比如说，关于穿衣服，中国人常说："冬天能穿多少穿多少，夏天能穿多少穿多少。"那我到底应该穿多少呢？

所以你们说，学汉语难不难？这也让我对自己、对学习汉语突然没有了信心，因为汉语的博大精深简直让我目瞪口呆啊。但是，有一天，老师在课堂上教了我们一句话——"有志者，事竟成"，这几个字如同强心针一样让我学会了坚持，让我克服了一个又一个困难。

现在的我不仅学会了中文的基础发音，还会说了绕口令。"四是四，十是十，十四是十四，四十是四十"，现在我再读这个绕口令已经是小菜一碟了。

其实不管学中文有多难，不管你的家人、朋友怎么说，不管你可以给自己多少个放弃的理由，都要选择开始，都要去克服心里的恐惧，去做自己想做的事情。如果前怕狼，后怕虎，那什么事情也做不成。

坚持是一切胜利的根源，朋友们不要放弃，永远不要轻易言败。我们过往的恐惧和放弃并不能代表我们的未来，而我们的今天，我们的现在，才是影响我们未来的关键。

我的理想是在中国成为一名优秀的演说家，甚至还可以走向全世界，我想让更多的人们相信自己，让每个人都能实现梦想。所谓"有志者，事竟成"。

谢谢大家！

6. 2020 年《2020 的感动与温暖》荣获中国 - 东盟教育交流周"风雨同担　携手抗疫 - 难忘的 2020"征文大赛优秀奖

2020 的感动与温暖 ①

新的一年总是代表着新的希望，告别 2019 年，我们怀揣着新的希望，开始了 2020 年这段新的旅程。然而，2020 年初始，一场流行性病毒在全球范围内蔓延，让地球上的每个人都感受到了恐惧甚至是恐慌。

妮鲁

2020 年这场突发的疫情同样也影响了我的生活和计划，我的心情随着疫情的发展而紧张焦虑。作为一名在中国的外国留学生，在新型冠状病毒刚开始的时候，我特别想回家，因为那时候我的国家孟加拉国没有疫情发生，但转念一想，又觉得回家比在学校更危险，因为路途中有被传染的风险，最终我选择留在贵州大学。

这个选择是极为正确的，因为我们所有的留学生都收到了来自贵州大学老师们的关心。在口罩紧缺的情况下，学校仍然给每个留学生发放了口罩以及体温计，这让我们感到很安全。老师们每天都会询问我们的生活状况和身体情况，叮嘱我们无论遇到什么问题都可以找老师。更让我感动的是，有一段时间我们只能留在宿舍，自己做饭吃，学校依然贴心地给我们安排了网上购物，这让我们感到很温暖。

我相信，经历了疫情的考验和磨炼之后，每个人都可能在某些方面有了脱胎换骨的改变。我想，如果没有老师、朋友以及同学们的支持，我不可能保持良好的现状。他们总是照顾我、关心我，努力给我精神上的支持和力量来渡过这个难关，我对他们有着深深的感激之情！因为这样一份情谊让我有信心用自己的力量去克服将来生活中所遇到的困难。

我也越来越懂得一个道理：每一段消极或糟糕的时光会从另一个层面对人产生积极的影响。在疫情期间，我还学会了更多的新知识。2020 年 2 月至 3 月，因为疫情，学校放假，

---

① 作者：妮鲁，孟加拉国人，汉语国际教育专业。

对于我们在校留学生来说，我们是不安的，甚至是恐惧的，而我敬爱的老师们，想尽办法为我们安排了很多与中国文化有关的网络汉语文化活动，例如汉字接龙、添笔成字、猜谜语、脑筋急转弯、欣赏书法、看拼音认汉字、汉字听写、看图认词等活动，这些活动在很大程度上帮我们调整了不良情绪，也帮助我们更好地了解和学习汉语。这于我们而言，就像及时雨，是雪中送炭，让我们收获了许多知识和乐趣，我们也变得更加乐观和积极活跃。正因为拥有这样一份乐观与积极的态度，疫情期间，我还撰写了两篇与我专业相关的论文，其中一篇还发表在 *Journal of World Englishes and Educational Practices* 上。这段经历让我终生难忘。

这段经历让我更加相信，以后无论生活中遇到什么问题，我们都会找到解决方法，因为在我们生活中随时都可能发生无法控制的事情，这是人类生活的常态，即便如此，我们也不应该放弃希望，我们应该勇敢面对困难。我坚信，只要有足够的耐心和面对困难的勇气，全人类一定会渡过这个难关。

现在，我的学校——贵州大学已正常开学，校园里又恢复了往日的活跃与热闹，这让我感觉特别幸福，因为一切都慢慢地回到了正轨。我坚信，不管将来我走到哪里，中国和贵州都会永远在我的心中，因为这里已经成为我的第二故乡。我会永远铭记中国，铭记贵州大学以及我们老师和朋友们，因为有老师和朋友们的关怀和支持，让我变成了更好的自己。

我爱你，温暖的贵州大学！

我爱你，多彩的贵州！

我爱你，美丽的中国！

7. 2020 年《短暂的美丽邂逅，永远的人生回忆》荣获中国 - 东盟教育交流周"风雨同担　携手抗疫 - 难忘的 2020"征文大赛优秀奖

短暂的美丽邂逅，永远的人生回忆 ①

谁曾想到，我的人生中曾与中国有一段美丽的邂逅时光，让我与幸运和美好撞了个满怀！

张德江

时间真的如白驹过隙，转瞬间 3 年光阴在眼前划过，2020 年毕业的日子就这样快速来临。在中国的留学经历不仅让我学会了如何学好汉语，更让我深刻懂得了中国文化中的情与义、热情与温暖。

我自诩是半个中国人，在即将离开我第二个祖国时，内心尤感难舍难分。中国承载着我许许多多美好的回忆和甜蜜的时光。

还记得 2017 年 9 月，金黄的银杏洒满校园的那个秋天，我来到了贵州大学。在留学期间，我得到了很多老师的夸赞，他们说我善于交谈、积极乐观、对人友好，总是不吝帮助别人。听到老师们对我的评价，我内心感到无比的骄傲和温暖，我觉得这些珍贵的东西远比荣誉要宝贵得多。

来到中国，我最大的期望是学有所成。虽不能说我 3 年的时间每一分一秒都花在了"刀刃上"，但我无愧于自己的内心。在求学的路上，我一步步朝着更加优秀的自己迈进。2018 年 4 月，我代表贵州大学参加西南地区"汉教英雄会"比赛，获得了优胜奖；2018 年 6 月，我参加了贵州大学汉语国际教育专业"说课大赛"，荣获三等奖，这一期间，我还参加了贵州大学国际教育学院"国际文化理解与分享"论坛；2018 年 9 月，我与 3 位留学生一起去贵州遵义参加了第十一届中国 - 东盟教育交流周"诗琳通公主杯"中文演讲大赛，荣获一等奖；2019 年 7 月，我获得贵州大学"十佳留学生"称号。此外，2018 年 5 月，在第十六届中国国际铸造博览会中，我还有幸担任中印同声传译。这些都承载着我的幸福和

---

① 作者：张德江，印度人，汉语国际教育专业。

收获，让我与中国擦出更耀眼的火花。

今年由于疫情，我一直留在学校，我没有因为疫情而耽误学习，而是更加努力，最终我以出色的答辩获得了老师们的一致赞赏，并获优秀的成绩。这给了我研究生生涯画上了一个圆满的句号。同时，我还尽自己最大的努力协助老师完成一些事情，每天都觉得既开心又充实。在学校的最后一个月，我参加了第二届中华经典诵写讲大赛"诵读中国"经典诵读大赛贵州省初赛。当时，我感觉自己回到了刚进校的时候，常常活跃在各种校园活动中……回想这3年的时光，真是太美好了，我都舍不得毕业了，不想第二天早上醒来没有了留学生公寓里那熟悉的窗帘和从窗外洒进的阳光……

留学生涯中，我到过张家界，感受张家界各风景区的云雾缭绕，犹如人间仙境；去过长城，观看长城威武辽阔的景色；也去过武汉，欣赏绚丽的樱花和伟岸的长江大桥：对中国有了一定的了解。而2020年新冠疫情的来临让我对中国有深刻的了解。中国人民共同抗击疫情时的决心和斗志，数千名医护人员奔赴一线救助最需要帮助的人们，那种"舍小我为大我"的无畏无私的精神，深深震撼了我，让我深刻理解到中国的崛起离不开中国人民的共同努力，中华民族的认同感和国家精神值得所有的国家学习。我想，我作为汉语国际教育专业的学生，不仅要和更多的人分享学习汉语的乐趣，还要传递博大精深的中华文化。

中国是我的第二个祖国，第二个故乡，我希望在这片风光秀丽的土地上继续完成我的博士生涯，我期待与中国来一场更美丽绚烂的相遇！

8. 2020 年《我的爱豆叫阿中》荣获中国 - 东盟教育交流周"风雨同担　携手抗疫 - 难忘的 2020"征文大赛二等奖

我的爱豆叫阿中 ①

有一个爱豆，名字叫阿中哥，拥有了 14 亿多粉丝。

在我的心里——

他是个温柔中带着刚强，传统中带着现代的人。

他拥有大好河山，可以带你去游览各种名胜古迹，观看春天盛开的樱花，欣赏秋天满地的银杏叶。

阮氏秋恒

他还可以吟古诗，弹琴给你听，让你感受那份骨子里的浪漫。

他的厨艺惊人，让我相信就算你是个非常挑食的人，也会被他的美食吸引。

他的实力强大，不管是文化、科学还是教育、经济……哪个方面都很优秀。

能有机会来到他的身边，我说不尽有多幸福！

那阿中哥到底是谁呢？

阿中哥其实是中国年轻人对自己祖国的昵称。在中国，不要怀疑这个称呼是否缺少礼貌，这反而是中国人民热爱自己祖国的体现。因为这样的称呼，让我感受到，在中国，人与人之间的关系很好，他们的生活充满爱。这份爱时时刻刻都在彼此之间传递着。告别故国，踏上异国留学的我，被这样的热情与爱意所拥抱，便不再觉得孤单，也能安心地学习。而且，在困难的时候，这份爱更令人感动。

我还记得疫情期间的寒假去学校后门取包裹，在路上遇到一个保安叔叔：

——同学，你会说汉语吗？

——我会的。

——那就好，我以为住在西校区的留学生不会讲中文呢。

---

① 作者：阮氏秋恒，越南人，汉语国际教育专业。

......

就这样，我跟那位保安叔叔因为正好同路，就一起边走边聊。他告诉我要照顾好自己，努力把中文学好，以后可以回国当翻译，如果可以在大使馆工作那更好，因为这样对促进两国的发展有大的帮助。当我们提到新型冠状病毒时，我感叹中国政府在抗击疫情方面做的非常好！我在贵州大学被老师和宿管阿姨们照顾得很好。当保安叔叔听我说了这些以后，非常自豪！

每次相遇都是最好的安排。我遇见的中国人，都是如此善良。

我也不知道学校的老师们为了我们失眠了多少个夜晚，每天都有人值班，每天都有人做好消毒与普及预防疫情知识的工作，即便在春节——这个中国最重要的节日。

"有老师在，同学们有任何问题请及时告诉老师。"

"你们都健康就好，同学们也可以去心理咨询中心放松一下。"

"叔叔今年不回家，留校值班。你们应该很想家了吧，坚持一下，好好学习，以后回国可以找到满意的工作。"

"阿姨一直在宿舍一楼，大家需要帮忙可以随时找阿姨。"

在我心中，就连快递小哥也是伟大的，这段时间如果没有他们，我们生活将会遇到很多麻烦。

......

可以说，在他们的心中，我们的安全是第一位，他们不管有多累，有多烦恼，也会为我们付出到底，这让我知道了什么是中国人的责任感！

不知不觉 2020 年已经过半了，我虽然依旧在学校，哪里都不能去，但却可以跑遍学校的每个角落，用手机把美好的瞬间拍下来，偶尔在月光下悠闲地散步，偶尔会坐在湖边的草地上享受夏天的风。从我身上，也许没有人可以看出 2020 年发生了什么。但我知道，"哪有什么岁月静好，只不过有人替你负重前行"，我现在能这样无忧无虑，毫无疑问，背后有强大的依靠——中国。

妈妈，我想对您说，阿中哥会照顾好你女儿，你放心吧！

今天的阳光特别好，学校的木兰花都开了，我要去拍照啦！

9. 2021 年《最感人的应该是"同舟共济，并肩同行"》荣获中国 - 东盟教育交流周"同舟共济 未来可期——我的中国故事"中文征文大赛二等奖

最感人的应该是"同舟共济，并肩同行"[1]

我曾经觉得最感人的必须是爱情，因为，美人鱼公主为了爱情愿意化作泡泡，并整整哭了一夜的故事深深感动了我。

阮氏秋恒

而当我来到中国后，我的答案发生了变化！

中国革命者光明磊落，宁愿牺牲自己的青春，换来国家之青春，人类之青春，以前就总是我们越南人民的引路灯。这让我想起了一句话："民国最浪漫的不是爱情，而是走出黑暗的并肩同行。"现如今，经过抗疫艰难时刻，越中两党两国"同志加兄弟"的传统友谊又一次被展现。去年，中国国内疫情形势好转后，立刻伸出援手，向越南政府提供抗疫物资。今年，疫情在越南爆发，中国政府又向越南提供新冠疫苗。越中双方守望相助，这种精神永远值得我们向往。

能够来到中国，学习全新的知识，激发自己的潜能，我觉得自己很幸运。在中国留学期间，我更是被中国人骨子里的温柔善良所感动！

这种温良来自于我亲爱的老师们——

面对着不同国籍、宗教信仰、民族的同学，教授知识对于老师来说，真的不是一件容易的事情，但是老师们总会千方百计地找到适合我们的方法，让我们能更好的学习，让我们了解彼此的文化，求同存异。凌晨一两点，当我们沉睡时，老师们还在为我们备课，改作业。若不是上网课要用云课堂，会显示老师改完作业的时间，我可能永远都不会知道，原来老师为我们付出了那么多！

这种温良来自于我亲爱的同学们——

早晨我会混在追梦的年轻人群里，一起赶在铃声敲响之前，走进教室。那些勤奋学习

---

[1] 作者：阮氏秋恒，越南人，汉语国际教育专业。

的中国同学，总是我学习的榜样，对于深深热爱祖国文化的他们，很喜欢给我介绍中国文化，如古琴、汉服、茶道、美食，等等。这些都让我越发地热爱这片具有五千年文明的华夏土地，激励着我在这块肥沃且充满神秘的土地上继续追求我的梦想。

这种温良来自于那些我不认识的中国人——

比如，在飞机或高铁上，总会有好心人主动帮我把行李箱放在行李架上。

比如，烘焙店的老板，她再忙也不忘给我电话，只为提醒我，面包刚出炉就交给了外卖小哥，让我拿的时候小心别被烫着。

比如，网约车师傅，由于我的定位有时候不准确，师傅总是找好一阵才能找到我，但他不仅不生气，反而还安慰我："女孩子出门不容易，一定要照顾好自己。"

我一直被这种无处不在的细节所感动。在中国，帮助别人不需要什么理由，只因为大家都是相亲相爱、守望相助、同舟共济、并肩同行的一家人！或许，这就是中国人能够渡过一个又一个难关的制胜法宝，不管是疫情还是洪水。"在中国居住的时间越长，就越发喜欢中国人。"辜鸿铭先生在《中国人的精神》里写的这句话，一点都不假！

感恩我在中国留学时遇到的每一个老师，每一个中国同学，每一个善良的陌生人，这让我在"独在异乡为异客"的留学生活中感到无比的温暖，并收获满满的正能量。于是，我终于明白了，这世上最感人的事物或许不是爱情、不是亲情，而应该是"同舟共济，并肩同行"。

希望未来的路上，我们都变成更好的自己！

谢谢大家！

10.2021 年《同舟共济　众志成城——我与中国同抗疫》荣获中国 - 东盟教育交流周"同舟共济　未来可期——我的中国故事"中文征文大赛三等奖

同舟共济　众志成城——我与中国同抗疫 ①

我叫美丽，是哈萨克斯坦人，学习中文两年半了。就在这两年，我感受到了不一样的中国。"疫情"，这个并不美好的词，却让我有机会看到美好的中国。

美丽

还记得疫情刚开始的时候，在中国的很多留学生开始回国，我的家人也都劝我赶快回国，因为那时候的中国很不安全。但我立刻回答他们说："不管什么时候，我都相信中国政府，我知道中国政府会有很好的应对策略。"所以我毅然决然地留在中国。事实上也是如此，中国在抗击新冠病毒方面取得了很好的成绩。我认为中国抗疫取得成功的关键是"同舟共济，众志成城"，中国人民都很配合中国共产党的决策。我无比钦佩中国人民的团结，无比钦佩中国政府的有力指导和有效的防控部署。

时间就这样一天一天过去，接着，奥运会延期，高考延期，欧洲杯推迟，美股反复熔断，城市清空，世界停摆……原来，这个世界，会变成这样。在疫情如此严重的时候，只有一件事情能够帮我克服这些恐惧，那就是学习，特别是学习汉语。学习汉语是我生活中最快乐的事情。我最开始学习汉语的时候，就像中国人民在伟大的改革开放时期的"埋头苦干"，我读新闻，看对外汉语教材，准备 HSK5 考试，看中国电影，听中国音乐……我乐此不疲！我把汉语当作我最好的朋友，虽然当时才认识她不久，但是我们却似曾相识，我一开始了解她，她就对我敞开了大门，热情地给我介绍悠久的中国文化，帮我了解中国社会。因为我的生活中有了她，所以疫情期间枯燥乏味的日子变成妙趣横生。

去年的 2 月，新冠疫情几乎遍布了世界上所有的国家，我们就这样看着疫情不断的加重，很多人只能留在家里虔诚祈祷。而众志成城的中国人民在中国共产党的领导下有效遏

---

① 作者：美丽，哈萨克斯坦人，工商管理专业。

制了疫情的扩散和传播。如今，中国的疫情已得到很好的控制，纵观世界各国，又有几个国家能做到像中国一样呢？我喜欢中国政府对人民的关心，中国政府不仅对本国的人民好，而且对来华的外国人也非常好，特别是对留学生。我们贵州大学的留学生一致认为，贵州大学国际教育学院成了我们的家，老师成了我们的父母。老师们温柔无私的爱让每个留学生都感受到了温暖。

学校的关心也非常到位，不仅关心我们的生活，还关心我们的学习，虽然不能开设线下课程，但是却精心组织了线上教学，这就是众所周知的"停课不停学"，这也是应对疫情的一个很好的措施。我从来没有接触过这种学习方式，当第一天下载学习软件"学习通"和"中国大学 MOOC（慕课）"的时候，我发现软件里学习的内容非常丰富、有趣，于是我一天到晚都沉浸于学习各种课程，几乎忘记了外面的事情。不过，很多留学生不重视线上教学，而我总是提醒我的同学们，不要瞧不起这种学习方式，不要找"不习惯""没有学习氛围"这种借口。我想告诉他们：你们缺的不是学习氛围，而是学习的动力和自律！要学会让学习变得轻松有趣，这样才能更好地坚持下去。不经历风雨怎能见彩虹呢？只有坚持下去才能有收获。

在中国的这段时间是我一生中最难忘的经历。我看到了许多鞠躬尽瘁的医生护士，在风雨交加中保护人民生命安全的警察，校园里为我们提供安全环境的后勤人员，他们的事迹也将被我传诵到我的国家。感谢这些平凡而又伟大的中国人民，让我了解到了一个有血有肉的中国。

这就是我的抗疫故事，我相信有很多人和我一样，也经历着这一切，也默默地感谢着中国！

正所谓"同舟共济，未来可期"，明天会更好！

11. 2021 年《我的留学中国梦》荣获中国 - 东盟教育交流周"同舟共济　未来可期——我的中国故事"中文征文大赛三等奖

我的留学中国梦 ①

在来中国之前，我在越南只是一个普普通通的打工人，朝九晚五的工作让我不免觉得乏味，凭着自己对中文的喜爱，我开始自学汉语。当我申请到国际中文教师奖学金并来到中国以后，开启了不一样的人生，开启了我的留学中国梦……

阮红玉

2019 年，我终于实现了自己的留学梦，怀着无比激动的心情来到中国，正式成为贵州大学的汉语进修生。因为中国老师的热情和同学们的帮助，让我变得充满活力和积极向上，是亲爱的老师和同学们，给予我在异国他乡独自生活和学习的信心与勇气，让我逐渐变成更好的自己。在这里，我有机会和来自不同国家的朋友们一起学习汉语，一起了解中国文化，学画脸谱，学绣花，学中国画。我也参加了各种各样丰富多彩的校园文化活动，认识了很多中国朋友。

由于 2020 年初新冠疫情突然爆发，留学梦不尽如人意，回国过年的我无法再去中国继续学习。我当时还以为疫情很快就会过去，然而直到毕业，疫情还没结束，我也没能参加毕业典礼，没能和各位老师、朋友们好好告别，这成了我最大的遗憾。虽然我在中国只待了短短一个学期的时间，但老师和朋友们的温暖，足够给我留下人生中最深刻的印象和最美好的回忆。

虽然心里有说不出的难过，但我依旧热爱汉语。疫情期间，我在汉语桥团组在线体验平台参加由中国各所高校承办的冬令营和线上交流项目，了解更多关于中国文化的知识，如京剧、中国民乐、书法、武术、陶瓷、中国画、中国结等，也在线上体验中国各地的魅力。我总是会告诉身边的人，中国文化的博大精深，中国有多么神奇，想让更多人体验汉语的魅力。比起完成课程后收到的结业证书，我觉得更大的收获是平时积累的宝贵知识，

① 作者：阮红玉，越南人，汉语国际教育专业。

和认识了很多汉文爱好者。

后来，我决定再次寻找去中国留学的机会，于是，通过自己的努力，我成功申请到了中国政府奖学金，再次成为贵州大学的留学生，不同的是从汉语进修生成为了汉语国际教育专业的研究生。我知道，我还要克服网课的种种不易，但希望在前方，任何时候，我都不想和中国失去联系。近期越南的防疫形势不容乐观，新一波新冠疫情爆发。越南多地已实施严格的保持社交距离措施。在越南河内实行社会隔离期间，我时不时想起以前在中国的美好时光。在这段困难重重的日子里，是再次踏上中国那片土地的渴望支撑着我。我反复告诉自己要坚持住，一切都会变好，这场灾难很快就会结束。之前不能写完的留学梦，也许就是给我机会，让我与中国的故事变得更长、更美！

现在，世界各国都在加快推进新冠疫苗的接种，希望每一个渴望早日回到中国完成学业的留学生们都能梦想成真。这不仅仅是完成学业的梦想，还是一起构建人类命运共同体的梦想。

谢谢大家！

12. 2021 年《我与中国的"茶之缘"》荣获中国 - 东盟教育交流周"同舟共济未来可期——我的中国故事"中文征文大赛三等奖

我与中国的"茶之缘"①

妮鲁

两位身着仙气飘飘的茶服的茶艺师，在悠扬沉静的古琴声下，调息静心，行云流水般地展示着泡茶艺术……观众们都沉浸在若隐若现的丝丝茶香之中。这是我第一次真正意义上欣赏中国茶艺表演的场景，这也让我彻底沦陷在中国茶艺带给我的视觉享受里，久久不能平静，我想也是因为这次经历开启了我与中国的"茶之缘"。其实，我很早就听说，对中国人而言，日常生活最重要的 7 样东西是：柴、米、油、盐、酱、醋、茶。这前 6 样我倒是能明白，毕竟"民以食为天"，可是这"茶"到底为什么对中国人如此之重要呢？

在来中国之前，我也听我的导师说过，中国的茶有着悠久的历史，中国的茶文化源远流长。来到贵州大学以后，艾莎姐姐告诉我，作为一名汉语国际教育专业的硕士研究生，在这 3 年里我们会学到很多的中国传统才艺，其中就有中国茶艺。听到这个消息，对于一个饮茶"小白"的我来说，真是欢欣雀跃。听说会有一个喜欢穿汉服和旗袍，特别有气质的、仙女般的老师来教我们茶艺，我当时就充满了期待。

后来就是我期待已久的茶艺课了，坐在教室里的我，看着老师的一颦一笑，听着她轻柔的话语，关于茶的种种知识就这样不知不觉地进入我的脑海和心里。我开始去了解中国的茶文化，知道了不同茶的名字和产地，比如浙江的龙井、云南的普洱、武夷山的大红袍，还有我身在的贵州，也有许多好茶，像都匀毛尖、湄潭翠芽都是贵州人的挚爱。我也了解到原来茶叶还有不同的制作工艺，采摘、晒青、做青、杀青等等。但是真正吸引我的还是中国茶艺，我也想像老师一样优雅、沉稳，并且"正确"地沏上一壶茶，致长辈，敬客人，给自己。而且我也逐渐明白，"茶"对于中国人而言，不仅仅是一种饮品，也是一

---

① 作者：妮鲁，孟加拉国人，汉语国际教育专业。

种生活，一种精神，更是一种文化。

于是，我开始潜心向老师学习茶艺，逐渐掌握了生活茶艺和花茶茶艺，这才知道原来泡茶有很多门道。茶叶的多少，茶具的选择，水的温度，泡茶的手势，甚至品茶的时间都影响着茶的味道。为了让看我泡茶的人有最好的享受，我还学了怎么拿好杯子，泡茶的时候应该怎么坐，而手又应该放在哪里……慢慢地，我终于开始了解，为什么老师告诉我泡茶是一门艺术，也是一门学问，更是一种哲学。每个人泡茶的方式不一样，看一个人泡茶，喝一个人泡的茶，其实可以感受到他的心情如何，他的性格又怎样。这简直太不可思议了，难怪古往今来，这么多诗词文学作品都谈论茶。几千年的沉淀注定了"茶文化"之深厚，而我，像一只小鱼畅游于中国的茶海，自由且欢畅。而且我越了解中国茶越好奇，越好奇就越探索。我的朋友们经常问我："妮鲁，你为什么那么喜欢中国茶呢？你怎么可以把中国茶泡得那么好？"我想，原因其实很简单，就是爱。因为我爱中国，爱中国的文化，爱中国茶，爱我在中国遇到的这些可爱的人，爱中国教给我可以陪伴我一生的东西。

仔细想想，其实中国人不都是很好地诠释着中国的茶文化吗？你看，有多少个中国人在开始一天工作之前泡上一壶茶，陪自己开始一天的奋斗；又有多少个中国人，在休憩之时，倒上一杯茶，捧一本书，自斟自饮；又有多少个中国人叫上三五好友，以茶会友，聊尽生活的甘苦……不用计较好茶与否，只要合适的水温、合适的茶具、合适的环境，这就是中国人的情趣。那什么是合适？可能自己觉得合适就是合适吧。再联想到2020年初新冠疫情的突然爆发，多少个中国人被困在家中，他们没有怨声载道，没有心急如焚，而可能只是和家人一起泡一壶浓茶，关心着疫情的发展，闻一闻热茶的香气，静静地等待春暖花开，这难道不是茶的哲学，不是中国人的哲学吗？

我很幸运，能够在中国与茶邂逅，了解茶，学习茶，爱上茶。老师告诉我，茶有三品：一品感恩，二品知足，三品惜福。我愿带着茶的馨香、茶的文化、茶的哲学，将我与中国的"茶之缘"分享给更多想要了解中国茶的外国人，借用中国诗人白居易的诗句，"无由持一碗，寄予爱茶人"，愿爱中国茶的你我，和中国结下茶缘的你我一起，以茶修身，茶悦人生。

三、演讲之声

1. 2017 年《我的旗袍梦》荣获第十届中国 - 东盟教育交流周中文演讲暨征文大赛——"留学中国梦"一等奖

我的旗袍梦 ①

尊敬的各位评委，亲爱的老师、同学们：

大家好！

我是贵州大学的泰国籍留学生，我叫高勇娜。我名字里这个"娜"字，可不是说我很美，而是说，我很臭美。今天，我的"中国梦"也要从我的"臭美梦"说起。

高勇娜

在我 9 岁的时候，有一个中国电视剧风靡东南亚，我估计在座和我差不多年龄的女孩子都看过，那就是《还珠格格》。《还珠格格》吸引我的，并不是小燕子和五阿哥之间的爱情，而是姑娘们身上穿着色彩鲜艳、精致华丽的长裙子，后来，我才知道，那就是中国旗袍的前身。

我从小就是一个爱臭美的女孩子，所以一下子就喜欢上了旗袍。当别的女孩子做着"公主梦"的时候，我每天想的是，怎么才能成为一个"格格"。我每天跟小朋友一起玩的时候，总是用妈妈的丝巾把自己打扮得好像穿旗袍一样。看见别人穿旗袍，我特别羡慕，那时我的脑海里就想象自己在穿旗袍的样子。长大一些后，我虽然还是没有穿过旗袍，而且也不知道旗袍适不适合我，但我仍然爱着中国旗袍。于是，从童年时的单纯喜欢逐渐变成了兴趣，当我了解了更多旗袍的历史后，我对旗袍的喜爱更加强烈。

由于受到时代变化、西方审美的影响，旗袍的风格款式经历了好几次变化。现代的旗袍已经融入西方凸显女性曲线的服装文化，袖、领、开衩和长度也随着时代而改变，但旗袍上的图案依然传递着中国的传统文化艺术，展现着东方女性美，演绎着别样的东方风情。历史的变化被一针一线记录在精美的布料上，这些都反映了中国人对传统文化的传承

---

① 作者：高勇娜，泰国人，计算机应用技术专业。

和对世界潮流的包容。它在不断改变的过程中，也在不断发展，没有被社会淘汰，成为博物馆里的展品，而成了大众可以穿上的民族服装，体现着中华民族独特的文化。

刚开始，中国旗袍只在中国流行，后来，旗袍逐渐被外国人喜欢。越来越多的外国人喜欢旗袍，我觉得无论谁穿旗袍，都不只是在穿美丽的衣服，更是展现着中国传统文化的魅力。现在我有机会来中国学习，我对中国文化的热爱已经远远超过单纯对旗袍的喜爱，我在中国学习奇妙独特的汉字，感受优美的自然风光，体验各种各样的传统节日，这些已经远远超越我想实现的那个小小的梦想了。今天，我终于如愿以偿地穿上了我钟爱的旗袍站在中国大地上，而由旗袍连接起中国的过去和未来，连接起生活与艺术，将美的风韵洒满了人间。

谢谢大家！

2. 2017 年《我的中国梦》荣获第十届中国 - 东盟教育交流周中文演讲暨征文大赛——"留学中国梦"二等奖

我的中国梦 [①]

尊敬的评委，各位老师、同学们：

大家好！

我是来自贵州大学的老挝籍留学生，我叫盘龙。

在说我的中国梦之前，我想请大家先看看这几张照片，这是贵州六盘水的"八大弯"，这是贵州晴隆的"二十四道拐"，这是贵州桐梓的"七十二道拐"，这些都是贵州，甚至是中国非常有名的盘山公路。大家有没有觉得这些山路就像盘在大山里的一条条龙？没错，这就是我名字的来源，盘龙。

盘龙

为什么我选择这个名字呢？这就要说到我的中国梦了。在我来中国之前，我就听说过中国贵州修路架桥的技术非常厉害，可以算得上领先世界了。来到贵州之后，我亲眼看到不可思议的盘山公路，看到宏伟的大桥，我不仅对贵州先进的路桥技术感到赞叹，更是被贵州人的努力和勇气所震撼。于是，我选择了土木工程专业，我决心不仅要像其他留学生一样，成为两国的文化桥梁，我更要踏踏实实，真真正正地修好一条条路、一座座桥，把中国和老挝两个国家、两个国家的人民紧紧地联系在一起。

在老挝，我们出行基本靠汽车，去更远的地方就靠飞机。因为修建铁路的成本非常高，而且对技术的要求也很高。中国有句俗话叫"要想富，先修路"，我特别赞同。因为交通不便，所以和外界的联系也不畅通，这样对老挝的经济发展也产生了一些影响。老挝的第一条铁路是 2008 年通车的，这条铁路连通了老挝和泰国，但是，这条铁路在老挝境内只有 3.5 千米，能够起到的作用十分有限。而老挝的第二条铁路就不同了，中老铁路项目 2016 年年底在我的家乡——老挝琅勃拉邦举行了开工仪式，这条铁路从云南玉溪到老挝

---

① 作者：盘龙，老挝人，土木工程专业。

万象，是连接中国和东南亚的中间路段，非常重要。

我觉得非常幸运，能遇上中国"一带一路"倡议的好时机。我知道，现在只是"一带一路"倡议的开始，也只是老挝走向世界的开始。我们作为东盟国家的青年、作为"一带一路"沿线国家的青年，在今后的 5 年、10 年、20 年里会有许许多多实现梦想、建设祖国的机会。但我知道，"千里之行，始于足下"，一切都要从眼下这一步开始。

今年我已经研二了，毕业的时间慢慢近了，我要抓紧这两年的时间，一边继续学习专业的知识，一边不断提高汉语水平、学习中国文化。我也想在这里呼吁所有东盟国家的青年朋友，我们大家要珍惜在中国学习的宝贵机会，要努力充实自己。中国和东盟国家的合作发展还有很长的路要走，同学们，让我们一起把握住历史的机会，撸起袖子脚踏实地好好干，共同掀起中国 - 东盟合作的新浪潮！

谢谢大家！

3. 2017 年《留学中国梦》荣获第十届中国 - 东盟教育交流周中文演讲暨征文大赛——"留学中国梦"二等奖

留学中国梦 [1]

尊敬的各位评委，各位老师，亲爱的同学们，大家下午好！我是贵州大学的泰国籍留学生，我叫郭莉莉，我演讲的题目是《留学中国梦》。

记得小时候，刚从中国回来的叔叔请我们去他家做客，他热情地给我们介绍他从中国带回来的宝贝——一包包中国茶叶和一堆堆瓶瓶罐罐，并兴奋地烧着热水要给大家泡茶。我很不解地问叔叔："泰国这么热还要喝热茶？泡茶为什么这么麻烦？"叔叔告诉我，这叫品茶，

郭莉莉

是中国的茶文化。当茶的清香溢出茶杯飘满整个屋子，透过茶杯里跳跃的茶叶，我隐约看见了一个迷人的东方文明古国。从那以后，我就常常缠着叔叔给我讲中国的故事。可是，叔叔告诉我，想了解中国就必须从学习汉语开始。

于是，在大学里，我毅然选择了汉语专业。可学习汉语并不像想象的那么简单。同学们一定也感受过，心里有千万句话想要表达，嘴上却只会说"你好""谢谢""多少钱"。万丈高楼平地起，于是，我静下心来，脚踏实地一步一步走进汉语世界的大门。

有一次，我去给泰国中学生上汉语体验课，课后我简单展示了一下中国茶艺。学生对茶艺充满了兴趣，一个学生好奇地问我："中国人为什么喜欢喝热茶呢？中国的茶艺和日本的有什么不一样呢？"我一时竟回答不上来。我以为我对中国已经很了解了，但那时我才发现，我只是走进中国文化的一个小花园，我还需要更努力，因此我决定来中国留学，学习地道的汉语，深入了解中国文化。

到贵州大学以后，我选择了汉语国际教育专业，我想让我的同胞们也都开始学习汉语、了解中国。通过一年的学习，我掌握了一些对外汉语教学的专业知识，还接触到了更

---

① 作者：郭莉莉，泰国人，汉语国际教育专业。

多的中国传统文化，感悟到了更深的道理。就拿茶艺课来说，茶艺并不只是简单的泡茶、品茶，在茶艺课上，我不仅学习到了中国茶叶的知识，还感悟到了这小小的一杯茶中蕴含的人生哲理。中国有句俗语："酒满敬人，茶满欺人。"什么意思呢？就是说倒茶要倒七分满，要留给大家一些批评和建议的空间，这是告诉我们做人要学会谦虚。当茶还没有被采摘的时候，要经得起风吹雨打；当茶被采摘下来之后，还要经得起修剪加工；当茶被人品尝的时候，更要经得起评价和回味。做人也应像茶一样。

现在我已经在中国学习一年了，我的汉语学习之路还很漫长，然而，"路漫漫其修远兮，吾将上下而求索"。我愿翻过一座又一座山，通向中华五千年文化的知识宝库；我更愿跨过一座又一座桥，将璀璨绚烂的中国文化带到泰国的千家万户。

我的演讲到此结束，谢谢大家！

4. 2018年《缘起中国茶》荣获第十一届中国-东盟教育交流周"诗琳通公主杯"中文演讲大赛——"留学中国梦"一等奖

缘起中国茶 [1]

　　我第一次接触中国茶是去年的中秋节，我跟我的一个泰国朋友去我的钢琴老师家做客。晚饭后，钢琴老师刚满4岁的女儿给我们泡茶，她泡茶的动作十分熟练，样子实在太可爱了。她还会自言自语地说："茶，甜一点，我要招待客人。"但那个时候更吸引我的是钢琴老师家的钢琴，我并不喜欢茶的味道。每次去上课之前，钢琴老师都会泡茶给我喝，那个时候，我觉得喝什么茶都是苦的。有的时候我去练琴，还有其他的学生在，他们说着关于茶的种种，我却什么感觉也没有。

张金树

　　之后的整个寒假，我都住在钢琴老师家，我们每天都要喝很多茶，比如绿茶、白茶、红茶、乌龙茶和黑茶，还有普洱茶。钢琴老师也经常带我去不同的茶馆喝茶。我不明白，茶有那么好喝吗？除了黑茶，其他的茶都那么苦。钢琴老师说："不是喝茶，是品茶。"其实我不懂品茶。

　　直到有一天，我们去一个朋友家喝茶，泡茶的几个姐姐都是为跟钢琴老师学泡茶从很远的地方赶来。那天，我发现了一个神奇的事情：不同的人泡同一种茶，居然会有明显的区别。有一个胖姐姐泡的茶特别甜，而另一个年龄大一点的姐姐泡的茶却没什么味道。于是我也开始尝试去泡茶，可是泡什么茶都是苦的。钢琴老师说是因为我不爱茶，对自己不自信。对于钢琴老师的说法，我当时也只是半信半疑。

　　直到开学，我住在学校，才发现我已经习惯了每天喝茶，没有茶的日子总觉得缺了些什么。好不容易到了周末，我约钢琴老师去练琴，她让我泡茶，或许是因为想念，或许是因为可以练琴，总之那天的茶特别甜。

----

[1]　作者：张金树，老挝人，国际经济与贸易专业。

钢琴老师说不同种类的茶就像不同的人，比如绿茶，就像充满活力的青春少女，无忧无虑、无畏无惧，喝起来很鲜，也会有些青涩稚嫩；红茶呢，像一个中年女人，经历了一些喜怒哀乐，变得内敛、温婉、成熟，喝起来甘醇；而白茶，就像是清丽脱俗的女子，从世外桃源而来，不染红尘；再比如陈年普洱，像慈祥的老太太一样，香味浓，口感醇厚，让人回味无穷。

还记得在贵州大学的第十二届日本文化节中，我很荣幸被学院老师选去参加中日文化交流活动，我和其他几个同学，穿着旗袍做了一段茶艺表演。表演结束后，我们就各种拍照，我放肆地搞怪，被老师批评了。她说你现在是茶仙子，是一个优雅的女子，不应该做这些动作。我不以为意，但当我看到我表演的照片时，也差点认不出自己，舞台上的我是那么优雅、自信，以前我只是看到老师她们泡茶的样子特别美，我也想像她们那样成为优雅自信的女子。现在，茶让我做到了。

钢琴老师曾说："茶有三品，一品感恩，二品知足，三品惜福。"与茶相伴的日子，我越来越喜欢这个国度。我刚来中国的时候，没有朋友和家人陪伴，我非常难过。但是因为有茶，因为有中国茶，我慢慢变得快乐起来。因为茶带给我的这些美好，我也想努力地去学习中国其他的传统文化，比如古琴、书法。我想即便是用尽一生，我可能也无法学好，但是我会尽我所能把这些博大精深的文化带回家，把这些属于中国的优良传统带回老挝，哪怕只是星星点点的火种。我坚信伟大领袖毛泽东所说的"星星之火，可以燎原"。

最后我想说：我爱你，中国！

5. 2018 年《我的导游梦》荣获第十一届中国 - 东盟教育交流周 "诗琳通公主杯" 中文演讲大赛——"留学中国梦" 二等奖

我的导游梦 ①

大家好，我叫任妮雅。我想先请大家看看这几张图片，你们知道这是哪里吗？没错，这是美丽的巴厘岛，是我的祖国——拥有"千岛之国"美称的印度尼西亚的岛屿。

任妮雅

我在这优美的环境中长大，对大自然有一种特殊的感情。从童年起，我的梦想好像就和其他同学不太一样，不是进入大公司、政府部门工作，不是提高自己的社会地位，而是成为一名导游，我想要帮助那些被生活压力所束缚的人，去享受大自然的美好。

那么怀有导游梦想的我，为什么要来中国学习呢？

第一，中国是一个旅游资源十分丰富的国家，不论是人文旅游资源还是自然旅游资源都十分丰富。在中国，想欣赏美丽的雪景，你可以去哈尔滨；想感受历史的厚重，你可以去敦煌、西安；想要感受瀑布的壮观，多彩的少数民族文化，那么你就一定要去多彩的贵州。印度尼西亚也是一个旅游资源很丰富的国家，有森林、有大海、有火山、有寺庙。然而中国人提到印度尼西亚，大部分人只知道巴厘岛，印度尼西亚人说到中国，大部分人想到的也只是北京和上海。偷偷告诉大家，印度尼西亚有很多比巴厘岛更美的地方，所以我想帮助两个国家的人发现更多元、更丰富的旅游目的地。

第二，是中国的广告。有一天，我在饭馆里吃饭，小饭馆的电视里在放广告，虽然我的汉语不够好，但也感觉到这个广告有点不一样。我们常见的广告都是在卖东西，如卖手机、卖化妆品、卖汽车，但是这个广告在"卖"一个城市！我以前从没见过这样的广告，虽然我听不懂电视里在说什么，但看完后，我真的好想去广告里的那个地方。后来我才知

---

① 作者：任妮雅，印度尼西亚人，应用经济学专业。

道，那是河南省的旅游宣传片，再后来我也看到了越来越多的城市的宣传片，有四川的、贵州的、山东的。中国宣传旅游的办法太好了，我们印度尼西亚为什么不能这样做呢？这让我更坚定去中国学习的信心，我要好好学习中国旅游宣传的经验。

我想要学习中国旅游宣传的经验，成为一名导游，绝不仅仅是为了挣钱，我想让生活中处于工作压力下的人们，有着繁重课业负担的孩子们，还有忙于家庭琐事的妈妈们，重新燃起对生活的热情。我认为去一个新的地方，结识新的人，理解不同的文化能够丰富我们自己，使我们更加尊重自己、人类和自然。

谢谢大家！

第八篇　校友风采

1. 2014 年贵州大学留学生校友会老挝分会成立

　　2014 年 11 月 10 日至 12 日，贵州大学国际教育学院院长张成霞应邀访问了老挝国立大学、老挝社科院、老挝苏州大学等单位，看望贵州大学的老挝籍留学生。

　　2008 年贵州大学招收第一批老挝籍留学生，至 2014 年已有 30 多名学生学成回国，分别供职于老挝高等法院、总理府、交通部、能源部、高校、银行、私企等部门。贵州大学代表与 10 多名校友进行了交流座谈，充分了解他们在老挝的工作和生活情况；同时，向校友们介绍贵州大学日新月异的变化，表达了学校对留学生校友们的问候和关心，希望校友们勿忘母校，有机会常回学校看看；最后，预祝校友们事业有成、家庭幸福、为校争光！

　　在访问期间，正式成立"贵州大学留学生校友会老挝分会"，推选腊达娜为会长。这是贵州大学首个留学生校友会分会，该会旨在希望留学生校友能够立足老挝、关注中国、心系贵大，积极推进老挝与贵州大学的交流与合作，做好两国人民友好交流的桥梁和纽带。

腊达娜当选贵州大学留学生

校友会老挝分会会长

张成霞院长（左）与老挝籍

校友莫慧兰（右）合影

2. 2015 年贵州大学国际教育学院代表团看望贵州大学老挝校友

2015 年 3 月 11 日至 3 月 19 日，贵州大学国际教育学院副院长梁雪、党政办公室主任向通国、教学科研科副科长陈文捷 3 位同志赴越南军事科学院、越南太原大学外国语学院，老挝万象中学、扁瓦（音译）中学、琅南塔省体育教育厅进行交流访问。在出访老挝期间，贵州大学国际教育学院代表团专程看望了贵州大学老挝校友。

贵州大学留学生校友会老挝分会成立于 2014 年 11 月，优秀校友腊达娜担任会长，现有成员近 20 人，分别就职于老挝总理府、国防部、计划投资部、老挝高校等单位。贵州大学留学生校友会老挝分会是提高贵州大学在老挝知名度、打开老挝市场的重要机构，是推动贵州大学国际化进程、提升国际竞争力的可靠力量。此次出访，代表团与校友会代表进行了简短的会谈，了解校友近况，收集校友名录，并对校友会下一步招生工作做了规划，提出了要求。此次会谈增强了贵州大学与校友的凝聚力，强化了校友的归属感。

贵州大学国际教育学院老师与老挝籍校友合影

3. 2015 年贵州大学国际教育学院成立"留学生之家"

为密切留学生与学院之间的联系，为中外学生提供交流的平台，2015 年 10 月 30 日，贵州大学国际教育学院举行了"留学生之家"成立仪式。

"留学生之家"的宗旨是"互助互爱"，教师、外国留学生、中国学生等自愿加入，大家帮助新生适应学校，帮助生病学生就医，积极参与公益活动等。

来自韩国、柬埔寨、捷克、老挝、美国、蒙古国、墨西哥、泰国、越南等 12 个国家的 20 余名留学生代表参加了会议。

贵州大学国际教育学院"留学生之家"成立

"留学生之家"的成立，加强了不同国家留学生之间的交流，发扬学生的主人翁精神，增强了学院的凝聚力，提高了学院的管理水平，体现了学院"以学生为本"的管理理念。

4. 2018 年贵州大学柬埔寨籍优秀校友童达回校看望师生

2018 年 4 月中旬，贵州大学柬埔寨籍校友童达回到母校，看望贵州大学的老师和在校柬埔寨籍留学生们，感受学校日新月异的发展变化，向老师们分享毕业以后自己的工作和生活情况，和柬埔寨籍留学生们分享自己从学校踏入社会的工作经历和心路历程。

童达 2012 年 9 月到贵州大学国际教育学院学习汉语，2013 年 9 月到贵州大学经济学院攻读国际经济与贸易专业。在校期间，他学习踏实，积极协助办公室老师处理相关事务，他还担任柬埔寨国别负责人。2016 年 7 月毕业之后，他返回柬埔寨西哈努克港，在中国公司投资建设的酒店从事管理、贸易洽谈等工作，在自己的工作岗位上取得了较好的成绩。

交流中，贵州大学国际教育学院院长张成霞鼓励以童达为代表的优秀校友工作以后抽空回到母校，看望老师，分享工作和生活情况；希望校友们不论走到哪里，都不要忘记母校，记得常回家看看！童达作为贵州大学留学生校友会柬埔寨分会会长，张成霞院长希望他积极推进校友工作，加强毕业生之间的联系，经常向母校反馈柬埔寨籍留学毕业生的情况。

童达表示，在贵州大学的 4 年留学生活是他人生中的无价财富，自己一定会永远铭记母校的培养和各位老师的谆谆教诲，希望母校发展得越来越好！

童达（左一）与贵州大学国际教育学院师生合影

5. 2019 年贵州大学越南籍优秀校友黎文军回校看望师生

2019 年 7 月 4 日，贵州大学越南籍校友黎文军回到母校，看望贵州大学的老师和在校越南籍留学生，感受学校日新月异的发展变化，向老师们分享毕业以后自己的工作和生活情况，和越南籍留学生们分享自己毕业后的工作经历和生活经历。

黎文军于 2010 年 9 月进入贵州大学国际教育学院学习汉语，

优秀校友黎文军（中）与贵州大学国际教育学院师生合影

2011 年 9 月到贵州大学经济学院攻读国际经济学贸易专业。在校学习期间，他担任越南国别负责人，努力学习，乐于助人，与各国留学生相处融洽，在越南籍留学生中有很高的威望和影响力。2015 年 6 月毕业时，黎文军被推选为贵州大学留学生校友会越南分会会长。

毕业之后，黎文军回到越南从事商贸方面的工作。他后来创办了优农农业机械有限公司，自己担任经理，经常往来于越南、中国四川和贵州等地，开展贸易洽谈，与贵州省农科院建立了业务合作关系，在事业上取得了骄人的成绩。

黎文军十分关心母校的发展，积极协助母校与越南进行交流与合作。2016 年 4 月 27 日，第九届中国 - 东盟教育交流周"留学中国（贵州）教育展暨黔越高校合作交流洽谈会和签约仪式"在越南河内梅丽亚酒店顺利举行。黎文军与其他闻讯前来的越南籍校友参与了招生推介和翻译工作。

交流中，贵州大学国际教育学院院长张成霞感谢黎文军对学校、老师的眷念，并希望他以后常回母校看看，多与在校留学生交流，发挥校友分会会长的作用，肩负起会长更多的职责，加强校友之间的联系，经常向母校汇报越南籍校友的情况。

黎文军表示，在贵州的留学生活是他人生中最快乐的时光，感谢学校和老师的培养，他会常来贵州，希望母校发展得越来越好！

6. 2019年贵州大学老挝籍优秀校友庞生回访母校看望师生

时隔7年有余，仿佛就在昨天。2019年11月15日，贵州大学老挝籍校友庞生第一次回到母校。见到昔日老师的那一刻，他心里有说不出的激动和感慨。作为贵州大学首批中国政府奖学金获得者，庞生于2008年9月至2009年7月在贵州大学学习汉语，并顺利通过汉语水平考试，进入贵州大学资源与环境工程学院攻读硕士研究生。留学贵大之前，庞生是一名国家公务员，供职于老挝交通部。在校学习期间，庞生学习踏实，努力进取，成绩良好，于2012年6月顺利毕业。回到老挝后，庞生仍继续在交通部工作，经过数年的工作积累和努力，他从事河道方面的管理工作，并担任部门负责人。

在与贵州大学国际教育学院老师的交流中，庞生分享了毕业以后自己的工作和生活情况，和老挝籍留学生们分享从学校踏入社会的工作经历和心路历程。庞生说，贵州大学发生了翻天覆地的变化，让他简直不敢相信自己的眼睛。他为母校的蓬勃发展感到无比自豪和骄傲。

庞生（右一）与贵州大学国际教育学院领导合影

贵州大学国际教育学院党委书记晋克俭、院长张成霞对庞生事业有成感到欣慰，赞赏庞生对母校的深情，并希望他以后常回母校看看，看望老师，分享工作和生活情况，发挥校友与母校之间的桥梁和纽带作用，经常向母校汇报老挝籍校友的情况。

庞生感慨地说，在贵州4年的留学生活是他人生中最难忘的回忆，贵州大学就是他的第二故乡，他对母校和老师的思念时时萦绕于心，一定会永远铭记母校的培养和各位老师的谆谆教诲。他表示，自己会常来贵州，也热烈欢迎贵州大学的老师到老挝交流访问，并鼓励在座的老挝籍留学生好好学习，将来更好地为中国和老挝的经济社会发展、双边文化教育交流做出更多、更大的贡献！

7.2020年贵州大学越南籍校友黎文军荣获首届"丝路友好使者"称号

2020年12月21日，由中国国际文化交流中心主办、人民日报《环球人物》杂志社承办的2020首届"丝路友好使者"盛典在北京举行。盛典上，来自10个国家的10个个人、1个团体获评"丝路友好使者"称号。他们在"云端"相聚，深情讲述了自己的感人故事。贵州大学越南籍校友黎文军因在农机推广方面的贡献，被授予"丝路友好使者"称号。

黎文军来自越南贫穷山村，是中国企业家公益助学项目的受益者。在华留学结束后，得知资助自己的企业家在越南经营受阻时，他毅然决定帮助恩人创业。他以在越南推广中国农机为己任，书写了一段跨越国别、互帮互助的佳话。如今，中国农机已覆盖到越南全国约60个省市，不仅为越南农业带去了新技术，还帮助越南农民走上了致富之路。黎文军说："我将继续奔走在田间地头，把更多'中国制造'带到越南。"

颁奖典礼现场

第九篇　服务社会

一、兄弟院校交流

1. 2015 年贵阳学院院长办公室主任黄利落一行访问贵州大学国际教育学院

2015 年 5 月 21 日，贵阳学院院长办公室主任黄利落一行 9 人访问贵州大学国际教育学院，双方就留学生招生、教学及日常管理等问题举行了交流座谈会。

贵州大学国际教育学院院长张成霞、副院长梁雪，党政办公室、教学科研科、留学生管理科相关工作人员出席了本次座谈会。

贵阳学院一行访问贵州大学国际教育学院

张成霞院长首先向贵阳学院一行表示欢迎，并详细介绍贵州大学国际教育学院的基本情况。会上，贵州大学国际教育学院相关工作人员就贵阳学院提出的相关问题进行解答，双方还深入探讨了留学生招生、本科生管理、后勤管理等问题。

最后，贵阳学院感谢贵州大学在留学生招生、教学及管理等方面给予的指导，希望两校加强沟通和联系，推进留学生教育工作。

2. 2016 年贵州理工学院国际交流与合作处副处长孙凯一行到贵州大学调研

2016 年 6 月 22 日，贵州理工学院国际交流与合作处副处长孙凯、贵州理工学院教务处副处长吴维义一行 4 人到贵州大学国际教育学院调研学习，并与贵州大学国际交流与合作处处长洪云，贵州大学国际教育学院党委书记凌琦、院长张成霞、副院长梁雪及留学生科、教学科研科负责人进行交流座谈。

贵州理工学院一行在贵州大学国际教育学院调研

张成霞院长首先向贵州理工学院一行表示欢迎，并详细介绍了贵州大学国际教育学院的基本情况。会上，贵州大学国际教育学院与贵州理工学院国际交流与合作处进行交流，并深入探讨留学生招生、管理、教学等方面的相关问题。贵州大学国际教育学院还向孙凯一行展示了《贵州大学国际教育学院院刊》《留学生毕业纪念册》，他们对贵州大学多元的留学生生源、丰富的留学生文化活动纷纷赞叹不已。

3. 2017 年铜仁职业技术学院一行访问贵州大学国际教育学院

　　2017 年 12 月 7 日，铜仁职业技术学院国际教育学院对外汉语教研室主任赵岩与教师涂登宏、高彩云、黄陈林一行 4 人来贵州大学国际教育学院就对外汉语教学模式、方法及经验进行调研交流。

铜仁职业技术学院一行访问贵州大学国际教育学院

　　上午，铜仁职业技术学院的老师走进贵州大学国际教育学院对外汉语教师的课堂进行观摩，他们分别观摩了综合、口语、读写、听力课程。

　　下午，铜仁职业技术学院的老师与贵州大学国际教育学院的老师举行教学经验座谈会。贵州大学国际教育学院分管教学副院长梁雪、教学科研科科长唐颖、对外汉语教研室负责人钟晓路、对外汉语教师梁玉豪和袁希文参加了此次座谈会。会上，双方相互介绍了本院的留学生情况、教师情况、教学与管理情况，并且针对对外汉语教学中存在的"三教"（教师、教材、教法）问题进行了深入探讨与交流。

　　通过交流与座谈，双方均表示今后将会加强两个学院在师资建设、留学生招收、留学生管理以及文化活动等方面开展合作，共同推动对外汉语事业的发展。

4. 2018 年贵州水利水电职业技术学院到贵州大学国际教育学院交流访问

2018 年 10 月 10 日，贵州水利水电职业技术学院国际教育分院、对外交流合作处部门负责人一行 4 人到贵州大学国际教育学院进行交流访问。贵州大学国际教育学院院长张成霞、副院长梁雪、教学科研科科长唐颖、留学生管理科科长杨晓椿、对外汉语教研室负责人钟晓路、对外汉语教师梁玉豪参加了此次座谈会。

贵州水利水电职业技术学院到贵州大学国际教育学院交流访问

座谈会上，张成霞院长首先对贵州大学国际教育学院的机构设置、管理体系、管理规章制度、课程设置、文化活动等做了详细的介绍。随后，贵州水利水电职业技术学院国际教育分院副院长卢永芬也就本院的情况做了简单的说明。在之后的自由交流中，贵州水利水电职业技术学院国际教育分院的老师们针对留学生教育的培养方案、课程设置、学习安排、留学生日常管理、宿舍管理等方面提出了一些具体问题，贵州大学国际教育学院领导和老师给予了详细的解答。最后，双方都表示希望今后加强在留学生培养和管理方面的交流与合作。

5. 2018年贵州师范大学国际教育学院到贵州大学国际教育学院进行交流访问

2018年12月6日，贵州师范大学国际教育学院院长姜山、党委副书记王莉栋、副院长陈昶、留学生管理科科长秦欣、辅导员朱正武一行5人到贵州大学国际教育学院进行交流访问。贵州大学国际教育学院院长张成霞、副院长梁雪、留学生管理科科长杨晓椿参加座谈会。

贵州师范大学国际教育学院到贵州大学国际教育学院进行交流

座谈会上，张成霞院长首先对贵州大学国际教育学院的基本情况做了详细介绍。随后，姜山院长对贵州师范大学的留学生情况进行了介绍，并在留学生招生、汉语教育与专业学院协同管理、后勤保障等方面提出了相关问题。梁雪副院长给予问题回应，并分享贵州大学国际教育学院在汉语教学、课程设置等方面的经验。杨晓椿科长详细介绍了贵州大学国际教育学院留学生管理规章制度、留学生活动安排和招生宣传措施。最后，双方都表示希望今后加强在留学生培养和管理方面的交流与合作及经验分享。

6. 2019年黔南民族师范学院对外交流合作处到贵州大学国际教育学院交流访问

2019年3月14日，黔南民族师范学院对外交流合作处陈见影、王铸、梁译尹一行3人到贵州大学国际教育学院进行交流访问。贵州大学国际交流与合作处外教留学生科负责人刘鑫，贵州大学国际教育学院留学生管理科科长杨晓椿、辅导员李博、招生科科长陶利、教研室负责人钟晓路参加此次座谈会。

黔南民族师范学院对外交流合作处到贵州大学国际教育学院交流访问

座谈会上，杨晓椿老师首先对国际学生管理工作做了基本介绍。随后，王铸老师对黔南民族师范学院的留学生情况进行介绍，在留学生学籍管理、入学及离校手续办理、留学生专业培养、学信网及来华留学管理系统应用等方面提出具体问题。

陶利老师、钟晓路老师、李博老师对黔南民族师范学院老师提出的问题给予详细解答，并分享贵州大学留学生管理经验。

最后，双方都表示希望今后加强在留学生培养和管理方面的交流与合作及经验分享，共同提高两校的国际学生管理水平。

7. 2019 年贵州财经大学国际交流合作处领导莅临贵州大学国际教育学院交流访问

2019 年 4 月 1 日下午，贵州财经大学国际交流合作处副处长王小华、综合科副科长揭蕾等领导莅临贵州大学国际教育学院交流访问。贵州大学国际教育学院党委书记晋克俭、院长张成霞、招生科科长陶利、教学科研科科长唐颖参加了此次交流会。

贵州财经大学国际交流合作处领导在贵州大学国际教育学院交流

会议伊始，晋克俭书记代表贵州大学国际教育学院，对贵州财经大学领导的来访表示热烈欢迎，并简单介绍了贵州大学国际教育学院的基本情况。随后，贵州财经大学国际交流合作处副处长王小华就留学生的招生方式、招生名额、留学生规模等问题提问，贵州大学国际教育学院招生科科长陶利对王小华处长提出的问题做了详细解答。此外，贵州大学国际教育学院教学科研科科长唐颖也分享了留学生教学管理、学历证书的制作、学位授予等方面的经验。

为更好地与贵州财经大学的老师们分享国际交流相关工作经验，贵州大学国际教育学院特邀贵州大学国际交流与合作处国际交流科周斌参与此次会议。最后，张成霞院长通过 ppt 向来宾展示了贵州大学国际教育学院的成立发展、贵州大学留学生的基本情况、留学生系列活动、留学生管理等，还为大家做了生动而详细的讲解。

双方互动热烈，交流充分，贵州财经大学的老师们表示获益颇丰，对自己的工作也有了更清晰明朗的思路和想法。双方表示，希望以后两校继续加强交流与合作，共同促进两校留学生教育的发展。

8. 2019 年贵州大学国际教育学院教师为铜仁市对外汉语教师开展业务培训

2019 年 7 月 8 日至 9 日，贵州大学国际教育学院党委书记晋克俭、对外汉语教研室负责人钟晓路赴铜仁学院为铜仁市"2019 年对外汉语教师培训班"学员进行业务培训。此次活动由铜仁学院国际合作与交流处主办，铜仁学院国际学院承办。来自铜仁学院、铜仁职业技术学院、铜仁市幼儿师范高等专科学校、贵州健康职业学院等学校的 30 余名对外汉语教师代表参加了培训。

贵州大学国际教育学院教师为铜仁市对外汉语教师开展业务培训

培训讲座信息量大、知识面广、实用性强，为教师们提供了理论分析和实践指导，满足了铜仁当地对外汉语教师的切实需求，两场讲座引起了培训学员强烈的共鸣和热烈的讨论，老师们一致表示受益匪浅。

9. 2019 年贵州大学国际教育学院与贵州大学附属中学签署合作办学协议

2019 年 7 月 11 日下午，贵州大学国际教育学院和贵州大学附属中学经友好协商并达成共识，在贵州大学附属中学会议室签署了《贵州大学国际教育学院与贵州大学附属中学合作办学协议书》。贵州大学国际教育学院院长张成霞、党委副书记甘孝琴、副院长梁雪，贵州大学附属中学校长刘隆华、副校长赵俊光，贵州大学国际教育学院教学科研科科长唐颖，贵州大学附属中学教务处主任杨永高、办公室主任薛媛、教师赵文荣和朱丹共同出席协议签约仪式。

贵州大学国际教育学院与贵州大学附属中学签署合作办学协议

会上，贵州大学国际教育学院与贵州大学附属中学充分探讨了双方的资源优势。贵州大学国际教育学院院长张成霞希望此次合作办学能为在校留学生提供实习、实践的良好平台，使留学生能够感知中国文化、开展专业研究、实现职业发展。

贵州大学附属中学校长刘隆华也希望此次合作能充分发挥国际化资源服务地方文化建设的作用，拓展中国学生国际化视野，提升中国学生跨文化沟通和交际能力，为培养具有国际化视野和跨文化沟通能力的学生起到良好的促进作用。

最后，双方正式签署合作办学协议，下一步，将拟在贵州大学附属中学共建"贵州大学来华留学实习实践基地"。

10. 2020 年贵州轻工职业技术学院怀卡托国际学院到贵州大学国际教育学院交流访问

2020 年 1 月 10 日下午，贵州轻工职业技术学院怀卡托国际学院院长谌洪琴一行 4 人到贵州大学国际教育学院进行交流访问。贵州大学国际教育学院院长张成霞、副院长梁雪出席交流座谈会。

座谈会上，张成霞院长代表贵州大学国际教育学院对谌洪琴一行的到来表示热烈欢迎，并围绕贵州大学国际教育学院的基本情况、留学生基本概况、目标定位及人才培养、制度建设及规范管理、品牌特色及校友管理等方面做了详细介绍。随后，谌洪琴就贵州轻工职业技术学院怀卡托国际学院的基本情况进行了简单的介绍，并就对外汉语教师业务能力提升、分层教学师资分配、校本教材的编写、不同汉语水平留学生课程设置、HSK 等级考试、特色文化体验课开展及留学生的制度管理等方面提出了具体问题。贵州大学国际教育学院参会领导结合本学院的工作实际，给予了详细的解答。

贵州轻工职业技术学院怀卡托国际学院到贵州大学国际教育学院交流

双方表示，希望在今后的工作中，加强留学生教育教学管理的沟通和联系，为共同做好留学生的人才培养工作、贵州的对外教育工作不断努力、不断前行。

11. 2020 年贵州大学国际教育学院赴贞丰县龙场初级中学开展教育帮扶讲座

2020 年 5 月 29 日，为充分发挥学院教师专业优势，进一步促进帮扶学校普通话能力提升及应用文字达到基本规范要求，贵州大学国际教育学院党委书记晋克俭、副书记甘孝琴组织学院 4 名优秀汉语教师前往黔西南布依族苗族自治州贞丰县龙场镇龙场初级中学开展语言文字规范化帮扶工作。贵州大学国际教育学院在开展自身语言文字规范化达标创建工作的同时，心系帮扶地贞丰县龙场镇龙场初级中学语言文字规范化创建工作。

教育帮扶讲座现场

授课现场

参训老师受益匪浅，纷纷表示：感谢贵州大学国际教育学院的领导和老师们，能够在这样一个特殊的时期，心系龙场初级中学，情系龙场师生。在学校复工复学之时，贵州大学国际教育学院竭尽所能向龙场初级中学提供了 2000 个医用口罩，用于全校师生的日常防疫，这次更是实地"以音助教"，通过专业老师的现场指导，帮助龙场初级中学的老师们进一步规范了普通话的发音，这份情龙场师生铭记于心，牢记于怀。

会后，贵州大学国际教育学院还向龙场小学捐赠了 500 个医用防护口罩，用于教师的日常防疫工作，同时贵州大学国际教育学院在校留学生还为龙场小学的同学们准备了书画作品和手工艺品，为同学们在 2020 年特殊的六一儿童节来临之际，送来了祝福和关爱。

二、学生志愿活动

1. 2015 年贵州大学国际教育学院派留学生到清华中学开展英语角活动

2015 年 10 月 16 日，应贵阳市清华中学邀请，贵州大学国际教育学院组织 5 名留学生赴该校协助其举办首次英语角活动。来自美国的郭焕、麦吉和米可大卫，来自英国的张明志以及来自菲律宾的周美迪参加了此次志愿服务活动。

此次英语角活动的主题是"自我介绍"。5 名留学生首先向参加活动的中学生进行自我介绍。随后，学生分为 5 个小组，每名留学生负责一个小组，督促中学生进行自我介绍练习。在留学生大哥哥大姐姐们热情的帮助下，羞怯的中学生逐渐克服开口困难，主动发言和请教。留学生的到来不仅让他们欣赏了原汁原味的英语，也激发了他们学习英语的兴趣。

贵州大学国际教育学院留学生在清华中学开展英语角活动

清华中学希望将英语角作为常规性的学生活动，于每周五下午举办。贵州大学国际教育学院致力于服务社会工作，表示以后每周会选派 2—3 名留学生继续协助其举办该活动。

2. 2016 年贵州大学国际教育学院派留学生助清华中学开展英语角活动

2016 年 4 月 22 日下午，贵州大学国际教育学院选派 3 名留学生参加贵阳清华中学组织的"英语角"活动。来自立陶宛的达莉雅、阿根廷的尼克和捷克的安雅参加此次志愿服务活动。

为了使此次活动有更好的效果，达莉雅和尼克负责一个主题，安雅负责另一个主题。达莉雅和尼克准备的主题是"环游世界"。为了帮助清华中学的高中生克服说英语的心理恐惧，达莉雅和尼克从"西蒙说"的游戏开始。接下来，他们和高中生一起探讨自己最喜欢的城市，分享各自的旅行经历，并通过亲身经历告诉高中生们学习英语的重要性。最后，达莉雅和尼克分别向高中生们介绍了自己的国家。

贵州大学国际教育学院留学生参加清华中学开展的英语角活动

安雅准备的主题是"捷克和我的高中生活"。她首先向高中生简要介绍了捷克的地理位置、首都布拉格和美食，高中生根据自己感兴趣的点不时提出问题。随后，安雅分享了她的高中生活，并表示想进入较好的大学，学习压力也很大，这让在场的高中生感同身受。最后，安雅的一段舞蹈将英语角推向高潮。

从 2015 年起，贵州大学国际教育学院每周五选派留学生到清华中学参加英语角活动，建立长效志愿服务机制，为清华中学高中学生练习英语口语提供了支持，同时也为贵州大学国际教育学院留学生开启了解中国高中的窗口，提供服务社会的平台。

3. 2017 年贵州大学国际教育学院赴贞丰县参加中外之窗暨"六一"系列活动

2017 年 5 月 31 日至 6 月 1 日，应贵州大学国际教育学院党建对口帮扶点黔西南布依族苗族自治州贞丰县平街乡的要求，贵州大学国际教育学院领导、老师和来自 12 个国家的留学生一行 27 人到平街乡中心校参加中外之窗暨"六一"系列活动。

5 月 31 日下午，贵州大学国际教育学院师生参观贞丰县者相镇纳孔村，在纳孔村支书的带领下，大家参观了民居改建的民俗酒店、农耕陈列馆、蜡染刺绣陈列馆和纳孔广场。

6 月 1 日上午，贵州大学国际教育学院师生来到平街乡中心校参加六一儿童节。文艺表演结束之后，留学生们分组走进 11 个班级，和中小学生进行交流。留学生们用自己的母语教小朋友说"你好""谢谢""再见"等等，回答小朋友好奇的各种问题，与他们一起玩游戏，一起唱歌，一起拍照……

贵州大学国际教育学院师生与平街乡中心校学生合影

贞丰之行，一方面为孩子们的节日带去了国际元素，开启了山区学生了解外国留学生的窗口；另一方面，也让留学生们了解中国新农村的风貌，感受孩子们的美好梦想和积极向上，播撒中外学生友谊的种子。留学生们表示：很感谢学院举办这样的活动，让他们有更多的机会了解中国，他们会用心讲述、书写更多的中国故事。

4. 2018 年贵州大学国际教育学院赴贞丰县平街乡花江村开展党建扶贫活动

2018 年 11 月 23 日，在贵州大学国际教育学院党委书记晋克俭、党委副书记甘孝琴的带领下，贵州大学国际教育学院党建扶贫工作小组一行 4 人赴贵州大学国际教育学院扶贫点——贵州省贞丰县平街乡花江村开展了党建扶贫活动。

贵州大学国际教育学院在贞丰县平街乡花江村开展党建扶贫活动

在花江村委会，晋克俭书记首先与村两委干部就花江村产业发展状况、贫困户情况、农民就业等方面的内容进行了座谈，了解农产品销售及校农结合情况，对花江村脱贫过程中存在的问题提出了合理化的建议。一同参加座谈的还有贵州大学动物科学学院驻花江村开展帮扶工作的李老师。

随后，晋克俭书记代表贵州大学国际教育学院全体党员向花江村村委送上了学院全体党员捐赠的 3000 元慰问金，为花江村的脱贫工作尽一点微薄之力。

5. 2019 年贵州大学国际教育学院赴贞丰县龙场镇扶贫点考察调研

2019 年 5 月 10 日，在贵州大学国际教育学院党委书记晋克俭的带领下，贵州大学国际教育学院党建扶贫工作小组一行 5 人赴贵州大学国际教育学院扶贫点——贵州省黔西南布依族苗族自治州贞丰县龙场镇对门山村，对相关的扶贫情况进行考察调研，并为即将到来的中外之窗暨"六一"系列活动做前期对接工作。

工作小组先来到贞丰县龙场镇对门山村村委，与贵州大学驻对门山村第一书记陈勇、当地的村两委干部和龙场中心小学的有关领导进行交流座谈。

贵州大学国际教育学院党建扶贫工作小组在对门山村考察调研

龙场中心小学校长徐荣庆向工作小组介绍了龙场镇教育发展的情况，晋克俭书记表示，将积极协调贵州大学有关学院及调动贵州大学国际教育学院的资源，帮助龙场中心小学做一些实事。

6. 2019 年贵州大学国际教育学院师生赴贞丰县参加庆"六一"活动

按照贵州大学国际教育学院"一院一品"扶贫计划，2019 年 5 月 31 日至 6 月 1 日，贵州大学国际教育学院部分老师和来自老挝、泰国、俄罗斯、法国、孟加拉国等 5 个国家的留学生以及东盟研究院的老师，在贵州大学国际教育学院党委副书记甘孝琴的带领下，赴贞丰县龙场镇龙场中心小学参加"铸牢一家亲 追梦战脱贫"暨庆"六一"活动。

贵州大学国际教育学院师生在贞丰县参加

庆"六一"活动

贵州大学国际教育学院留学生专门为小朋友们准备了 4 个各具民族特色的节目：泰国姑娘们带来了《彩虹舞》；俄罗斯姑娘身着楚瓦什民族风格的传统服装，在欢快的音乐中翩翩起舞，向大家展现浓郁的俄罗斯民族风情；老挝留学生带给孩子们的是

活动合影

《祝您新年快乐》；来自法国的丁铭德和来自孟加拉国的何穆组成的小乐队，为大家献上自弹自唱的中、英、法三首歌曲。

贞丰之行，一方面让龙场中心小学的孩子们不出校门就能感受到异国文化的风采，开启他们认识世界的一扇窗；另一方面，也让留学生们近距离地了解中国的改革发展，了解多彩贵州，特别是贵州少数民族特色文化，播撒中外学生友谊的种子。留学生们表示，很感谢学院举办这样有意义的活动，让他们对贵州、对中国有了更深刻的认识。

7. 2019 年贵州大学国际教育学院留学生参加 "世界文化之旅" 系列讲座

2019 年 6 月 24 日下午，在贵州大学附属中学一楼报告厅举行由贵州大学国际教育学院和贵州大学附属中学共同打造的 "世界文化之旅" 系列讲座第五期，贵州大学国际教育学院印度籍留学生张德江、孟加拉国籍留学生艾莎和妮鲁、莫桑比克籍留学生迪尼斯等作为主讲人出席本次讲座。

张德江以题为 "不可思议的印度" 进行主讲，他用流利的中文，风趣幽默的演讲形式给同学们详细介绍了印度的国情、服饰、文化、习俗、美食等情况，让同学们从多角度、多方面去了解印度文化。

在互动环节中，同学们兴致高昂，积极参与，踊跃提问。张德江有时候用中文，有时候用英文热情、耐心地回应同学们的提问。之后，张德江还为同学们演唱了两首印度歌曲，并与同学们一起合作完成了一首中文歌曲，现场氛围十分活跃。

艾莎从政治、民族、服饰、教育、旅游、美食、音乐等方面与同学们分享孟加拉国的基本情况，同时也表达了自己对于中国的喜爱之情，对中国在各方面给予孟加拉国提供的帮助和便利表达了真挚的感激之情。其他留学生的演讲也同样受到贵州大学附属中学学生的喜欢。讲座结束后，张德江最受欢迎，俨然已成为学生心中的明星学长，被同学们排队索要签名。此次讲座开阔了贵州大学附属中学学生的国际视野，也让他们进一步了解了不同国家的文化。

张德江为同学们签名

8. 2021 年贵州大学国际教育学院开展"教育助力乡村振兴"活动

2021 年 11 月 26 日，贵州大学国际教育学院组织师生代表 17 人赴黔南布依族苗族自治州惠水县好花红镇好花红中学、辉岩小学开展"教育助力乡村振兴"活动。师生代表团由贵州大学国际教育学院党委书记晋克俭、院长张成霞带队，副院长梁雪及各科室代表等 10 名教职工，来自俄罗斯的缇娅娜、尼日利亚的刘雨佳等 5 名不同国籍的留学生参加活动。

贵州大学国际教育学院师生在好花红中学开展"教育助力乡村振兴"活动

晋克俭书记、张成霞院长代表贵州大学国际教育学院向辉岩小学捐赠书包等学习物资。好花红镇教育党工委书记罗正金代表好花红中学、辉岩小学向贵州大学国际教育学院表示感谢。他表示，这样的活动，有助于帮助中小学生拓宽视野，提高学习兴趣，也利于从小培养他们助人为乐的精神。他希望今后能进一步加强合作，搭建共促乡村振兴平台。

9. 2021 年贵州大学国际教育学院组织留学生开展服务地方社会实践活动

2021 年 11 月 30 日，贵州大学国际教育学院组织师生代表 8 人赴贵阳市南明区云关乡园晨学校开展服务地方社会实践活动。代表团由贵州大学国际教育学院党委副书记甘孝琴带队，3 名教职工代表和来自俄罗斯的缇娅娜、尼日利亚的刘雨佳、哈萨克斯坦的美丽、加蓬的高曼参加了此次活动。

贵州大学国际教育学院在园晨学校开展服务地方社会实践活动

课间操时间，甘孝琴副书记代表贵州大学国际教育学院向园晨学校捐赠了文具和牛奶等学习生活物资。俄罗斯籍留学生缇娅娜、尼日利亚籍留学生刘雨佳分别在六（一）班、六（二）班上英语交流课。身着民族服饰的缇娅娜以"走进俄罗斯"为主题，向六（一）班的学生介绍了俄罗斯的风土人情；充满热情的刘雨佳以"走进尼日利亚"为主题，用中英文向六（二）班的学生介绍了尼日利亚的风土人情，带给同学们完全不一样的课堂体验。

这样的活动，有助于帮助流动儿童拓宽视野，激发他们的学习兴趣，同时帮助经济困难学生建立信心，播下希望的种子。甘孝琴副书记代表贵州大学国际教育学院表示，贵州大学国际教育学院将继续利用国际资源优势开展相关活动，把服务地方社会实践活动持续下去，为孩子们多做好事、实事。

第十篇　同心抗疫

一、"疫"中有情

1. 同心祝祷，中国加油

新冠病毒肆虐，

对每个人来说都是考验，

离家万里远在贵州大学求学的留学生们也不例外。

他们时刻关注疫情的发展，

并且用他们自己的方式为中国加油打气。

张德江（印度）　　　　　　　　　杜丽（老挝）

光洁（埃及）

缇娅娜（俄罗斯）

王笑笑（埃及）

阮氏秋恒（越南）

梅花（哈萨克斯坦）

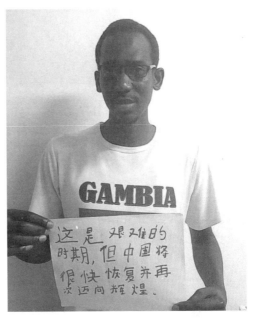

达沃（冈比亚）

那歌（冈比亚）

马燕飞（孟加拉国）

乔峰（冈比亚）

邓正杰（冈比亚）

蒋拉民（冈比亚）

留学生们通过朋友圈，

用满满的爱

声援武汉，声援中国

一切只因，中国是他们的第二个故乡！

　Я Tanya　缇娅娜（俄罗斯）

说实话，当疫情的消息发出的时候，我特别想回家，但是我也很快的意识到，回家相比在学校危险会更大。可能对自己和对他人以及俄罗斯来说都都可能传播疫情。在这寒假期间，所有的留学生都感受到了来自老师们和贵州大学给我们的关心。每天早上，老师们问我们的情况。说如果我们有任何问题就要告诉他们。学校的宿舍也每天进行消毒。虽然由于这种流行病，在中国很难找到口罩，但是学校想办法给我们找到了口罩，让我们很有安全感！这期间，我们可以在房间里做饭，也不要出门买菜。老师们的安排我们买的食品蔬菜可以直接送到宿舍门口。

在这疫情发生的过程中，展示了中国在应对危机事件上的准备是充足有效的，做出的反应也非常迅速！中国和中国人民是令人钦佩的！中国加油！武汉加油！我相信，中国会很快好起来！🖤

　张德江（印度）

在疫情防控期间，贵大所有的在校留学生都感受到了来自老师和同学的热心帮助和亲切关怀😊😊。我们每天与校医护工作者一起做好新型冠状病毒的防护工作，校医务工作人员每天都会来留学生宿舍消毒，老师们在第一时间给我们分发了口罩😷😷，还帮忙给留学生测体温，而且叮嘱我们保护好自己，尽量不要外出，出门一定要带好口罩。留学生们在学校值班老师和医务人员们的带领下，面对疫情不畏惧，不慌张，积极做好防护，现在大家都平安的在留学生公寓，静静等待疫情结束。我相信此刻我们每个人保护好自己，就是对疫情最大的帮助。我们与武汉会共抗疫情，武汉加油，💪💪中国加油！💪💪

P.C-- Adam 👦👧

梅花（哈萨克斯坦）

在第一次得到孔子奖学金之前，我从未想过中国会对我产生如此深刻的影响。我曾经试图去了解中国，所以我更希望自己能得到这样的机会和环境。而在这个机会来临的时候，我自然是毫不犹豫，立即便同意了到中国学半年汉语。到中国后，我下定决心，一定要来中国提高我的汉语水平、并成为一名研究生。在中国度过的时光里，我渐渐发现自己已经爱上了中国。中国不仅山川壮丽、幅员辽阔，中国文明也是世界上最古老的文明之一。我觉得，中国人比其他的任何国家的人都更了解祖国的历史。在离开中国的时候，我哭了好久，不想离开这个美丽的国家。终于，我美梦成真，成功地成为了一名这个伟大的国家的研究生。贵州省是一个多彩的省。如果您喜欢多样的文化和美丽的自然风景，那么您一定要亲自来贵州多加了解。最近，我们深切关注着中国的疫情，各国媒体也在实时跟进，广为宣传。当我第一次在新闻上了解到疫情的时候，疫情还没有这么严重，但仅仅是几天之后，它却出人意料地快速蔓延开来，患病人数与日俱增。疫情受到了各个国家的关注，国际社会也尽心尽力，帮助中国渡过难关。春去秋来，时节变换，我在中国已经度过了三个年头。往年但凡寒暑假，我都会回到自己久别的家中，可是今年，我决定留校继续学习汉语，并着手书写毕业论文。当时，我十分担心家乡的疫情，十分想念我的家人，希望自己能够陪伴他们。但我又希望能够留校，在中国度过一次新年。虽然因为疫情，今年的新年少了些喜庆的氛围，但国际教育学院为了我们开展了有趣的迎新春活动，在我心中留下了深刻的回忆。疫情期间，我的学院生活便集中在了学习上，偶尔累了也会看一看电影。学校和学院的老师都很关心我们，给我们送来了口罩和消毒液等防疫物资，以及如何防治病毒的知识。我很感谢我们学院的老师在这疫情期间对我们的照顾。中国是一个强大的国家，因此我坚信，中国一定会战胜疫病。而我们则会一起走过这条艰难的道路🙏！我爱你，中国🖤！我相信你✌️！中国加油💪！武汉加油💪！

 阮氏秋恒 HengVV ❀越南

来华留学是我追寻着很久的梦想，所以好梦成真时，我想把每一分每一秒的时间去珍惜。寒假也是，我想用这段时间去旅行，去了解中国文化，提高我的汉语水平。我已买火车票，酒店也订好了。没想到可恶的新型冠状病毒来了，我哪儿都不能去，只好安安静静在屋里等待。

不过在特殊情况下，我更了解人与人之间的感情。

每次刷微博都可以看到非常感人的事情。一方有难八方支援，不管是医生，军人，明星还是普普通通的老百姓，大家都为抗击疫情贡献自己的力量！

贵大也是。明明是在假期，但贵大的老师们，阿姨们，保安们还要值班，我们留学生有任何问题随时可以找他们来帮忙。每天都有医生来宿舍消毒让我们很放心。甚至在电梯里阿姨们还准备了纸巾，以免按电梯的时候被感染。普及防病知识的工作也做的很周全，电梯，门口都贴上了科学预防。在微信群里，老师也为我们发了很多有益的信息，贴心地问我们个人的情况。学校决定封闭式管理时，老师们还为我们考虑怎么解决购物的问题。还有很多很多的事情让我非常感动。我相信，这份感情，不仅仅是他们对我们的责任，而更是爱。听了这些事，我爸妈很放心。他们还夸：当贵大留学生真爽。

老师们，阿姨们，保安们，你们辛苦了，真的感谢你们为我们这么好的照顾。天佑中华，明天一定会好的！贵大加油！武汉加油！中国加油！

燕飞孟加拉

听到肺炎的消息后，我非常的担心!!
请每个外出的人都必须戴口罩😷，请不要
觉得外面没有人就可以偷懒，然后多穿衣
服保护好自己！！！
请尽量少出门，因为在家里也可以照顾好
自己和家人，在家里还能在网上联系朋
友……
我希望过几天一切都会变好！
如果遇到不真实、不确定的消息，也不要
到处散布，这不是开玩笑的事☹
#武汉加油，爱中国💕

收起

 E Jaw~乔峰▅（冈比亚）

作为一名贵州大学的学生，我认为有必要
向贵州大学和中国的整个社会，特别是在
这种困难时刻受影响最大的受害者，表达
我的衷心想法。作为一名在贵州的留学
生，我从来没有缺少过我一直需要的爱、
保护、激励、关心、被重视和最重要的尊
重。国际教育学院院长和其他教职员工一
直很乐于助人，尤其是在这样的困难时
期。我要借此机会向所有为确保生活恢复
正常而不懈努力的人们和政府表示特别感
谢。对于所有失去生命的人，我们的心灵
将永远与他们同在。我为他们的家人祈
祷。我相信，凭借对人类的辛勤工作、承
诺和的关怀，我相信中国能够克服一切困
难，而且会比预期的要快。我很怀念贵州
大学开学后生动活泼的环境，希望很快一
切都回归正轨。再次感谢大家。我对一切
都非常感激。中国加油！战胜病毒！

 李白（也门）

中国加油🤍

 张德江（印度）

为大家加油打气，来自印度国际大学中国
学院的祝福🙏
最终武汉一定会战胜"鬼"病毒💪💪
#武汉加油，中国加油

Angel 龚文昊 墨西哥校友
抗击疫情
武汉加油
中国加油

Hi, I'm 王 笑笑 （埃及）
中国加油，谢谢中国医生，护士
我们相信中国会早日康复🥰😎

无论是已经毕业的留学生校友，

还是放假回国的留学生们，

都心系中国！

心系贵大！

马涵（巴基斯坦）
第二批货运到中，永远支持中国 🇨🇳
加油武汉，加油中国 💪🖤

2. 大疫无情，人有情

　　2020 年寒假，贵州大学国际教育学院有 170 余名留学生留校或外出旅游，贵州大学国际教育学院及时了解留学生外出旅游情况后，出台了系列文件，做好留学生疫情防护工作。按照疫情预防的重点，贵州大学国际教育学院在留学生宿舍安装了临时门禁，并在电梯、公共浴室、洗衣房、宿舍房门等醒目位置张贴疫情防控"温馨提示"；向在校留学生发放一次性口罩，并在宿管办公室配置体温计、消毒棉签、酒精等预防必需品；通过线上、线下宣传，多渠道指导留学生做好防护，要求每一位班主任将重要提示不间断地发到班级微信群，时刻关注在校留学生状态，关心他们的生活，并积极想办法解决疫情期间留校学生的生活困难；同时，指导留学生使用贵州大学开通的心理咨询网络辅导服务平台，以获得专业的心理辅导和危机干预服务。

　　一张张具有安全保障的临时门禁卡，一个个无比珍贵的口罩，一条条及时的疫情防护提醒消息，不同国别的留学生在贵州大学感受着相同的温暖。于是，他们将温暖铭记在心，提笔写下一封封感谢信。因感谢信太多，接下来只列举两封信供大家看看。

巴基斯坦籍留学生罗坚给贵州大学国际教育学院的感谢信

　　I read and listen daily news about virus. Its very dangerous situation because the speed of spreading is very high according to news and updates. I don't know about the real situation but my all the prayers and well wishes with my neighbouring country, as Pakistan China good friendly relationship and as i am staying in China and China providing us each and everything for living much more provide us safe and secure living. I have fully trust on chines government and health department they engage all the resources，will sooner this virus under control. Again, Chinese people move towards normal life with smiling faces. My all the teachers and friends in China stay safe and healthy. Also all the families of everyone stay safe. Praying for a healthy environment after removal of this virus.

冈比亚籍留学生乔峰给贵州大学国际教育学院院长张成霞的感谢信

Bless your heart Professor, I am touched that they thought of us in such critical conditions but we really don't lack the love, care, consideration, happiness and protection in Guizhou as a result of your leadership and the services of 国际教育学院 . We have been feeling loved and protection in such critical moments. Thank you so much. I, Karim and the remaining students are so grateful for everything that you and your staff are doing for us because we know the quality of services we received from your staff because we have colleagues in other Universities. Therefore, extend our greetings to them but we will equally like you to Express our appreciation of everything you and your staff have been doing for us. Professor, thanks to your staff and a special thanks and appreciation for your love and endless efforts to always makes us happy. We are happy and we love you and appreciated everything you have done for us. Thank you and have a wonderful day. We will fight this together and come out victorious.

不仅如此，留学生们还自发地相互鼓励，希望大家在这样一个特殊的困难时期，积极支持和理解学校为保护他们做出的各种决定。他们知道，老师和他们面临一样的困难，并表示只有携手并进，才能战胜困难，才能早日迎来春暖花开！

3. 同沐日月，共克时艰——"云连线"

在全球新冠疫情肆虐的背景下，贵州大学经济学院作为贵州大学接受留学生最多的学院，邀请贵州大学学生工作处、贵州大学国际教育学院打造校、院与留学生之间互相交流的平台，共同开展"同沐日月，共克时艰——'云连线'"活动。

2020年4月28日下午，校学生处处长刘治军，贵州大学经济学院党委书记黄莉、副书记杨海，贵州大学国际教育学院副书记甘孝琴、留学生管理科科长杨晓椿、留学生工作组江东坡、教学科藏韶钢、研究生科王瑞、辅导员贺静和蒋信炜，贵州大学心理健康教育中心心理学博士杨满云出席活动。来自老挝、柬埔寨、越南、泰国、印度尼西亚、哈萨克斯坦、巴基斯坦等7个国家的30余名留学生如约来到云端会议室，开启与学院和学校职能部门领导老师的"云"上互动交流。

本科留学生代表禄文丹、罗邓，研究生留学生代表任妮雅、王子、梅花等同学以流利的中文向老师们说明了自己本国的疫情情况，分享了疫情期间自己的学习、生活情况。其他同学也通过"报一声平安"，让时刻关心、关注他们身心健康的贵州大学老师放心。

受疫情影响，国外留学生们无法按期返回贵州大学校园，他们除了参加远程网上课程面临困难外，在签证、住宿、考试、毕业、就业、心理等方面也面临不少实际问题。所以在师生互动环节，老师们针对学生提出的问题，一一进行了回应与解答，希望同学们与学院老师保持密切联系，学院老师会随时提供帮助。

4. 贵州大学国际教育学院召开留学生疫情防控安全教育大会

2022年9月4日中午，贵州大学国际教育学院在贵州大学17栋留学生宿舍一楼活动大厅召开在校留学生疫情防控安全教育大会。贵州大学国际教育学院院长张成霞、党委副书记甘孝琴、辅导员、教学科工作人员及40余名在校留学生参加会议。

留学生疫情防控安全教育大会

会上，张成霞院长宣读贵州大学国际交流与合作处给贵州大学外籍学生和教师写的一封信，并结合学校近期关于疫情防控的要求，对留学生进行疫情防控动员，要求留学生严格遵守学校疫情防控规定，绷紧疫情防控弦，加强个人防护，关注官方消息，不信谣，不传谣；希望留学生理解、支持学校的工作，自觉维护秩序，鼓励大家携手创造贵大速度，共抗疫情；并对积极参与学校疫情防控的留学生志愿者进行了表扬和感谢，号召大家向留学生志愿者学习，积极参与学校疫情防控工作。

甘孝琴副书记根据学校疫情防控工作要求进行重点讲解：一是需要大家支持学校工作，按时参加核酸检测，做到"应检尽检"，不漏一人；二是希望大家随时查阅自己的健康码，如有异常，立即向班主任、辅导员报告；三是要求大家做好线上教学准备，遵守线上课程要求，认真学习，关注自身学习情况；四是已毕业但因故滞留学校的留学生要主动购买来华留学保险；五是防疫期间，大家要注意个人安全和身体健康，保护好自己。

5. 贵州大学国际教育学院留学生参加抗疫志愿服务工作

2022 年 9 月 18 日上午 5 点，贵州大学 6 名来自巴基斯坦、孟加拉国、越南、卢旺达、科摩罗 5 个国家的在校留学生加入到贤正楼核酸检测点志愿服务工作中，他们用不熟练的中文引导着师生按序排队进行核酸检测。接下来是他们参加此次工作的感想。

一次难忘的经历

（巴基斯坦籍留学生爱喇）

我在贵州大学攻读旅游管理专业。对我来说，在校园里做一名志愿者是一次令人难忘的经历，我很幸运能成为志愿者来服务老师和同学们。老师们鼓励我去帮助别人，于是我赶紧抓住这次机会，也非常感谢老师们给我这个机会。在整个志愿服务工作中，医生、老师和志愿者就像一个团队一样，大家相互鼓励，相互支持，努力完成所有的工作。我的志愿工作经历是独特而美好的，这将成为我美好的回忆。感谢所有陪伴我的人。最后，我衷心感谢所有老师、医生和其他志愿者。

助人助己　乐人乐己

（孟加拉国籍留学生韩在琛）

我有幸参与了核酸检测志愿服务工作，工作虽然不到 5 个小时，但服务的过程却很有意思，让我亲身感受到了志愿服务工作的辛苦，锻炼了自己的实践能力，提高了奉献意识，深刻体会了"助人助己、乐人乐己"的含义。这次志愿服务工作丰富了我的校园生活，也将会是我人生中最难忘的回忆。在今后的学习和生活中，我会更加主动投身志愿服务工作，更好地提升自己的奉献精神和实践能力。

不只是一个称号，更是一种责任

（越南籍留学生阮氏美幸）

贵阳疫情突然爆发，作为一名在中国的留学生，我想给学校出点力，和大家共同抗击疫情。当听说可以去做抗疫志愿者时，我毫不犹豫地报了名。5 个多小时的志愿服务工作，虽然很累，但却很享受、很开心，因为我为学校抗击疫情做了力所能及的事。我觉得当志愿者是非常有意义的，志愿者不只是一个称号，更是一种责任。这次志愿服务工作，锻炼了我的语言能力，丰富了我在贵州大学的经历，今后，我会更积极主动参与志愿者服务工作，尽自己的力量去帮助别人，服务社会。希望疫情能早点过去，希望大家都平安，恢复原来的生活。贵大加油，贵阳加油，中国加油。大家一起加油！

一件重要且有意义的事情
（卢旺达籍留学生朱麻）

在我看来，做志愿服务工作是一件重要且有意义的事情，尤其是在抗击疫情的特殊时期，是展现留学生奉献精神的机会。这次志愿服务工作给了我很多启示，让我明白了我未来的方向，同时增加了我的自信心、成就感。在这个过程中，我也结识了新朋友，学习了新技能，接受了新挑战，我很开心，因为我感受到自己是贵州大学的一分子。

将志愿工作进行到底
（科摩罗籍留学生吉雅）

志愿者的价值在于做一件有意义的事情。特别是在新冠疫情爆发的情况下，我通过努力，帮助到了我们的老师、医生，还有不认识的同学们。帮助了别人，我自己也得到了快乐，我愿意将志愿工作进行到底。

吉雅在检查健康码

志愿服务不只是一项工作，更是一次学习的机会
（哈萨克斯坦籍留学生柯蕊丝）

这是我在疫情防控期间第 2 次参加学校的志愿服务工作。小时候，我常将自己的玩具、书籍、小衣服和笔记本捐赠给没有父母的孩子，每次做完这件事我都很开心。上中学时，我在自己的国家参与社区志愿服务工作，每个周末给残疾儿童教英语。

柯蕊丝和吉雅在检查健康码

高中毕业后，我有幸来到贵州大学留学。让人没有想到的是，贵州突然爆发了疫情。我很荣幸能在这次战"疫"中尽了自己的一份力量。我认为志愿服务不只是一项工作，更是一次学习的机会，在这个过程中，我学会了互帮互助、团结一致。做志愿者时，当我看到人们脸上的微笑时，我的心就充满着温暖，充满了能量，我也愿意分享这种能量，为社会做力所能及的事。这次志愿服务工作让我结识了新朋友，对未来充满了希望，我觉得这是一种美妙的感觉，我也很自豪在贵大又成为了一名抗疫志愿者。

新冠疫情来势汹汹，贵州大学在校 41 名留学生，积极参加核酸和抗原检测，坚持线上学习，用实际行动共同抗击疫情。留学生们说："自疫情发生以来，老师都和我们在一起，让我们感到很温暖。我们是贵州大学的学生，我们要为贵州大学做出自己的贡献！贵大加油！"疫情无情人有情，我们一起携手共抗疫情，迎接疫散花开的明天。

留学生志愿者为贵州大学加油打气

1. 贵州大学国际教育学院举办中国 - 东盟教育交流周子活动"同上一堂课"

　　疫情背景下，为了贯彻"停课不停学"理念，贵州大学国际教育学院举办了中国 - 东盟教育交流周子活动"同上一堂课"，贵州大学国际教育学院青年教师舒越为贵州大学在校留学生和因疫情无法来华的线上留学生呈现了一次别开生面的线上线下融合教学课程。课程聚焦"和合为贵"主题，引导留学生发挥中外文化交流的桥梁和纽带作用，增进文化沟通交流。

舒越老师给留学生上"和合为贵"主题课

　　"同上一堂课"在"互联网＋"背景下同时满足线上线下学生学习需求，提高课程效率，增加学生之间及学生和教师之间的互动机会，最大程度激发课堂活力。线上线下教学模式顺应"互联网＋"时代教学主体、教学资源与教学媒介等要素的变革与发展，创新信息化条件下的人才培养模式，提升国际人才培养质量。

　　线上教学和线下教学是两种不同的教学方式，"线上"＋"线下"混合式教学需要任课教师结合课程特点进行科学合理地组织设计，把线上和线下贯通起来。这样的组织设计不仅考验了教师的能力，也是这一新型教学模式的精髓所在。舒越老师在课堂上，根据留学生"文化媒介"的特点，巧妙选择主题，让留学生为文化的相互理解交流助力。

　　这种混合式教学模式，有利于优化传统教学方法，对于丰富课堂教学资源、提升学生学习主体地位、推动个性化教学有着重要的现实意义。

课后师生合影留念

2. 贵州大学国际教育学院顺利为留学生开展线上教学

为积极响应"停课不停教，停课不停学"的号召，2020 年 3 月 2 日，贵州大学国际教育学院为汉语进修生开展线上教学。老师们精心准备授课内容，依托"长江雨课堂"、钉钉、腾讯课堂、微信、QQ 等软件和平台，采用"推送优质教学资源""汉语专题学习""在线交流答疑"等方式和留学生进行线上互动。任课教师也及时与其他教师交流，分享线上教学工作技巧和心得。

任课教师交流线上教学工作技巧

开课前，贵州大学国际教育学院教学科研科对全院所有的对外汉语教师进行了线上课程教学培训，各类课程建立微信教学群或 QQ 教学群，做到"一课一班一群"，保证学习效果。

由于语言类教学的特殊性，贵州大学国际教育学院教师均采用难度较大的直播教学方式，利用直播的互动，充分保证语言教学的效果；同时，选择兼容回放功能的教学平台，兼顾因为时差原因不能上课的同学。此种教学形式得到了学生的普遍认可。

在疫情期间，贵州大学国际教育学院充分利用网络平台和信息技术，通过师生的"隔空对话"，信息量满满的课程，形式多样的教学活动，让教与学再次深度融合，线上课堂充满活力，确保了教学效果。

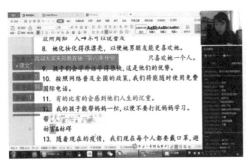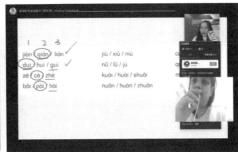

线上教学进行中

留学生们表示很喜欢这种"新颖"的教学方式。隔空不隔爱，即使留学生们远隔千里，通过电脑、手机屏幕也能让他们感受到学校和老师们无微不至的关怀。

3. 开心战"疫"——精彩纷呈的"线上汉语文化活动"

自疫情爆发以来，疫情的发展牵动着每个人的心。2020 年寒假，贵州大学有近百名留学生留校。为了丰富他们在疫情期间的假期生活，缓解他们的紧张情绪，贵州大学国际教育学院在"贵大 2020 寒假留校留学生微信群"开展"线上汉语文化活动"。本次线上活动由贵州大学国际教育学院教学科研科负责组织实施。

为使活动能够寓教于乐，教学科研科设计开展了"汉字接龙""看图识词""软硬笔书法比赛""添笔成字""看拼音识词""猜字谜""脑筋急转弯""汉字听写比赛"等线上文化活动。留学生们参与活动的热情空前高涨，活动深受留学生的好评。每次活动结束，同学们都恋恋不舍，还积极和老师探讨活动的设置，并期待下一次活动的开展。

　　　"汉字接龙"文化活动现场　　　　　　　"看图识字"文化活动现场

"软硬笔书法比赛"文化活动现场　　　　　"看拼音识词"文化活动现场

"添笔成字"文化活动现场   "看图识词"文化活动现场

　　精彩纷呈的线上汉语文化活动，丰富了留学生在疫情期间的文化生活和汉语学习形式，让留学生们从不同角度领略了中国传统文化的博大精深，将学习汉语的激情在抗疫中绽放和升华。

4. 贵州大学 - 泰国斯巴顿大学"商务汉语"项目生毕业论文线上开题答辩圆满结束

2021 年 5 月 21 日，2017 级贵州大学 - 泰国斯巴顿大学"商务汉语"项目生毕业论文线上开题答辩在贵州大学西校区明正楼 408 会议室举行。

本次答辩委员会成员由贵州大学国际教育学院党委书记晋克俭、院长张成霞、副院长梁雪以及对外汉语教师刘薇、梁玉豪及李影组成，答辩人为 2017 级贵州大学 - 泰国斯巴顿大学"商务汉语"项目生 4 人。

贵州大学 - 泰国斯巴顿大学"商务汉语"项目生毕业论文线上开题答辩委员会

答辩现场

因参加开题答辩学生均在境外，本次答辩依托腾讯会议，采用线上线下相结合的形式进行。4 名学生依次就自己的论文选题背景、研究现状、研究目标及研究内容等方面进行了论述，在每位学生报告完毕后，答辩委员会老师就开题报告存在的问题、不足向学生提出相应的改进意见或建议。

学生结束答辩后，答辩委员会主席，贵州大学国际教育学院院长张成霞代表答辩委员会全体成员向参加开题答辩的同学表达了鼓励和期许。

5. 贵州大学 - 泰国项目生毕业论文线上答辩圆满结束

2021 年 10 月 22 日下午，2016 级贵州大学 - 泰国北清迈北方大学"交际汉语"项目生、2016 级贵州大学 - 泰国斯巴顿大学"商务汉语"项目生毕业论文线上答辩在贵州大学西校区明正楼 408 会议室举行。

贵州大学 - 泰国项目生毕业论文线上答辩现场

本次答辩由贵州大学国际教育学院院长张成霞担任组长，答辩委员会成员包括贵州大学国际教育学院党委书记晋克俭、副院长梁雪，梁玉豪老师、刘薇老师，以及贵州大学文学与传媒学院黄海教授。本次答辩学生共有 3 名。

根据疫情管控要求，本次毕业论文答辩依托腾讯会议，采用线上线下相结合的方式进行。首先，答辩学生依次对自己的毕业论文进行汇报，学生主要就选题背景、论文主体结构、主要研究内容、主要研究结论等进行说明。在每位学生报告完毕后，答辩委员会老师就论文研究涉及的问题进行提问。在提问环节，老师们在肯定同学们论文写作优点的同时，也针对论文存在的问题、不足提出了相应的修改意见或建议。

学生结束答辩后，经过答辩委员会老师讨论，答辩委员会组长、贵州大学国际教育学院院长张成霞代表答辩委员会全体成员宣布毕业论文答辩结果。本次线上毕业论文答辩圆满结束。

第十一篇　媒体报道

一、国际教育发展

1. 贵州大学：国际化教育迎来发展机遇

◎ 来源：中国日报贵州记者站　时间：2014 年 9 月 30 日

金文那今年 27 岁，他以前在柬埔寨读书时就自学中文，但他并非为留学中国做准备，仅仅是为了很小的心愿——看懂中国的电影。他说自己非常喜欢李小龙与成龙两位演员，说着便用手比画李小龙打拳的动作。自学过程中带来了很多乐趣，在自己的国家大学毕业以后，他选择了到中国留学，成为贵州大学 400 多名外国留学生中的一员。

为了更好地帮助像金文那这样的留学生适应在中国的学习和生活，贵州大学专门成立了国际教育学院，从招生到入学再到汉语补习，统筹为留学生们做好服务工作。

"现在在贵州大学学习的外国留学生中，来自东盟国家的学生的比重超过了半数。"贵州大学国际教育学院院长张成霞说道。其中绝大多数学生是通过申请中国政府奖学金进入学校学习的。她表示，近年来中国各地高校通过与东盟国家的使领馆、友好学校之间的深入合作，来到中国学习的留学生数量也在逐年增长。

自 2008 年中国 - 东盟教育交流周活动在贵阳首次举行开始，贵州大学就正式启动了面向东南亚国家留学生的奖学金计划。对此张成霞说，2008 年入学的学生大多已经完成了在中国的学业，并回到了自己的国家。在中国的留学背景让他们许多人在回国后找到了一份理想的工作，而这些学生也成为中国教育在东南亚国家最好的宣传。

在今年 9 月份举行的第七届中国 - 东盟教育交流周上，来自中国及东盟国家的教育官员和学者齐聚贵阳，共同就进一步深化双边在教育领域的合作进行交流和探讨。对此，贵州大学校长郑强表示，贵州大学将把办学的注意力聚焦到服务于贵州的发展，立足贵州，面向东盟，力争把贵州大学发展成为东南亚留学生培养的基地。

近年来，中国成为东南亚国家年轻学生海外留学的主要选择之一。诸多中国大学也纷纷在海外开设分校区，希望由此来吸引更多的学生入学。谈及贵州大学的优势时，郑强表示，贵州大学在文化、地域以及风俗上的接近，以及自身优秀的办学条件和师资力量是近年来外国留学生选择的重要原因。此外，随着中国 - 东盟自由贸易区的建立，贵州在东南亚的知名度正在不断提升。

郑强表示，随着中国与东盟在经济、贸易等领域的合作不断加强，青年间的信任和欣赏也应当不断提升。这不能局限在政府、学校领导间宽泛的谈论上，而是要深入到青年学生之间的彼此欣赏和相互信任。

印度尼西亚驻华使馆副馆长维思诺在接受《中国日报》采访时表示，随着双边交流的学生、教师数量的不断提升，教育已经成为中国与东盟国家合作的重要组成部分。他表示，尽管经济领域仍然是双方合作的重点，但是教育是增进人与人之间联系的桥梁，必将在未来发挥更大的作用。

在 2014 年 4 月，中国与东盟正式将 2014 年定为中国 - 东盟文化交流年，从 4 月 7 日起至今年年底，双方将在文化交流年框架内，在中国和东盟各成员国展开 150 多场丰富多彩、形式多样的系列文化交流活动，以增进彼此民众间的了解，夯实友好合作的民意和社会基础。

"随着合作的推进，现在前来中国留学的东盟学生有了更多学校上的选择。"柬埔寨教育部国务秘书皮查男说，像柬埔寨和中国这样有着深厚友谊的国家，教育将会把这份友谊传承下去，实现两个国家长久的和平与友好。

2. 贵州大学留学生"开学第一课" 老师学长"开良方"

◎来源：中国新闻网　时间：2017 年 9 月 20 日

"中国首都在哪里？""中国有多少个少数民族……" 9 月 19 日，在贵州大学国际教育学院 2017 级留学生新生教师见面会上，贵州大学国际教育学院院长张成霞为来自加拿大、意大利、俄罗斯、老挝等 30 个国家的 172 个留学生上了生动的"开学第一课"。"尊重文化差异，多交流沟通，帮助他们适应在贵州的留学生活"，张成霞说。

大屏幕上，展示着往届留学生丰富精彩的留学生活。从中国概况、多彩贵州掠影、百年贵州大学概况、留学贵大点滴……张成霞和留学生们亲切互动，台下不时传来留学新生们的惊呼声。

2017 年 7 月，来自意大利的朝瑜就已经去过了贵州的黄果树瀑布，谈到对贵州的印象，她说："这里的臭豆腐、丝娃娃……很多美食令我惊喜，我太喜欢这个地方了。"

和朝瑜一样，来自刚果（布）的 ITOUA，DASCHY EMERITE 对接下来的留学生活充满了期待。但是他说也遇到了一些问题，"刚来这个城市，因为语言沟通不畅，有时候会遇到一些困难"。ITOUA，DASCHY EMERITE 在贵州大学学习人力资源管理专业，他说："希望接下来可以把汉语学好，交更多的中国朋友。"

"吃饭、睡觉、签证、回家……这是去一个新的地方生活都会遇到的问题。"来自贵州大学的留学生康大为已经来贵州大学 3 年，作为学长，他给学弟学妹建议道，"要适应留学生活，要学会找方法，可以唱歌、运动、交朋友等等"，康大为说"感觉自己变成了半个贵州人"。

对于未来的学习生活，康大为建议留学新生"要有所规划，学习自己感兴趣的东西，多尝试一下新事物，比如多接触一下贵州的少数民族文化"。

据了解，作为中国贵州省唯一的"211"高等院校，贵州大学以其独具特色的校园文化氛围，吸引了越来越多的东南亚国家的学生和"一带一路"国家的学生来校学习深造。

为了让留学生更好地适应在贵州的学习生活，贵州大学为留学生准备了一系列活动，新生见面会、开学典礼、中秋节活动等等，让他们更加了解贵州，开启一段新旅程。

"很喜欢这个地方，学好汉语可以帮我找到更好的工作"，就读于贵州大学国际教育学院的老挝籍新生李潘妮告诉记者，"无论是气候还是风土人情，贵州给了我许多意想不到的惊喜。"

3. 跨越国家和文化的爱——访贵州大学国际教育学院院长张成霞

◎来源：《贵州日报》 时间：2018年7月26日

在贵州大学国际教育学院院长张成霞的微信朋友圈里，留学生占据了一大半，在校留学生经常在上面咨询她有关学习和生活的问题，毕业回国的留学生则通过朋友圈向他们的"张妈妈"汇报自己的近况。

2008年以前，张成霞虽说已有多年在贵州大学国际交流与合作处从事来华留学生招生工作的经历，但近距离接触留学生的机会并不多。那时候每年到贵州大学留学的东盟学生仅占个位数，大多以学习语言为主，而今年，在贵州大学的在校东盟留学生超过了300人，分别在20个学院40余个专业进行学习。

这一变化，源于中国-东盟教育交流周的举办。2008年，贵州大学成为"中国政府奖学金"来华留学生培养院校，贵州大学国际教育学院就是在首届交流周举办的次年，2009年，随着留学生规模的不断扩大应运而生的。2010年至今，贵州大学又先后成为"孔子学院奖学金"和"贵州省政府外国留学奖学金"留学生培养院校。

当时，贵州大学国际教育学院有国际教育和国际交流背景的老师并不多，通过中国-东盟交流周这个平台，贵州大学国际教育学院教职工的国际化意识、国际化水平、跨文化交流能力和留学生管理能力都有很大提升。

贵州大学近年来在东盟国家进行教育交流活动和宣传时，当地的校友听说后都会主动担任志愿者前往帮忙。老挝的校友甚至在学院老师无法前往当地时，自己义务为母校布展推介。

有一个柬埔寨的校友叫葛胜，毕业4年，已在政府部门担任要职，他感恩贵州大学的培养，经常义务向当地教育部门和学生推介贵州大学。

近年来，贵州大学先后被教育部批准为"教育部教育援外基地""区域和国别研究培育基地：东盟研究中心""国别与区域研究中心：波罗的海区域研究中心""中国-东盟教育培训中心"，获得国家汉办批准举办"东盟国家本土汉语教师来华研修项目"的资格，获得黔·老奖学金项目、黔·柬奖学金项目、黔·印尼奖学金项目，被中国-东盟教育交流周秘书处批准为"中国贵州省东盟留学生服务中心"。

每年教师节，当留学生们捧着鲜花走进学院办公室送上问候与祝福时，张成霞都会在心里默念：一切都是值得的！

二、中外文化融合

1. 小老外们的"中国梦"：让不同文化能够更好沟通融合

◎来源：中国新闻网　时间：2014 年 12 月 22 日

在地处中国西南的贵州大学国际教育学院就读的意大利留学生伊娜说，自己和许多中国朋友一样，也有一个"中国梦"，就是想了解中国上下五千年的文化，了解在中国这个神奇的国度上，新旧文化是如何发生碰撞并升华的。

"高中毕业在考虑将来上什么大学读什么专业的时候，我想到当今国际贸易往来和国家间的文化交流日益频繁，从事与国际交流相关的工作应该很有意义，所以决定学习'跨文化交际'这个专业。中国的经济每年都有跨越性增长，我想学好中文是一个聪明的选择。"伊娜认为今后意大利与中国的国际交往和文化交流会越来越多，她认为将来熟知两国文化和语言的人将更加具有竞争力。

伊娜已经在贵州学习了几个月，她近期的目标是攻克"汉语关"，真正找到打开一个看中国的窗户。她很兴奋地说出了自己的新发现："加深对中国了解的最好方式就是多在中国生活、学习和游玩。"

"就像一座桥将两个国家联系起来，让两个国家的文化能够更好地沟通融合，两个国家的人民求同存异、互相欣赏、和谐共生。"伊娜希望自己能成为新时期的马可·波罗。

来自墨西哥的罗若彤与中国结缘是因为在她的家乡开设了"孔子学院"，自那以后，罗若彤内心那颗向往中国的种子就开始生根发芽了。"我的'中国梦'就这样被植入内心，来中国是我的梦想，我感觉到中国是一个奇迹般的国度，中国的儒家文化和美食美景最令人神往。"

罗若彤认为"孔子学院"的设立是她实现"中国梦"最大的助推力。"来到中国之后，我比以前更热爱这个国家了，悠久的文化，善良的人民，丰富的物产，美丽的景色都让我感叹！"罗若彤说，"当一切都触手可及的时候，我觉得'中国梦'是这样的真切。"

"从小就在各种书籍中读到过关于中国的种种。"到贵州大学学习的老挝教师王旭从小就被中国的魅力深深吸引。从云南到贵州，王旭一路惊喜。他在中国不断将看到的东西与他的国家课本上的知识印证，"当记忆与现实重叠的时候我兴奋的就像一个孩子。"王旭说，他爱上了中国。

"即将学成归国，对贵州很不舍，但自己担负着把汉语教授给更多老挝学生的使命，用教育的方式传承中国文化是对自己在中国学习最好的纪念。"王旭说，希望将来能带领自己的学生来中国，了解中国的现代与历史，让学生也生长出一个"美丽的中国梦"。

"我从小就喜欢语言，希望自己有一天能够除了会说母语西班牙语之外，还能够流畅地讲汉语、法语、英语、俄语。"一心想成为外交家的西班牙留学生马森认为，中国已越来越国际化，在这里可以实现自己的梦想。

"十几个不同国家的留学生在一起，想想都是一件奇妙的事情。"马森说，中国给予了他更广阔的交流平台，虽然现在求学在一个中国西南地区的内陆城市，但这里勃勃的生机已经让他感受到中国不断迸发的活力。

记者从贵州大学了解到，仅 2014 年，就有来自美国、墨西哥、意大利、西班牙、泰国、老挝、摩尔多瓦、斯里兰卡、尼泊尔、韩国、德国、俄罗斯等 12 个国别的 40 名"孔子学院"奖学金学生在贵州大学学习。

贵州大学国际教育学院的老师介绍称，贵州大学组织了"西江千户苗寨"中国文化体验、"黄果树瀑布"贵州奇特自然风光体验、中国国酒文化体验等丰富多彩的活动，让外国留学生感知中国、体验中国、了解中国。

中国国家汉办相关资料显示，全球已经建立 471 所"孔子学院"和 851 个"孔子学堂"，遍布 126 个国家，累计注册学员 345 万人，有 61 个国家及欧盟已将汉语教学纳入国民教育体系，全球汉语学习者已超过 1 亿。通过"孔子学院"及其他中国文化交流平台，10 年来，在全球举办文化交流活动近 10 万场，受众达 5000 万人次。120 多个国家的 14 万师生应邀访华。有 100 多个国家超过 50 万人次的大中小学生参加"汉语桥"比赛。

2. 贵州多国留学生烹饪"家乡菜"　促中外文化交流

◎ 来源：中国新闻网　时间：2015 年 5 月 15 日

"美国的热狗、捷克的特色牛肉汤、柬埔寨的鸡肉咖喱面条、墨西哥麻辣肉卷"等 10 多个国家的特色"家乡菜"悉数亮相贵州大学校内。5 月 15 日，贵州大学举行了"贵州大学第五届国际美食嘉年华"活动，旨在通过留学生的"家乡菜"，丰富校园文化，促进中外文化交流，让中外人民的情谊在味蕾中得到升华。

活动现场，来自美国、墨西哥、韩国、捷克等 10 多个国家的留学生现场烹饪了具有本国特色的美食。包括美国热狗、烘豆，捷克的特色牛肉汤、面包丸子，俄罗斯的夏天沙拉，柬埔寨的鸡肉咖喱面条、鸡肉粥，越南的春卷、煎饼、水果冻；墨西哥的墨西哥饼、鸡肉烤串、鸡肉卷，泰国的椰奶等。众多异域美食着实满足了"吃货们"的味蕾。

"大部分留学生都认识，平时总是听到他们说起自己家乡美食，这次终于有机会好好品尝一下了。"来自美国的留学生 Laura Richie 高兴道。

记者注意到，在各国的美食展台旁还有专门负责讲解的留学生，他们用着洋腔洋调的汉语热情地为大家讲解美食背后的故事、介绍自己国家特色的景点、推介展示的各种饰品等，让师生们在享受地道美食的同时，能领略各国迥异的风土人情。

"麻辣肉卷是墨西哥日常生活中经常吃的食物。"一名墨西哥留学生说。同时他们还准备了独具墨西哥特色的麻辣肉卷、米奶甜点等。

来自老挝的留学生木巴尼向学生重点推荐了椰子奶昔，她说，椰子奶昔是老挝人结婚时必备的食物，因为甜甜的椰子奶昔祝愿婚姻甜甜美美。

"国际美食嘉年华已经成为学校的一个传统，通过这样的活动在校园里营造一种国际化的文化氛围，促进中外学生的文化交流，建立美好友谊。"贵州大学国际教育学院院长张成霞说。

3. 海外留学生在贵州：中秋节很开心

◎来源：中国新闻网　时间：2015 年 9 月 27 日

"大家在一起吃月饼、玩游戏，感觉很开心！" 9 月 26 日，老挝留学生黄金在贵州大学与百余名留学生一起，提前庆祝他在贵州的第三个中秋节。

当天，贵州大学国际教育学院组织来自 20 多个国家和地区的 100 余名留学生欢聚一堂，品尝中国月饼，观看中秋节主题片，了解中秋的起源和习俗，感受中国传统文化，共贺中秋佳节。

"中外齐相聚，千里共婵娟，小小的月饼，大大的寓意。在这亲人团聚的佳节，希望大家能给亲人们打一通电话、发一封 E-mail，表达对他们的感激之情。"贵州大学国际教育学院党委书记凌琦与师生们一起欢唱中秋名曲《明月几时有》。

"这是我第一次过中秋节，之前对中秋一点也不了解，现在知道了这是一个家人团圆的节日。"泰国留学生高勇娜说，"这也是我第一次吃月饼，觉得特别好吃。"

意大利的留学生安丽娜和柯安丽觉得通过这样的方式能够更直接、更接地气地了解中国文化。"We enjoy it!" 她们几乎是异口同声地说。

"我们希望以庆祝传统节日的方式，让留学生们切身体验、真正走进中国文化，融入贵州大学这个大家庭，架起中外沟通的桥梁。"据贵州大学国际教育学院副院长梁雪介绍，贵州大学已举办三届留学生庆中秋活动。

4. 贵州大学留学生讲述"我的梦想与中国"

◎来源：贵州大学新闻网　时间：2015 年 11 月 22 日

怀揣梦想，跨洋过海，在筑留学生有着怎样的中国梦？ 11 月 20 日下午，由贵州大学国际教育学院主办的第二届"我的梦想与中国"主题演讲比赛决赛在贵州大学北校区模拟法庭举行。贵州大学国际交流与合作处处长洪云、保卫处处长叶明、人文学院院长庄勇、国际教育学院院长张成霞和副院长梁雪担任评委。来自意大利、泰国、马来西亚、老挝等 9 个国家的 14 名留学生挺进决赛，他们依次讲述自己的寻梦故事，抒发对中华文化的热爱。

比赛旨在展现不同国家文化魅力，增进中外文化交流。贵州大学国际教育学院院长张成霞在致辞中勉励留学生在追逐梦想的道路上永不停息，在中国大地上播种梦想，点燃梦想，实现梦想。

比赛由演讲环节和评委问答环节组成。参赛选手分为初级组和高级组。来自不同国家的参赛选手们身穿各自国家的特色服饰，通过讲述他们来到中国后的经历、感受表达他们的中国梦，传达信仰和梦想的力量。老挝留学生李若兰希望通过汉语学习，成为中老两国文化交流的使者。泰国留学生孙淑然讲述了儿时参观在曼谷举行的中国军训的经历，表达从小对中国的向往、憧憬之情。马来西亚留学生欧俊贤梦想手持跨越国界的画笔，画出多彩贵州。泰国留学生高勇娜拥有一个"臭美梦"——她爱旗袍，爱中国典雅的服饰。她说："对于赏心悦目的美丽，每个人都喜爱，我爱中国典雅的美丽。"

演讲过后，贵州大学艺术学院的欧俊贤与外语学院的华艺为在座师生表演极具中国特色的《墨染琴香》。水墨笔端开出幽幽兰花，花香与琴韵点燃现场气氛。选手欧俊贤赛后说："我是第一次参加这种大的比赛，收获很大。"

最终，来自泰国的陈晓雅和孙淑然分别获得初级组和高级组的一等奖。"留学生通过不同的视角，用不同的表达方式表达了他们不同的情感，传达了他们的中国梦。每个人的演讲都有自己的动情点，每个同学都很优秀。"评委梁雪老师点评道。

5. 体验中国传统文化之美　外国留学生走进孔学堂　第一期贵州高校留学生参加孔学堂传统文化体验活动开班

◎来源：孔学堂网　时间：2016 年 6 月 4 日

瞻仰孔子像、参观大成殿、品中国酒文化、赏民族风情，2016 年 6 月 4 日，由贵阳孔学堂与北京大学对外汉语教育学院联合主办的贵州高校留学生参加孔学堂传统文化体验活动正式开班。来自美国、德国、意大利、埃及、越南等 10 个国家的 50 个留学生纷纷表示，这次活动不仅感受到了中国文化之美，也体验到了中国文化的趣味。

本次活动是孔学堂举办的第一期留学生传统文化体验活动，旨在促进多元文化的交流，让更多的国际友人了解传统文化。孔学堂准备了酒文化、茶文化、节气文化和饮食文化四块传统文化体验内容，为期 4 天。"我对孔子展览馆印象非常深刻，它让我对孔子的历史有了深入了解。"来自意大利的张洁琳（中文名）在游览了孔学堂后，用一口流利的中文告诉记者。她还说，在来中国之前，已经学习了 3 年中文，正是中国独特的文化魅力吸引她来到中国，并且她希望以后自己也能在中国工作。

在酒文化体验中，留学生们了解中国酒历史，学酒文化礼仪，玩酒文化中的行令游戏，在亲身体验中感受传统文化魅力。"中国的酒味道很特别，中国的酒文化也很特别。"来自德国的白瑞琪（中文名）用生硬的中文说道，他非常喜欢行令游戏中的投壶游戏，让他觉得中国文化不再深奥，很有趣味性。

"相较于高校的文化教育，孔学堂的文化环境和丰富有趣的文化活动能让留学生们对中国传统文化有更生动的体验。"贵州大学国际教育学院院长张成霞表示。

贵阳孔学堂文化传播中心党委书记、理事会理事长徐圻表示："孔学堂是为弘扬和传承中国传统文化而搭建的平台，有许多中外朋友到此参观交流。这样的活动会持续开展，希望更多的国际友人了解孔学堂，了解传统文化，并把中国文化带回自己的国家，作文化交流的友好使者。"

据悉，本次活动还将于 6 月 5 日、6 月 18 日、6 月 19 日分别举行节气文化、茶文化、饮食文化体验活动。

6. 中文演讲信手拈来　中华才艺淋漓展现　贵州大学外国留学生讲述梦想与中国

◎来源：多彩贵州网　时间：2019 年 5 月 13 日

5 月 10 日，来自孟加拉国、法国、哥伦比亚、喀麦隆、意大利、越南、老挝、印度尼西亚、泰国 9 个国家的 10 名选手，在贵州大学第三届国际汉语"我的梦想与中国"主题演讲比赛暨中华才艺大赛决赛中，中文讲的不仅一个比一个溜，而且在才艺表演中，将茶道、尺八、中国武术、书法、国画的中国风演绎得淋漓尽致。

来自印度尼西亚的任妮雅在《我的导游梦》中讲道，中国是一个旅游资源丰富的国家，更是一个特别会通过各种方式宣传旅游的国家，她要学习中国旅游的宣传经验。

在孟加拉国，只有上了大学才有学习汉语的机会，原本到贵州大学留学继续学习只是为了找到一份好工作的艾莎，改变了她的留学梦——学成归国后，她要改善孟加拉国的汉语教学现状，从编写更多的中文教材开始，让更多喜欢中文、中国文化的人们能在中小学就能有学习汉语的机会。

而来自泰国的丁莲仙的"苦恼"却让全场的留学生发出了感同身受的笑声——"孔子、老子、孟子、李白、鲁迅、巴金……都把我累趴下了"，她很喜悦地分享了她学习中国文化中遇到的苦恼，"为什么中国有这么多大思想家、文学家？"

可以被誉为语言天才的越南同学范春强只用了 4 个月的时间，就通过了汉语水平考试，而且拿到了非常好的成绩。他的中国情结来自他姐夫是中国人，"我 8 岁的时候，姐姐和姐夫结婚，姐夫说话我一句也听不懂，妈妈说他是中国人。学会上网后，我上网查中国在哪里，中国有什么"。就是这样，范春强的中国情结从童年就开始种在了心里。

来自喀麦隆的卡蒙西，学习中国武术，在展演中他的表演是将少林、蔡李佛、白眉等拳术融会贯通，拳脚使得虎虎生威。

据悉，近年来在贵州大学进行长、短期留学的留学生已突破千人，生源国近 70 个。以"我的梦想与中国"为主题的演讲和才艺比赛，贵州大学国际教育学院已连续举办三届，学生通过这个平台不仅可以讲述中国和自己国家两国文化的差异，还展示了中国文化的精髓与本国文化的特色，为留学生提供了一个锻炼和交流的平台。

7. 共叙中非友谊：非洲驻华青年外交官参观贵州大学

◎来源：中国日报网　时间：2019 年 5 月 17 日

2019 年 5 月 15 日，非洲驻华青年外交官代表团赴贵州大学，与贵州大学师生代表、贵州大学非洲留学生进行交流。

非洲驻华青年外交官代表团一行来自非洲 29 个国家，先后参观了贵州大学科技园、工程训练中心和美术学院，并与贵州大学师生代表、贵州大学非洲留学生就"从青年视角看中非关系""对中非传统文化和友谊"等主题进行交流。

外交部非洲司参赞李志刚表示："中国与非洲的友谊源远流长。中国是世界上最大的发展中国家，非洲是世界上最大的发展中国家集团，两者之间的关系是战略性的，能够经得起历史考验的。去年 9 月在北京举行的中非合作论坛北京峰会就是要延续中非友谊，也是要我们携手应对未来的变化与挑战。"

非洲驻华青年外交官代表团团长巴·迪埃赫诺·马德儒说："我们非常荣幸来到贵州大学与大家交流，希望未来与贵州大学有更多合作，也希望将来有更多非洲学生来贵州大学学习。今天我们参观了许多贵州大学校内机构，贵州大学为非洲留学生提供了许多机遇，非洲留学生们可以借鉴贵州大学经验，使他们的国家有更多发展。"

贵州大学校长宋宝安表示，作为教育部教育援外基地、科技部国际科技合作基地，贵州大学在中非论坛合作论坛框架下，注重发挥对非工作综合效益。贵州大学 2018 年 7 月承办教育部援外项目——"'一带一路'背景下中非现代农业新技术推广培训班"，来自 6 个非洲国家的 21 人参加了此次活动；今年，该项目再次获批，并将于 6 月底在冈比亚和埃及举行。

据了解，贵州大学目前已与世界上 40 多个国家的 150 余所教育机构建立了合作关系，并先后与埃塞俄比亚贡德尔大学、毛里求斯大学、埃及南谷大学、埃及苏伊士运河大学、冈比亚大学等 7 所非洲高校签署校际交流协议。目前共有来自喀麦隆、埃塞俄比亚、肯尼亚、莫桑比克、刚果（布）、赤道几内亚、冈比亚等 7 个国家 13 名学生在贵州大学学习。

8. 贵州大学国际教育学院举办留学生新春慰问及文化体验活动

◎ 来源：贵州大学新闻网　时间：2021 年 2 月 7 日

为让留校留学生体验中国农历新年的喜庆祥和氛围，2021 年 2 月 5 日，贵州大学国际教育学院在 17 栋留学生宿舍举办了新春慰问及文化体验活动。贵州大学副校长陈祥盛出席新春慰问活动，贵州大学国际交流与合作处副处长谢明英，贵州大学国际教育学院党委书记晋克俭、院长张成霞及全体院领导班子成员和教师，与留校 60 余名留学生欢聚一堂，共度农历小年。

陈祥盛副校长向全体在校留学生送上春节的慰问，并表示在 2020 年，由于疫情影响，同学们无法与家人团聚，但同学们在贵州大学平安健康、学业进步就是 2020 年最大的收获。他希望，同学们把贵州大学当作第二个家，把贵州大学国际教育学院的老师当作他们在这个"家"最亲密的"家人"。2021 年，学校将继续做好留学生各方面工作，以人文关怀让留学生感受到"家"的温暖。他祝福所有留学生在新的一年里身体健康、学业有成。

随后，参会领导、教师向留学生送上学院精心准备的春节礼包，表达对留学生的慰问和祝福，并向留学生介绍"福""春联""窗花""灯笼""苹果"等春节礼物的文化内涵，一同与留学生张贴春联，制作红灯笼。一盏盏红灯笼挂满了留学生宿舍一楼，电梯门口贴上了"九州瑞气迎春到、四海祥云降福来"寓意和平美好的春联，留学生宿舍充满了节日到来的喜庆。

所有领导、老师和留学生合唱歌曲《新年好》，通过录制祝福视频向在校外和境外的留学生表达美好祝愿和新春祝福。

在场留学生纷纷表示，感谢学校、学院和老师为他们送上的祝福，能够亲身体验中国春节传统文化，是留校期间非常有意义的事情，在新的一年里，要努力学习，加深对中华文化的了解，争做传递文化交流的友好使者。

活动结束后，陈祥盛副校长在晋克俭书记和张成霞院长的陪同下，实地走访留学生宿舍，了解留学生的生活学习情况。